U0521827

国家社科基金一般项目"泛县域视角下产城融合共生路径研究"（16BGL212）、国家自然科学基金面上项目"绿色发展理念指导下区域绿色竞争力的动态监测与政策仿真研究"（71774074）、"绿色科技为工业园区服务的效应与路径研究"（GJJ170202）、"江西省传统优势产业转型升级的技术创新路径研究"（16GL06）

泛县域视角下产城融合共生路径研究

Research on the Symbiotic Path of City-Industry Integration from a Pan-County Perspective

黄小勇 ◎ 著

中国社会科学出版社

图书在版编目（CIP）数据

泛县域视角下产城融合共生路径研究 / 黄小勇著.
—北京：中国社会科学出版社，2021.2
ISBN 978-7-5203-7960-1

Ⅰ.①泛… Ⅱ.①黄… Ⅲ.①城市化—研究—中国　Ⅳ.①F299.21

中国版本图书馆CIP数据核字（2021）第034203号

出 版 人	赵剑英
责任编辑	刘晓红
责任校对	周晓东
责任印制	戴　宽

出　　版	中国社会科学出版社
社　　址	北京鼓楼西大街甲158号
邮　　编	100720
网　　址	http://www.csspw.cn
发 行 部	010-84083685
门 市 部	010-84029450
经　　销	新华书店及其他书店
印刷装订	北京君升印刷有限公司
版　　次	2021年2月第1版
印　　次	2021年2月第1次印刷
开　　本	710×1000　1/16
印　　张	16.75
插　　页	2
字　　数	267千字
定　　价	99.00元

凡购买中国社会科学出版社图书，如有质量问题请与本社营销中心联系调换
电话：010-84083683
版权所有　侵权必究

前　言

区域经济以及国民经济的重要元素之一是县域经济，它是大中城市和农村协调发展的主战场，对解决大部分农业、农村和农民问题，推进新的城市化进程，具有重要的现实意义。在传统意义上，县域经济以县行政区划为标志，规范和分配县内所有资源，该区域经济具有典型的县级行政区划特征。但是，随着交通运输等基础设施和信息技术的发展，传统的县域经济发展模式不断受到影响，县域经济的行政区划特征不断被打破。在新的经济形势下，县域经济通过优质资源整合发展符合县域资源特点的优质企业和产业，消除同质化竞争，实现县间资源互补，不断向泛县域经济发展。而产城融合出现了跨县域的现象与需求，县域产城融合有向泛县域产城融合演化发展的趋势。通过泛县域产城融合能够解决目前县域经济发展的新问题，即县际间产业同质、资源不合理使用、开放合作水平滞后等问题。2015年10月29日，习近平总书记在党的十八届五中全会第二次全体会议上的讲话鲜明地提出了创新、协调、绿色、开放、共享的发展理念，在县域经济发展过程中更要注重协同发展。正是基于此背景，提出了要从泛县域视角研究产城融合共生路径，实现县域产城融合向泛县域产城融合发展，泛县域产城融合向泛县域产城融合共生发展。据此，本书从以下九部分展开了研究：

第一章：导论。本章基于县域经济的发展新情况、城镇化发展新趋势、县域产城融合新方向的背景，提出了县域产城融合需要向泛县域产城融合转变，产城融合共生需要向智慧产城融合共生转变。因此，研究泛县域产城融合共生具有重要的学术价值与应用价值。通过对县域经济、泛县域经济、产城融合、共生等基本概念的界定，并归纳城市空间结构、城市生态、产业区位、核心—边缘等理论基础，为深入研究泛县域产城融合共生提供了坚实的理论基础。并对本书的研究思路、研究方法和创新之处进行了归纳总结。

第二章：产城融合文献追踪与拓展。国外并没有明确提出产城融合这个相对新兴的概念，对于泛县域视角下的产城融合也未见有针对性的研究，国外学者的研究主要集中在经济发展水平的不同时期，对产业发展及其城市化之间的关系进行理论性阐述，以此间接反映出产城融合的思想。本章从对原有产城融合研究的总体分析和结构分析两方面着手，找出了已有关于产城融合理论研究和实践的优点与不足，为我国产城融合共生发展的研究提供理论基础和探索空间。根据文献综述，在研究范围上提出了产城融合从城市—县域—乡镇—村庄的逻辑拓展过程；在研究内涵上提出了县、镇、村产城融合需要拓展到县、镇、村产城融合共生发展。

第三章：国内外典型区域产城融合路径的比较分析。本章基于对国内外产城融合实践的典型区域进行比较分析，选取了三类国外产城融合典型模式（即以市场为主导的美国、以政府和市场共同合作的欧洲各国家、以政府为主导的日本）和五个国内产城融合典型区域（即成都天府新区、桂林市临桂区、上海市紫竹高新区、常州市武进区和广东省佛山市），并介绍了这些典型区域的城市化发展基本情况，从城市、产业、人口角度对各区域的产城融合实践路径进行具体分析。通过对国内外典型区域产城融合路径进行优缺点和可适性分析，发现实现产城融合要在完善基础配套设施、促进产业发展、增加就业岗位、注重以人为本、重视可持续发展等方面发力，充分总结科学统筹产业布局、以城带产、经济可持续绿色发展、都农融合城乡一体等经验，以促进城市、产业、人口的良性融合。

第四章：我国县域经济发展新常态与产城融合调查。本章提出了我国县域经济发展具有向概念经济转型与升级、向产业市场化成长与发展、向区位定位化与空间完善化发展等新特点，县域经济向泛县域化发展、城乡脱离向都农融合演变、孤立发展向开放合作转变、粗放发展向绿色发展转型等新趋势，但也具有发展结构不合理、速度滞后、资源环境承载力有限、投资机制不健全、开放合作不够等新问题。为了深入了解各县域产城融合发展情况，本章通过实证调查，并运用SPSS17.0软件对数据进行了因子分析，发现产业发展对于县域产城融合贡献最大。同时，运用SPSS17.0

软件对我国百强县产城融合水平进行测度分析，并依据产城融合水平由高到低将这些区域划分为三组梯队，通过分析得出：现有产城融合路径难以解决县域间的产城融合问题，也不能很好地实现产城融合的可持续发展，为此，本章提出了县域产城融合要向泛县域产城融合共生发展的新路径。

第五章：泛县域视角下产城融合共生路径的概念模型。本章首先阐述了县域经济的绿色发展、融合发展、共生发展、特色发展、智慧发展演化逻辑，并在此基础上提出产城融合如何向泛县域产城融合、产城融合如何向产城融合共生演进。然后对泛县域产城融合共生路径的基本内涵进行界定，提出其本质属性包括共生主体、共有资源和共生价值，而这三个指标也是泛县域视角下产城融合共生路径的实现标志。同时，从城市化、开发区、产业园区、城市新区、泛县域产城融合共生研究视角对产城融合概念进行辨析，以表明本章相较于其他文章的独特之处为"共生"和"泛县域"两个理念，而且符合当代绿色、生态、可持续发展趋势。

第六章：泛县域视角下产城融合共生路径的系统构建。本章首先通过对泛县域产城融合共生发展的影响因子进行文献判断和实证调查，发现泛县域产城融合共生路径的影响因子较为重要的有七个，分别是共有资源、共生开发、县际园区、循环园区、生态共生社区、产城融合示范区、产城融合辐射区，并在此基础上构建共生发展、绿色发展、融合发展和共享发展四个维度的泛县域产城融合共生发展评价指标体系；然后从七个影响因子出发，阐述了产城融合共生的作用机理；最后，本章通过Vensim仿真软件，系统构建泛县域视角下产城融合共生路径，以更加直观的方式展示了泛县域优势资源培育、优势资源共生开发、产业合作与跨区域工业园区、循环园区、生态共生社区、产城融合共生区和产城融合辐射区形成路径和因果关系。

第七章：泛县域视角下产城融合共生路径的实证检验。本章首先对泛县域产城融合共生路径进行实证模拟，依据前文梳理出的7个泛县域产城融合共生的影响因子，将共有资源的影响因子设定为原材料因子、投入要素因子、资源重新配置因子、绿色产业因子并提出22个假设，经过实证分析，发现这些假设均通过了结构方程模型的检验。此外，本章选取浙赣边际"衢饶"示范区、天津滨海新区、江西赣江新区、河北雄安新区、吉安吉泰走廊和鹰潭智慧新城6个示范区，对其基本概况、发展方式进行介绍说明，试图在实践层面为泛县域产城融合共生发展提供借鉴与启示。

第八章：泛县域视角下产城融合共生主体的演化博弈分析。本章选取泛县域产城融合共生主体作为基本分析对象，尝试从演化博弈角度出发，探讨共生主体在利益权衡下如何决策以影响区域产城融合共生水平，旨在深入研究产城融合共生主体间的合作机制。与现有的相关文献不同，本章的创新之处有：第一，运用演化博弈模型考察各共生主体影响产城融合共生的内在机理，剖析影响产城融合共生主体的动态演化路径，探寻其影响因素，试图打开产城融合共生研究的"新大门"；第二，以往的文献侧重于从中观或宏观的角度研究产城融合共生问题，而本章选择从微观视角分析产城融合共生主体合作问题，设置合作机制，探讨共生主体内部相关参数的变化如何影响产城融合共生发展。

第九章：泛县域视角下产城融合共生路径的优化建议。本章主要针对泛县域产城融合共生路径提出优化建议。首先，为了扩展泛县域经济共生发展的深度和广度，实现全方位、多层次、多领域的共生发展的目标，从县际联动、资源共享、污染共治、生态共生、功能互补、宜居宜业6个方面对泛县域经济产城融合共生路径进行优化策略的阐述；其次，本章试图构建协商机制、互动机制、评价机制、协调机制来建立泛县域产城融合共生路径的合作机制。

本书的贡献主要体现在两个方面：①在学术价值方面，一是通过研究泛县域视角下的产城融合，把"县域产城融合理论"扩展到了"泛县域产城融合理论"的研究领域，提出了泛县域产城融合理论框架。二是从学理上归纳了泛县域产城融合共生的发展规律，把"产城融合理论"扩展到"产城融合共生理论"的研究范畴，提出了产城融合共生发展的基本内涵、理论本质和实现标志。正是基于这两方面的理论突破，提出了泛县域产城融合共生的理论路径——共有资源—共生开发—县际园区—循环园区—生态共生社区—产城融合示范区—产城融合辐射区。②在应用价值方面，一是为县域政府制定和实施"跨县域产城融合"规划和政策提供决策参考。通过制定跨县域产城融合规划，为县际间城市与产业发展中同质竞争、重复建设、资源分割等问题提供了良好的解决思路。二是为县域政府推进泛县域产城融合共生提供了路径支持。即从跨县域的整体角度出发，基于共同的生态资源和经济利益，提出了泛县域产城融合共生的实现路径——资源产业化—产业园区化—园区景观化—景观城区化—城区共生化—共生智慧化。

本书是在国家社科基金一般项目"泛县域视角下产城融合共生路径研究"（16BGL212）研究报告基础上修改完成。该书的出版得到了江西师范大学财政金融学院与钟昌标博士科研启动金的出版资助。在课题研究和写作过程中参阅了大量区域经济发展方面的文献，并得到相关课题项目的支持，在此对文献作者和相关课题组表示深深的谢意。由于水平有限，书中不妥之处，敬请读者批评指正。

黄小勇　于洪城
二○二○年三月十日

目录

第一章 导论 / 1
第一节　研究背景及意义 / 1
第二节　相关概念及理论依据 / 6
第三节　研究思路、方法及创新之处 / 11

第二章 产城融合文献追踪与拓展 / 15
第一节　产城融合相关研究的总体分析 / 15
第二节　关于产城融合研究对象的文献梳理 / 18
第三节　关于产城融合研究内容的文献梳理 / 23
第四节　关于产城融合研究方法的文献梳理 / 31
第五节　产城融合研究的拓展与延伸 / 36

第三章 国内外典型区域产城融合路径的比较分析 / 42
第一节　国外典型区域产城融合路径分析 / 42
第二节　国内典型区域产城融合路径分析 / 47
第三节　国内外典型区域产城融合路径比较与经验借鉴 / 54

第四章 我国县域经济发展新常态与产城融合调查 / 59
第一节　我国县域经济发展新常态分析 / 59
第二节　我国县域产城融合的实证调查 / 67
第三节　我国百强县产城融合水平测度分析 / 80
第四节　我国县域产城融合新路径分析 / 90

第五章　泛县域视角下产城融合共生路径的概念模型 / 95

第一节　县域经济的演化逻辑 / 95
第二节　产城融合的概念演进 / 99
第三节　泛县域视角下产城融合共生路径的基本内涵 / 101
第四节　泛县域视角下产城融合共生路径的实现标志 / 106
第五节　泛县域视角下产城融合共生路径的概念辨析 / 108

第六章　泛县域视角下产城融合共生路径的系统构建 / 111

第一节　泛县域视角下产城融合共生路径影响因子的基本判断和实证调查 / 111
第二节　泛县域视角下产城融合共生路径影响因子的探索性分析 / 129
第三节　泛县域视角下产城融合共生路径影响因子的作用机理 / 140
第四节　泛县域视角下产城融合共生路径的系统构建 / 148
第五节　泛县域视角下产城融合共生路径的层次性分析与驱动模式 / 160

第七章　泛县域视角下产城融合共生路径的实证检验 / 167

第一节　泛县域视角下产城融合共生路径的实证模拟 / 167
第二节　泛县域视角下产城融合共生路径的实践检验 / 174

第八章　泛县域视角下产城融合共生主体的演化博弈分析 / 191

第一节　产城融合共生行为主体及其博弈的相关研究 / 192
第二节　产业园区形成阶段的县际政府博弈 / 194

第三节　泛县域视角下产城融合共生阶段的政企民博弈 / 200
第四节　泛县域视角下产城融合共生主体博弈结果与优化方向 / 216

第九章　泛县域视角下产城融合共生路径的优化建议 / 219

第一节　优化泛县域产城融合共生路径的主要建议 / 219
第二节　构建泛县域产城融合共生路径的合作机制 / 227

附　录 / 233

参考文献 / 241

后　记 / 255

第一章 导论

本章基于县域经济的发展新情况、城镇化发展新趋势、县域产城融合新方向的背景，提出了县域产城融合共生需要向泛县域产城融合转变，产城融合需要向智慧产城融合共生转变。因此，研究泛县域产城融合共生具有重要的学术价值与应用价值。通过对县域经济、泛县域经济、产城融合、共生等基本概念的界定，并归纳城市空间结构、城市生态、产业区位、核心—边缘等理论基础，为深入研究泛县域产城融合共生提供了坚实的理论基础。同时，对本书的研究思路、研究方法和创新之处进行了归纳总结。

第一节 研究背景及意义

一 研究背景

（一）县域经济的迅速发展为泛县域产城融合提供了新机遇

在中国漫长的历史长河中，"县"作为国家基本的行政单位，在国家治理过程中发挥着重要的作用，《史记》中就曾提出"郡县治，天下无不治"的理念。而在当代中国，县域经济是我国国民经济的基本单元，与国家命运息息相关，是实现民族振兴的关键环节。习近平总书记强调，"在我们党的组织结构和国家政权结构中，县一级处在承上启下的关键环节，是发展经济、保障民生、维护稳定的重要基地，也是干部干事创业、锻炼成长的基本功训练地"。

作为国民经济重要组成部分县域经济，近年来的高速发展为中国经济提供了强劲的发展动力和市场空间。目前，我国现有2800多个县，面积占国土面积的90%以上，人口占全国总人口的70%以上，其发展迅速，经济规模不断扩大，在国民经济中所占的比重将会越来越大。2018年县域工农业总产值占全国工农业总产值的50%以上，经济总量达39.1万亿元，约占全国的41%。由此可以看出，推动县域经济发展已经成为促进我国经济协调发展和实现人民对美好生活需要的重要着力点。

县域经济的各项指标在国民经济中占有的比例直接体现了在国家经济运行中的作用。在2002年11月召开的全国人民代表大会上发布的报告指出："发展农产品加工业，壮大县域经济。"2003年3月第十届全国人大一次会议提出："推动县域经济发展。"2007年10月，十七大报告更是提出具体的要求："促进农民增收为核心，发展乡镇企业，壮大县域经济，多渠道转移农民就业。"在2012年11月发布的十八大报告中强调："农业现代化和社会主义新农村建设取得显著成效，城镇化质量明显提高，区域协调发展机制基本形成。"2013年3月，第十二届全国人民代表大会第一次会议提出："大力发展县域经济，增强基层政府提供基本公共服务的能力。"2015年中央一号文件提出："继续推进农村改革，推进农村一二三产业融合发展，实现城乡一体化发展。"2019年中央一号文件提出："发展壮大县域经济，引导产业有序梯度转移，支持适宜产业向小城镇集聚发展。"中央出台的这些政策文件反映了我国对于加强发展县域经济的决心，在不同阶段为县域经济的发展提供了重要的战略机遇和政策支持。

然而，不可否认的是，我国县域经济传统发展模式暴露出来的问题越来越多。传统发展模式可以分为依靠要素投入量增加模式和依靠要素投入效率提高模式，不论县域采取哪种经济发展模式，它都必然受当地的经济因素的影响，比如，经济社会发展阶段、资金充裕程度、劳动力状况等[1]，容易造成产业发展与城镇化建设割裂的情况，进而引发职住分离、环境污染严重、土地利用效率低、对高端人才吸引力缺乏所导致的创新能力不足等一系列问题，最终影响到县域产业转型升级。尽管从历史的角度看，我国县域的发展模式具有一定的合理性，即符合经济社会发展的阶段，但从

---

[1] 林寿富、赵定涛：《面向环境友好的县域经济发展模式选择——基于中部县域的实证分析》，《经济管理》2010年第6期。

现实和经济社会可持续发展的角度看，传统的县域发展模式越来越不符合当代中国发展的需要，在新的历史机遇下，我们迫切需要为县域发展找到新模式，这为泛县域产城融合提供了新机遇。

（二）新型城镇化为泛县域产城融合提供了新平台

新中国成立70年来，我国经历了世界历史上规模最大、速度最快的城镇化进程。根据国家统计局发布的数据显示，2018年年末，我国常住人口城镇化率达到59.58%，比1949年年末提高了48.94个百分点，年均提高0.71个百分点，城镇常住人口达到8.3亿人，城市个数由132个增加到672个，建制镇个数由2000个左右增加到21297个。由此可见，经过70年的发展，我国城镇化水平已经大幅度提高，可持续发展能力不断增强。

大力推进城镇化是发展县域经济的重要途径。[①] 随着政府不断在县域内进行工业园区、新城以及新区建设，县域经济和城镇化水平不断提高。但是，在此过程中可以看到，一些地区由于忽略城镇化与产业发展必须匹配的规律，导致出现了产业与城市两者割裂发展情况，一些县城的房屋空置率居高不下，出现"鬼城"现象。根据西南财经大学中国家庭金融调查与研究中心（CHFS）发布的《2017中国城镇住房空置分析》最新报告显示：2017年我国城镇地区住房空置率为21.4%，全国城镇地区的空置住房6500万套，商品房的空置率已高达26.6%。表面看是房地产开发过度导致的，实质上是产城分离问题，即在城镇化过程中，城市的建设没有依托现有的产业基础作为支撑。

在此背景下，我国的城镇化战略被赋予了全新的内涵。在2013年11月召开的党的十八届三中全会中首先明确提出："城乡二元结构是制约城乡一体化发展的主要障碍，我们要走中国特色新型城镇化道路，推进产业和城镇融合发展。"在2014年发布的《国家新型城镇化规划（2014—2020年）》中明确指出："要全面提高城镇化质量，加快转变城镇化发展方式，以人的城镇化为核心，推进农业转移人口市民化，优化城镇化布局形态，推动大中小城市和小城镇协调发展，提升城市可持续发展水平，强化城市产业就业支撑，严格规范新城新区建设，推进功能混合和产城融合，

---

① 熊小林、李拓：《基本公共服务、财政分权与县域经济发展》，《统计研究》2018年第2期。

走以人为本、四化同步、优化布局、生态文明、文化传承的中国特色新型城镇化道路。"2019年，国务院总理李克强在年度政府工作报告中提出，"促进区域协调发展，提高新型城镇化质量"。由此可见，我国城镇化由过去的注重量的增加转变为注重区域协调和产城融合。因此，新型城镇化道路成为推进我国县域经济转型升级、优化产业结构、促进可持续发展的一种途径，为泛县域产城融合提供了新的平台。

（三）泛县域产城融合成为壮大县域经济的新方向

纵观世界经济发展历史，工业化和城市化互动发展成为一个主要特征。工业化与城镇化水平是衡量一个国家（地区）经济社会综合实力和文明程度的重要标志。2018年，我国人均收入为9732美元，工业产量增加值达到4.61万美元，占GDP的33.89%，城镇化率为59.58%。由此可见，我国工业化和城镇化进入了新的阶段，也是各种矛盾突出的阶段，诸如环境污染严重、生态保护不足、贫富差距过大、城乡二元结构等问题亟须解决。

县域经济是推动城镇化和工业化的重要力量，是实现民族振兴的重要基础。以湖北省为例，2008年至2018年，县域生产总值规模就从6060.2亿元发展到2.37万亿元，增加了3.9倍，占全省GDP的60.3%。另外，还值得我们注意的是：自改革开放以来，以东南沿海为代表的部分县（市）的经济持续高速增长，这些县（市）已经成为国家整体经济中最具活力的发展区域之一，也是促进工业化和城镇化的示范区域，比如，浙江海宁、江苏昆山、福建晋江等。然而，县域也是发展优势和困难问题"双突出"的区域。发展优势表现在发展潜力大、资源丰富、吸纳人口多，是我国经济发展的"压舱石"。存在的主要问题有：一是目前我国县域内产业结构层次不高，以劳动密集型产业为主，发展方式仍然比较粗放；二是县域市场主体创新能力不足并且缺乏活力，导致经济发展后劲明显不足；三是县域内乃至县域间的发展不均衡、不充分问题严重。

县域经济发展过程中呈现出的紧迫性问题促使国家先后出台了一系列政策，2011年我国出台的《关于加快推进新型工业化新型城镇化互动发展的意见》中就明确提出了"两化互动、产城共融"的发展理念，通过产城融合来推动新型城镇化和新型工业化由此被提上议事日程。2015年7月，国家发改委出台了《关于开展产城融合示范区建设有关工作的通知》，提出产城融合示范区是指"依托现有产业园区，在促进产业集聚、加快产业发展的同时，顺应发展规律，因势利导，按照产城融合发展的理念，加快产业园区从单一的生产型园区经济向综合型城市经济转型，为新型城镇化探索路径，发挥先行先试和示范带动作用，经过努力，该区域能够发展成为产业发展基础较好、城市服务功能完善、边界相对明晰的城市综合功能区"。2017年国务院发布的《关于县域创新驱动发展的若干意见》提出："加快县域的产业转型升级，落实区域发展总体战略和主体功能区规划，支持城镇化地区整合各类创新资源，推动制造、加工等传统产业改造升级。"2018年11月，中共中央、国务院发布的《关于建立更加有效的区域协调发展新机制的意见》文件中指出，"进一步细化区域政策尺度"。国家的这一系列举措表明产城融合工作已经由理论探索进入到了实操阶段，在推进新型城镇化战略中融入泛县域产城融合的理念，解决当前县域经济发展中存在的不平衡、不共生、不绿色的问题，为县域经济发展提供了新方向。

二 研究意义

（一）学术价值

产城融合是社会经济提倡可持续发展背景下的一种经济发展模式，是产业与城市协同发展的必然选择，研究这一问题具有重要的学术价值。一是通过研究泛县域视角下的产城融合，可以把"县域产城融合理论"扩展到"泛县域产城融合理论"的研究领域。现有文献中对产城融合的研究大多数是以一个行政区域或是行政区域的某个分区的视角开展论述的，而打破县域行政区域规划，进行跨县域产城融合的研究较少，特别是泛县域的产城融合共生问题。二是可以从学理上归纳泛县域产城融合共生的发展规律，可以把"产城融合理论"扩展到"产城融合共生理论"的研究范畴。现有的研究主要集中在某一区域的产城融合方面，但研究仅仅停留在产城融合是不够的，产城融合共生才是目标。泛县域视角下的产城融合共生应该有其自身的演化特点和规律，而且其目标应该是融合共生。

（二）应用价值

县域经济的发展如何在技术水平、产业水平、财政基础等条件不高的情况下实现生态与经济的融合，实现经济的可持续发展，选择什么样的指导思想显得尤为重要。"泛县域视角下产城融合共生"概念的提出，具有以下应用价值：一是可以指导县域政府制定和实施"跨县域产城融合"规划和政策。通过制定跨县域产城融合规划，可以为县际间城市与产业发展中同质竞争、重复建设、资源分割等问题提供很好的解决思路。二是可以为县域政府推进泛县域产城融合共生提供路径支持。即从跨县域的整体角度出发，基于共同的生态资源和经济利益，提出共同的产城融合共生路径。

第二节 相关概念及理论依据

一 相关概念

（一）县域经济和泛县域经济

县域经济是区域经济或者整个国家经济的细胞，其涉及领域除了县城中心区还包括广袤的农村地区，是城市与农村协调发展的主要方面之一，对解决"三农"问题，建立新型城镇化具有重要的现实意义。传统意义上认为，县域经济就是以县域行政区划为标志的，对县域所拥有的资源进行宏观调控和配置的区域经济，具有典型的县域区划特征。但是，随着四通八达的交通等基础设施和信息技术的发展，传统县域经济发展模式正在不断得到改变和冲击，县域经济的行政区划特征正在不断被打破，农村正在迅速重新整合，新农村建设正在融合到新型城镇化的建设大潮中，县域经济发展变得更加开放，开放型的县域经济正在实现内部开放和外部开放的态势。县域经济正在呈现泛县域经济的发展趋势，其经济发展的穿透力可能覆盖几个县域，或者整个主体区域，并融合成一个大的区域，相邻区域都在不断融入，不管是否在行政区划上属于同一个省、同一个县，例如京津冀经济区、海西经济区、鄱阳湖经济区、环渤海经济区等。这种趋势导致的直接结果是资源配置不再囿于一个县域，而是配置在整个区域，资源的综合利用和配置的整体效应会得到提升；产业发展不再局限于一个县域，而是跨县、跨省的合作；工业园区的建设也不再是某个县的工业园区，而是跨区域的工业园区，跳出县域经济发展泛县域经济。

在新形势下，县域经济不再需要大而全，完全可以在优势资源下做优质的企业和产业，在满足别的县域或者区域需要的同时，别的县域或者区域的发展也可以满足本县域的需要。县域经济概念应该用泛县域经济来体现，即泛县域经济是指任何一个县域都应该把自身作为一个资源主体融入到更大的区域经济体中，构建更加开放式的体制机制，在更大范围内综合利用和配置资源，构建内外开放型经济体系。这种经济体系的特征就是开放、合作、融合、绿色、共生，而且更加符合人与自然的本质，要做到以人为本，更要以自然为本。

（二）产城融合

产城融合是指在特定发展阶段下，产业、城市、人口三维基本要素围绕城市功能定位形成良性互动融合，最终实现产业、城市、人口、生态等多种要素均衡协调地发展。产业支撑体现在产业定位、产业布局、产业要素集聚等；城市化支撑体现在基础设施、功能设施以及产业园区配套等；以人为本体现在生态协调、充分就业、人居环境优良、智慧城市发展等。

产城融合的特征为："产业、城市、人口三者有机融合"。产城融合是一项系统工程，产业、城市、人口三者之间存在相互依存、相互促进的关系。其中城市是载体，产业和人口是推动力。在整个系统发展运行过程中，产业和人口是城市经济发展的动因。产业聚集能提升城市的经济能力，支撑城市的发展；人口集聚则提高城市的活力，促进产业以及城市化的发展；反过来城市化又能不断加快人口集聚，改善和提升产业发展环境，促进产业的发展。三者相互循环，相互促进。另外，产业需要人才作为支撑，城市人口又需要产业解决就业和收入，产业与人口的匹配能够为城市减轻运行压力，而产业发展对城市功能和城市设施的需求以及人口的聚集对于城市配套设施和城市服务功能的需求，这些都对城市化提出了更高的要求。理论上，当城市的资源满足产业和人口发展的需要，产业的规模适应城市和人口的规模，人口能够在城市资源承载能力下自由流动并服务于产业发展时，即产、城、人三者互相匹配时，就进入了真正融合的阶段。因此，产业、城市、人口三种基本构成要素缺一不可，有产无城、有城无产、有城无人等都是不可持续的发展。产、城、人三者需要在空间、结构、功能以及运作上进行相对合理的匹配。

（三）共生

共生这一概念是生物学家最先提出的，表明两种不同生物之间所形成的紧密互利关系，在这种紧密关系中一方为另一方提供便于生存的帮助，与此同时也会得到另一方的帮助。随后共生理论被应用于经济学领域。在经济学中，共生这一共同体是区域与区域之间通过长时间的互相渗透、互相影响最终形成的。共生主要强调利用共栖、互利的关系和共生模式，来助推区域间物质资源的流通与整合，从而实现跨区域的要素效用最大化。

二 理论依据

随着各种产城融合发展模式的出现，学术界对于产城融合理论的探索也越来越多。国内外许多学者从城市空间理论、城市生态理论、产业区位理论和"核心—边缘"理论等找到了产城融合的理论基础。对这些理论的梳理，可以帮助我们从县域经济高质量增长的角度认识县域产业与城市协同发展的关系，理解我国县域为何要走泛县域产城融合之路。

（一）城市空间结构

学术界早在20世纪20年代就开始对城市空间结构进行研究，杜能（Thunen，1926）提出杜能圈层结构的概念，主要描述城市以及周边地区的土地利用方式。随后，又有许多经济学和地理学领域的学者对城市空间结构进行研究。伯吉斯（Burgess，1925）以美国芝加哥市为研究对象，提出发展的同心圆模式，即城市以市中心（CBD）为圆心向外逐步扩展，然后依次为过渡区、住宅区和通勤区等四个环带（见图1-1）。

土地经济学家霍伊特（Hoyt，1936）以美国64个主要城市为研究对象，提出城市中心依然是CBD，但是与同心圆模式不同的是呈扇形模式向外扩散（见图 1-2）。

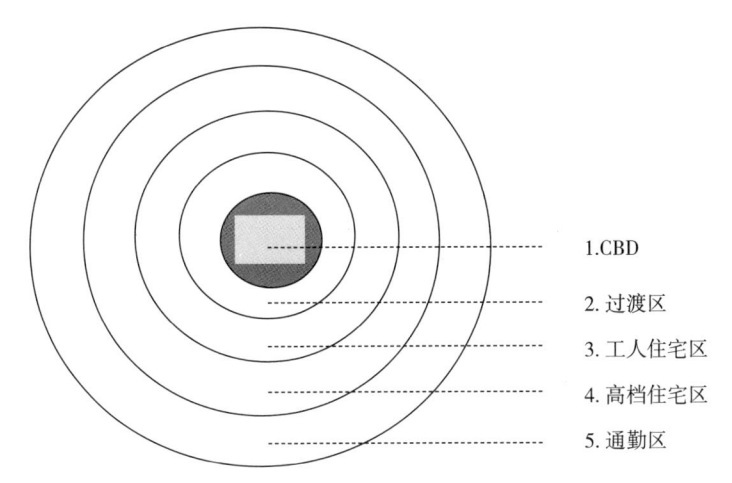

图 1-1　城市结构同心圆模式

1. CBD
2. 过渡区
3. 工人住宅区
4. 高档住宅区
5. 通勤区

资料来源：参考踪家峰编著的《城市与区域经济学》第 183—184 页绘制而成，下同。

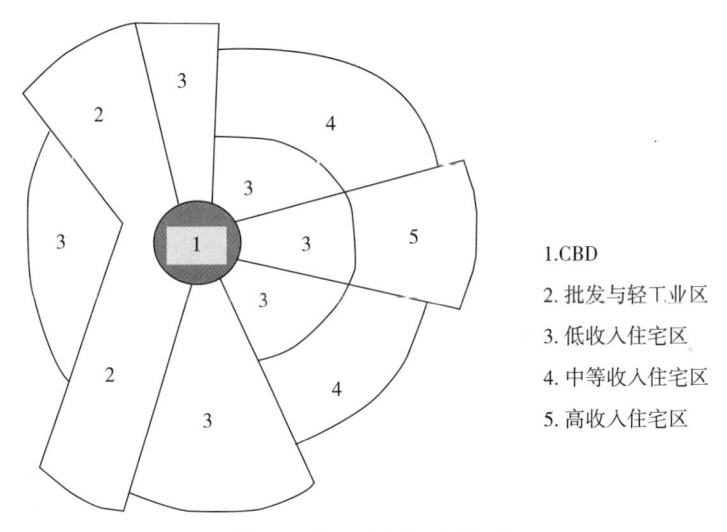

图 1-2　城市结构扇形模式

1. CBD
2. 批发与轻工业区
3. 低收入住宅区
4. 中等收入住宅区
5. 高收入住宅区

此后，经济学家麦肯齐（Mckerzie，1933）、哈里斯和马尔曼（Harris and Ullman，1945）又提出了多核心模式，即在城市发展的过程中并非只有一个中心，而是存在多个，但是其中一个是主要核心，其余的为次核心（见图 1-3）。

```
    3
        4
  2
3   1
        7
    3
            5
  6
            8
9
```

1. CBD
2. 批发与轻工业区
3. 低收入住宅区
4. 中产阶层住宅区
5. 高收入住宅区
6. 重工业区
7. 外围商务区
8. 郊区住宅区
9. 郊区工业区

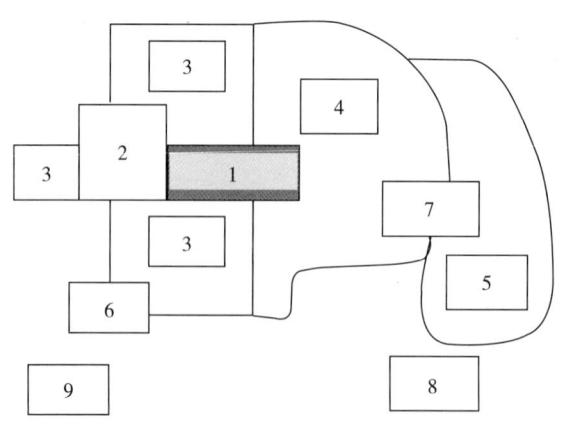

图1-3 城市结构多核心模式

（二）城市生态理论

城市生态理论的思想根源可以追溯到英国社会活动家霍华德（Howard）在1898年提出的田园城市论，为城市生态理论的发展奠定了基础。霍华德认为由于城市周围存在许多农业用地，城市居民可以便利地获得农产品供应，而且农村对于城市空间的布局结构、人口密度及绿化区域等城市规划具有很大的影响。此后，以帕克（Parker，1916）为代表的一批芝加哥学派学者在对城市土地利用模式及城市环境进行大量调查研究的基础上提出古典人类生态理论，他们认为在一定空间内，生物之间相互依存构成了特定的生态系统，城市中土地价值的变化与其类似。芬兰学者埃列尔·萨里宁（Eliel Saarinen）提出有机疏散论，他认为为缓解城市过分集中带来的弊端，把城市分为"日常活动区域"和"偶然活动区域"，前者应当集中布置，后者应当疏散出城市中心，分散布置。他在《城市：它的发展、衰败和未来》一书中进一步阐述了有机疏散论，认为城市结构既要符合人类集聚居住的天性，为人们的生活提供便利，但是又不能脱离自然。

（三）产业区位理论

国外学者对于产业区位的关注较早，著名经济学家马歇尔早在1890年就提出外部经济的概念，发现外部规模经济和产业集聚有关，即当产业在特定区域内集聚时，该区域内企业的成本下降，从而形成外部经济，这种经济是由工业区位分布所获得，因此我们要十分重视，进而提出"马歇尔产业区"的概念。1909 年,德国经济学家阿尔弗雷德·韦伯(Alfred Webber)在其著作《工业区位论》中从产业集聚带来的成本节约的角度讨论了产业集群形成的动因。他认为费用最小的区位是最好的区位,而聚集能使企业获得成本节约。一个企业规模的增大能给工厂带来利益或节约成本,而若干个企业集群在一个地点同样也能给各个企业带来更多的收益或节省更多的成本,技术设备发展的专业化、搜寻劳动力的相关成本的降低,也都促进了企业集聚。20 世纪 80 年代,美国经济学家萨克森宁等一批学者在对美国硅谷、德国巴登—符腾堡、意大利爱米利亚—罗马格纳等高技术产业综合体实践的研究基础上提出新产业区理论,认为决定一个企业、一个地区乃至一个国家高新技术产业发展状况最主要的因素,不是物资资本的数量与质量,而是发挥与人力资本潜力相关的经济组织结构和文化传统等社会环境因素。

(四)核心—边缘理论

核心—边缘理论是源于空间相互作用和扩散的理论,由美国规划学家弗里德曼在其 1966 年发表的学术著作《区域发展政策》(*Regional Development Policy*)一书中正式提出,1969 年他在《极化发展理论》中,又进一步将"核心—边缘"这个具有鲜明特色的空间极化发展思想归纳为一种普遍适用的主要用于解释区际或城乡之间非均衡发展过程的理论模式。弗里德曼认为,任何空间经济系统均可分解为不同属性的核心区和外围区。该理论试图解释一个区域如何由互不关联、孤立发展,变成彼此联系、发展不平衡,又由极不平衡发展变为相互关联的平衡发展的区域系统。核心—边缘理论对于经济发展与空间结构的变化都具有较高的解释价值。

第三节 研究思路、方法及创新之处

一 研究思路

本书根据"泛县域视角下产城融合共生路径"的主题,遵循了关于"路径研究"的基本逻辑思路,即"问题提出—路径选择—路径构建—路径模拟—路径优化",并按这一思路构建了本书的技术路线(见图1-4)。首先,比较分析国内外产城融合的路径,并总结出各种路径的优缺点,为我国的产城融合提供经验借鉴;其次,运用因子分析法,对我国县域经济和百强县域的产城融合水平进行实证研究,为我国的产城融合路径的选择提供现实依据;再次,通过阐述县域产城融合向泛县域产城融合共生发展的演化逻辑,界定泛县域产城融合共生的内涵和实现标志,再采用探索性因子分析法,找到泛县域产城融合共生发展的影响因子,并在此基础上构建了泛县域视角下产城融合共生路径影响因子的作用机理;又次,通过Vensim仿真软件,构建泛县域视角下产城融合共生路径,并通过案例对路径进行实践检验,接着从演化博弈角度出发,探讨共生主体在利益权衡下如何决策以影响区域产城融合共生水平;最后,在前面研究基础上,从县际联动、资源共享、污染治理、生态共生、功能互补和宜居宜业六个方面提出泛县域产城融合共生路径优化建议。

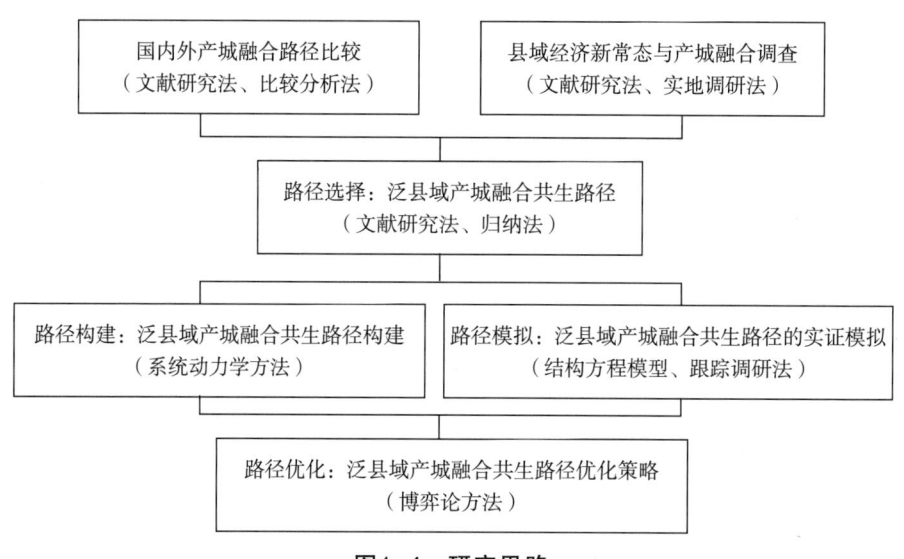

图1-4 研究思路

二 研究方法

本书综合采用文献研究法、比较分析法、实地调研法、系统动力学方法、演化博弈论方法等方法开展研究。

(1)文献研究法:通过网络与图书馆查阅理论著作、学术论文以及政策法规等资料总结了国内外典型区域产城融合的路径选择经验，同时归纳县域经济发展的特点。

（2）比较分析法：运用了比较分析法比较国内外典型区域产城融合的路径选择，从而得出泛县域产城融合共生路径的优化策略。

（3）实地调研法：利用了实地调研法考察县域经济发展过程中存在的问题。

（4）系统动力学方法：运用了系统动力学方法构建泛县域视角下产城融合共生路径，并进行实践检验分析。

（5）结构方程模型：运用了结构方程模型对泛县域产城融合共生路径进行实证模拟。

（6）博弈论方法：利用演化博弈论方法探讨泛县域视角下产城融合共生路径的优化策略。

三　创新之处

（一）研究视角创新

本书从全新的泛县域视角下分析产城融合共生路径问题，系统探讨泛县域视角下产城融合共生路径的构建及其优化策略；突破行政区域范围进行产城融合共生路径研究，由区域研究进入跨区域研究，有助于拓展产城融合研究的深度和广度，为产城融合共生的分析奠定了基础。

（二）理论框架创新

在借鉴已有的研究成果基础上，构建了相对完整的泛县域产城融合共生理论分析框架。以对国内外产城融合经验的总结为基础，提出了泛县域产城融合共生新路径和演化逻辑，并进一步界定了其内涵和实现标志；通过对影响因子的探索，分析了泛县域产城融合共生的作用机理，并通过模拟仿真，对实现路径进行了模拟检验。

（三）评价角度创新

在理论分析和经验借鉴的基础上，依据我国县域经济发展的新特点和新趋势，通过专家访谈和问卷调查等方法，构建了科学的县域产城融合水平评价指标体系，从产业发展、人口发展和县域功能发展三个不同角度揭示了泛县域产城融合存在的问题。

（四）路径构建创新

本书在对泛县域产城融合共生影响因子作用机理进行分析的前提下，深入探讨了各个因子的影响，然后利用系统动力学刻画出泛县域产城融合共生路径图。该路径图以更加直观的方式展示了泛县域的优势资源培育、优势资源共生开发、产业合作与跨区域工业园区、循环园区、生态共生区、产城融合共生区和产城融合辐射区七个方面的路径选择与因果关系。

第二章 产城融合文献追踪与拓展

近年来,产城融合成为我国各级政府和学术界关注的热点话题之一,而国外并没有明确提出产城融合这个相对新兴的概念,对于泛县域视角下的产城融合也未见有针对性的研究,国外在城市化和城镇化研究方面有涉及产城融合的类似研究,国外学者的研究主要集中在经济发展水平的不同时期,对产业发展及其城市化之间的关系进行理论性阐述,以此间接反映出产城融合的思想。2015年10月26日至29日,中国共产党第十八届中央委员会第五次全体会议在北京召开,本次全会强调:"实现'十三五'时期发展目标,必须牢固树立并切实贯彻创新、协调、绿色、开放、共享的发展理念。"这五大发展理念不仅仅对我国社会经济发展提出更高要求,更对我国产业与城市融合提出了新要求,产城融合的好坏直接关系到社会经济发展的质量高低。目前,我国产业与城市发展过程中,"有城无产"和"有产无城"问题依然突出,在新的历史背景下,产城融合在原有研究和实践基础上,注重产城融合研究与实践高度契合,做到理论突破创新和实践良性协调是必然选择。然而,产城融合的理论突破创新和实践良性协调,离不开对原有产城融合文献和实践研究,正是出于这种形势发展的需要,本章从对原有产城融合研究的总体分析和结构分析两方面着手,找出已有关于产城融合理论研究和实践的优点与不足,为我国产城融合共生发展的研究提供理论基础和探索空间。

第一节 产城融合相关研究的总体分析

虽然国外对于产城融合发展的研究思想较丰富、内容较多、理论较广，但是理论不够系统，大体上都是实践中总结的经验。国外学者对于产城融合的理解与研究更多的是立足于产业与城市之间协同发展，发达国家经济与城市发展主要动力来自产业，城市在一定程度上可以被当地产业结构所定义，同时本地产业对城市发展也具有重要的推动作用。这也表明产业发展的重要性，产业在集聚后的发展催生了城市的建立。大部分西方国家都早已结束本国工业化道路，从而积累了大量协调产业与城市发展的丰富经验，其中实践中总结出来的产城融合理念在经济发展理论中占有重要地位，但没有形成系统的理论，且没有对指定区域或者区域之间详尽的产城融合规划布局进行研究。

近年来，随着对城市化和新型城镇化研究的深入，我国产城融合的研究成果也逐渐增多，为了有一个比较直观的认识，本章基于全国哲学社会科学规划办公室网站、百度和中国知网平台，对产城融合的研究情况进行了数据统计，统计情况如表2-1所示。

表2-1　　　　　2010—2019年产城融合研究总体情况[①]

项目 年份	国家社科课题立项（个）	百度搜索（万个）	中国知网		
			全部期刊（篇）	核心期刊（篇）	CSSCI（篇）
2010	0	230	1	0	0
2011	0	224	20	3	2
2012	0	228	51	9	9
2013	1（重点项目）	217	143	23	17
2014	1	221	248	47	33
2015	4（其中重点1个）	227	273	38	27
2016	3	248	238	40	30
2017	1（重点项目）	344	235	33	28
2018	0	579	210	15	7
2019	0	492	63	9	5
合计	10	3010	1482	217	158

---

① 表2-1中2019年的百度数据和中国知网数据只统计到2019年6月25日，因此不能代表全年数据，而2019年国家社科立项情况全部属于2019年年度项目，因此可以认为是属于2019年的全年数据。

从表 2-1 中国家社科课题立项数据可以看出，2013 年产城融合的研究有 1 项重点课题立项，2014 年 1 项立项，2015 年达到了 4 项（其中有 1 项重点项目），2016 年 3 项立项。该核心主题在 5 年内立项了 10 个课题，可以说明：一是产城融合在我国理论研究和实践探索中的重要性，需要通过产城融合的研究来解决城市化和新型城镇化发展过程中面临的问题；二是随着国家产业结构调整和新型城镇化发展的深入，有关产城融合的新问题不断出现，需要不断进行研究和完善。

从表 2-1 中百度搜索来看，产城融合的词条数量庞大，几乎每年都保持在 200 万条以上，而且在 2016—2019 年显著增长，在一定程度上体现出产城融合在理论和实务界的关注度不断增加。同时，产城融合的词条出现也是早于国家社科课题立项和中国知网的文献研究，这是因为百度搜索不仅包括理论文章，更多的是收集实践方面的资料，说明产城融合概念源于实践，是实践探索的结果，也是城市化过程中出现的实践问题。这也从另外一个角度表明研究产城融合的必要性和紧迫性，需要不断地通过理论或者经验总结，为实践提供政策建议和支持。

从表 2-1 中中国知网文献统计数据可以看出，从 2010—2019 年 6 月 20 日，关于产城融合的文献数量共计 1482 篇，其中核心期刊为 217 篇，CSSCI 论文数量为 158 篇。这说明关于产城融合的文献数量并不是很多，理论研究有待加强。从各年的统计数据也可以看出，2010 年只有 1 篇研究产城融合的文章，且不是核心期刊；2011 年和 2012 年数量也不多；直到 2013 年，产城融合的文章才随着国家社科课题立项的增加而增加，这一情况也在核心期刊和 CSSCI 文章数量上有所体现。但由于近几年立项的国家社科课题正在研究中，关于产城融合研究的论文数量在波动中增长。

从以上分析可以看出，一是对产城融合的研究无论是在理论上还是实践探索上都不足，特别是理论研究滞后于产城融合实践，需要不断深入研究，提出更多政策措施；二是产城融合得到理论界的重视，也获得较多国家项目的支持，后续需要产出更多高质量的论文、专著、研究报告或者对策报告。

第二节　关于产城融合研究对象的文献梳理

近几年产城融合的研究文献总量在不断增长，研究对象、研究内容和研究方法也趋向多元化。为了延伸和拓展产城融合研究课题，需要对产城融合研究的结构进行分析。

一　产城融合国家课题立项情况分析

近几年来，在产城融合方面，国家课题立项项目达到10项，其立项情况的具体内容如表2-2所示。从表2-2可以看出，重点项目3项，一般项目7项，其中有6项都是以产城融合作为研究核心，有两项以产城融合为视角进行研究，即刘洪银（2013）的重点项目《产城融合视阈下稳步城镇化与新生代农民就业转型协同机制研究》和周霞（2016）的一般项目《城市群产城融合视角下国家级城市新区空间布局优化机理与路径研究》。

表2-2　　　　2013—2019年产城融合国家社科课题立项

立项年份	项目名称	负责人	所在省市	工作单位	项目类别	预期成果	计划完成时间
2013	产城融合视阈下稳步城镇化与新生代农民就业转型协同机制研究	刘洪银	天津	天津农学院	重点项目	专著、专题论文集	2015/6/30
2014	产业承接地工业园区产城融合研究	毛小明	江西	南昌大学	一般项目	专著	2017/6/30
2015	我国城市新区产城融合实现机制研究	沈正平	江苏	江苏师范大学	重点项目	专题论文集、研究报告	2018/12/31
2015	新型城市化视野下的产城融合实现机制研究	项本武	湖北	中南财经政法大学	一般项目	研究报告	2017/6/30
2015	基于空间尺度差异的我国产城融合机制、评价体系及政策设计研究	丛海彬	浙江	宁波大学	一般项目	研究报告	2017/12/31
2015	西部地区新区建设中产城融合实现机制研究	何磊	陕西	延安干部学院	一般项目	专著	2018/3/1

续表

项目立项年份	项目名称	负责人	所在省市	工作单位	项目类别	预期成果	计划完成时间
2016	城市群产城融合视角下国家级城市新区空间布局优化机理与路径研究	周霞	北京	北京建筑大学	一般项目	专著	2019/6/30
2016	泛县域视角下产城融合共生路径研究	黄小勇	江西	江西师范大学	一般项目	专著	2019/6/30
2016	基于"人产城"融合的绿色城镇化发展模式研究	田文富	河南	中共河南省委党校	一般项目		
2017	民族地区产城教融合发展综合改革研究	杨如安	重庆	西南大学	重点项目		

从表2-2可以看出，近几年来的国家课题立项主要分为三类：①侧重于对"产"的研究，如毛小明（2014）对产业承接地工业园区的产城融合问题的研究；②侧重于对"城"的研究，比如沈正平（2015）对我国城市新区产城融合实现机制的研究、何磊（2015）对西部地区新区建设中产城融合实现机制的研究；③侧重于对"融合"的研究，如丛海彬（2015）对基于空间尺度差异的我国产城融合机制、评价体系及政策设计的研究。因此，本课题以全新的泛县域视角下分析"产""城""融合"问题，并进一步提出实现路径，为我国县域经济的跨区域产城融合提供政策建议，丰富了我国产城融合理论，具有一定的学术价值和应用价值。

二 产城融合现有文献情况分析

由于国外对于产城融合并没有明确概念，更多研究主要集中在产业与城市的理论方面，但是随着产城融合在我国实践方面日益深化，对产城融合理论研究提出了更高要求。因此，对产城融合相关文献的研究层次进行统计就显得尤为重要，因为它将直接预测未来产城融合研究的方向。从表2-3中可以看出，2012—2018年产城融合中国知网CSSCI上刊登文献的研究对象可以归纳为四个研究层次：①产城融合政策研究；②产城融合基础研究；③产城融合行业技术指导研究；④产城融合行业指导研究。其中，将产城融合作为行业技术指导研究对象的文献有2篇，即贺传皎（2012）

的《由"产城互促"到"产城融合"——深圳市产业布局规划的思路与方法》[①]和孙建欣（2015）的《空间经济学视角下城郊型开发区产城融合路径》[②]。将产城融合作为行业指导研究对象的文献有1篇，即蒋华东（2012）的《产城融合发展及其城市建设的互融性探讨——以四川省天府新区为例》[③]。

表2-3 　　　　2012—2018年CSSCI期刊刊登产城融合文献情况

年份（期数）	文献名称	文献作者	所在省市	工作单位	发表刊名	研究层次
2012/07	产城融合内涵解析与规划建议	李文彬	上海	中国城市规划设计研究院上海分院	城市规划学刊	政策研究
2012/05	由"产城互促"到"产城融合"——深圳市产业布局规划的思路与方法	贺传皎	深圳	深圳市规划国土发展研究中心	城市规划学刊	行业技术指导
2012/06	产城融合发展及其城市建设的互融性探讨——以四川省天府新区为例	蒋华东	四川	四川省社会科学院房地产研究中心	经济体制改革	行业指导
2013/06	城市新区的产城融合	王淑华	河南	郑州大学区域经济研究所	城市问题	基础研究
2013/16	基于因子聚类分析的高新区产城融合测度研究	王霞	上海	同济大学经济与管理学院	科技进步与对策	政策研究
2014/03	湖北省新型城镇化进程中产城融合协调度评价	张开华	湖北	中南财经政法大学工商管理学院	中南财金政法大学学报	基础研究
2014/07	国家高新区产城融合度指标体系的构建及评价——基于因子分析及熵值法	王霞	上海	同济大学经济与管理学院	科学学与科学技术管理	政策研究

---

① 贺传皎：《由"产城互促"到"产城融合"——深圳市产业布局规划的思路与方法》，《城市规划学刊》2012年第5期。
② 孙建欣：《空间经济学视角下城郊型开发区产城融合路径》，《城市规划》2015年第12期。
③ 蒋华东：《产城融合发展及其城市建设的互融性探讨——以四川省天府新区为例》，《经济体制改革》2012年第6期。

续表

年份（期数）	文献名称	文献作者	所在省市	工作单位	发表刊名	研究层次
2015/02	产城融合发展中的治理困境与突破——以上海为例	卢为民	上海	上海市土地交易事务中心	浙江学刊	基础研究
2015/06	浙江推动新型小城镇产城融合发展	花永剑	浙江	浙江商业职业技术学院	宏观经济管理	政策研究
2015/12	空间经济学视角下城郊型开发区产城融合路径	孙建欣	北京	中国城市规划设计研究院区域规划研究所	城市规划	行业技术指导
2016/01	新型城镇化背景下"产城融合"的内在激励与作用路径	谢呈阳	重庆	东南大学经济管理学院	财政研究	基础研究
2016/02	江西省产城融合发展测评与研究	黄新建	江西	南昌大学中部发展研究中心	江西社会科学	基础研究
2016/06	推进常州产城融合人城和谐发展的思考	蒋洁	江苏	江苏省常州市发展改革委	宏观经济管理	政策研究
2016/17	产城融合视角下我国新型城镇化与新型工业化互动发展研究	宋加山	四川	西南科技大学经济管理学院	科技进步与对策	政策研究
2017/11	新型城镇化中的产城融合及其福利效应	丛海彬	宁波	宁波大学商学院	中国工业经济	政策研究
2018/12	产城融合视角下特色小镇的功能定位研究——以南昌太平镇为例	李硕扬	江西	江西师范大学城市建设学院	城市发展研究	基础研究

我们通过在中国知网（CNKI）中进行文献精确检索，并且不设定检索年限，得到主题含有"产城融合"的核心期刊或 CSSCI 文献的数量总计 183 篇，并从以下四个方面进行分析。

（一）文献的时间分布

通过对文献的时间分布状况进行综合分析，可以看出该主题的研究现状和发展趋势。从图 2-1 可以看出，2011 年开始出现与产城融合相关文献，但是发文数量较少，只有 1 篇，说明学术界对于产城融合问题关注不够。在 2013—2016 年期间发文数量急剧增加，总计达到 107 篇，说明学术界对于产城融合问题开始重视，对这一问题的研究快速发展。自 2016 年后发文数量开始下降，但是依然保持在较高的数值，说明对产城融合问题的研究热度有所减退，但依然是热点问题。

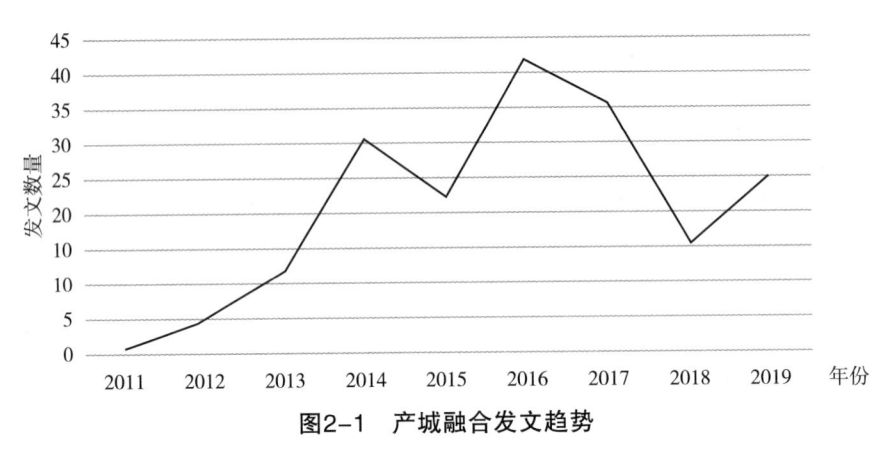

图2-1 产城融合发文趋势

资料来源：中国知网。

（二）文献的作者分布

在8年间的产城融合研究中，发表该主题文献的作者超过150人，由此可以看出对产城融合问题的研究已经形成一定的研究群体，其中南昌大学的毛小明、宁波大学的丛海彬、中国城市规划设计研究院上海分院的李文彬、深圳市规划国土发展研究中心的贺传皎发文数量都在3篇以上，相对高产。在所有的作者中，李文彬、苏斯彬、谢呈阳等作者的引用率较高，其中李文彬的三篇文章引用量将近500次，下载次数超过9000次。同时，研究产城融合的作者有55.7%来自经济管理学科。

（三）研究基金分布

为了推动学科的发展，我国从国家层面和省市为各个学科设立了多种研究基金，期望为各个领域面临的相关问题提出解决方案和建议，因而研究基金的资助情况可以反映某些问题的热度。通过183篇文献的基金情况统计数据可知，共有58篇受国家基金资助，占发文总量的29.5%，省级基金项目分布最多的是浙江省，达到4篇，且国家和省市级基金对产城融合有关论文的资助数量每年都在递增，这说明了我国政府和学术界对"产城融合"问题的研究表现出极大的热情。

（四）研究机构及区域分布

运用在中国知网（CNKI）中检索的数据，对产城融合有关文献的发文机构分布状况进行综合分析，能使我们清晰地看出国内该主题研究的基本情况和跨机构合作的状况。发文数量在前五的机构中，南昌大学、同济大学和华东师范大学发文量都达到7篇，清华大学4篇，中国城市规划设计研究院3篇。由此可见，高校对产城融合问题的研究比较关注，而且地方性研究所对该问题也有一定的关注，从目前的研究情况来看，成果非常突出的研究机构没有出现。从总体来看，东部地区对产城融合问题的研究比较活跃，可以在一定程度上反映出东部地区的政府对该问题更为重视。

第三节 关于产城融合研究内容的文献梳理

一 实现产城融合路径研究

国外对于实现产城融合路径研究，更多体现在城市发展与产业关联性的理论研究方面，以及产业对城市化、市郊化、反城市化不同城市化阶段产生的影响方面。亚当·斯密和马克思等古典经济学家主要是关注分工与城市化的关系，研究分工对城市化的影响。阿林·杨格（Young，1928）认为，产业的分工可以帮助经济在发展过程中产生较好的互动关系，伴随着过程中的彼此强化，分工与专业化就可以带来较好的经济利益，为城市化进程提供资本积累。[①] 当城市化进程的研究开始进入产业与城市互动的研究领域，在这个阶段产生的理论主要有韦伯（Weber）的工业区位论、佩鲁（Perroux）的"极化"理论和布代维尔（Boudeville）的"里昂惕夫乘数效应"论。这些理论都从一个方面研究了城市化进程的演化规律和产业发展的匹配关系——城市化进程与产业发展有着千丝万缕的关系。研究认为，经济发展的不均衡性使主导产业形成集聚效应，包括工业集聚和商业集聚。20世纪60年代后，拉尼斯（Rannis）和费景翰（Fei）发表形成了

---

① Allyn Young, "Increasing Returns and Economic Progress", *The Economic Journal*, 1928.

二元经济结构理论①，哈里斯（Harris）和托达罗（Todaro）②、凯利（Kelly）和威廉姆森（Williamson）③等研究了二元经济结构问题，并在此基础上构建了二元经济结构模型，进而研究二元经济结构转型问题，从而实现经济发展与城市化进程的合理互动。产业的发展也是城市化进程中的主要动力，由于产业的集聚效应带动城市化进程，如穆罕默德（Mohamad, M.I., 2012）认为，在产业融合的促使下，原来产业之间清晰的边界发生收缩或消失，从而促进产业的增长，以此促进产业集聚与城市化的发展进程④；在产业结构调整方面，库兹涅茨通过对不同属性的产业影响城市化发展进行研究，间接指出了产业结构变动与城市化之间是相互作用并且需要协调发展的。事实上，产业结构演变正是推动城市化最关键的经济因素。

关于实现产城融合路径研究，国内不同的学者有不同的研究视角、研究对象以及研究背景。从实现产城融合发展路径研究具有普遍性、广泛性价值来看，李光辉（2014）通过对产城融合发展影响因素的分析，将产城融合发展路径的实现归纳为：注重"一个平台"、兼顾"两个主体"、实现"三个目标"、建设"四个系统"。展开来讲，产城融合发展就是要以产城融合型城区为平台，充分兼顾市场和政府两个主体，利用二者各自的优势去建设城市运营、城市功能、城市公共服务和城市要素四个系统，从而实现"产—城融合""产—人融合""人—城融合"，达到产、城、人三者融合发展的总体目标。⑤以具体产业园区为研究对象，欧阳东、李和平（2014）将产城融合定位为新型城镇化与新型工业化共同的产物。认为产业园区产城融合发展路径要经历四个阶段：第一个阶段是产业和城市分离；第二个阶段是产业和城市各自为政；第三个阶段是产业和城市实现边缘融合；第四个阶段是产业和城市融合。以中泰（崇左）产业园区产城融合为实例，

---

① Rannis, G. and Fei, J., "A Theory of Economic Development", *American Economic Review*, Vol.51, No.4, 1961.
② Harris, J. and Todaro, M., "Migration Unemployment and Development: A Two Sector Analysis", *American Economic Review*, Vol.60, No.1, 1970.
③ Kelly, A. and Williamson, J., *What Drives Third World City Growth? A Dynamic General Equilibrium Approach*, Princeton, NJ.: Princeton University Press, 1984.
④ Mohamad, M.I., "Exploring the Potentian of Using Industryalized Building System for Floating Urbanizationby Swot Analysis", *Journal of Applied Sciences*, 2012, 12(5):486-491.
⑤ 李光辉：《我国产城融合发展路径研究》，硕士学位论文，安徽大学，2014年。

提出新时期产业园区产城融合发展的具体规划策略。① 对于我国现阶段的开发区而言，黄桦、张文霞和崔亚妮（2018）认为，对开发区来说，产业是城市发展的基础，城市是产业发展的载体，产城融合是新时代促进开发区转型升级的有效途径。② 同样是研究实现产城融合路径，在将研究范围缩小到以县域工业集中区为具体研究对象中，张沛、段瀚等（2016）从县域经济社会"二元"性典型特征着手，强调县域工业集中区产城融合发展要注重辐射效应，产业发展要突破园区边界，注重带动中小城镇与美丽乡村产业发展，形成生态、生产、生活一体化的产业与城乡融合空间。更进一步提出产业融合发展、区域协同一体、生态融合共生、多元管理共存的产城融合发展路径。③ 显然，对实现产城融合路径的某一特定对象的研究，给产城融合在实践层面提供了较为直观的理论指导。然而，产城融合实现路径研究不仅仅局限于某一特定的对象，它还有着更为宽泛的研究视角。以空间经济学为视角，孙建欣、林永新（2015）认为产城融合发展必然会导致土地价值损失，因此，通过消除负面外部性、加快产业升级、创造地价峰值的土地价值损失补偿方式，系统构建出产城融合发展路径。④

当然，随着社会经济的发展，不同社会经济背景下也有不同的产城融合路径研究。在新型城镇化背景下，于小玭（2015）认为，产城融合发展在新型城镇化建设中具有重要的战略地位。结合山东省产城融合发展实例，提出实现产城融合的四大财政路径。⑤ 在相同的背景下，谢呈阳、胡汉辉和周海波（2016）则认为，产城融合的本质是产业、城市和人三者的融合。在分析出产业、城市和人三者的关系基础上，提出实现产城融合的作用路径。⑥ 然而，在新常态背景下，楚天骄（2015）则认为，新常态的出现给

---

① 欧阳东、李和平：《产业园区产城融合发展路径与规划策略——以中泰（崇左）产业园为例》，《规划师》2014年第6期。

② 黄桦、张文霞、崔亚妮：《转型升级背景下开发区产城融合的评价及对策——以山西为例》，《经济问题》2018年第11期。

③ 张沛、段瀚等，《县域工业集中区产城融合发展路径及规划策略研究——以陕西蒲城工业集中区为例》，《现代城市研究》2016年第8期。

④ 孙建欣、林永新：《空间经济学视角下城郊型开发区产城融合路径》，《城市规划》2015年第12期。

⑤ 于小玭：《新型城镇化背景下山东省产城融合发展的财政实现路径》，硕士学位论文，中国海洋大学，2015年。

⑥ 谢呈阳、胡汉辉、周海波：《新型城镇化背景下"产城融合"的内在机理与作用路径》，《财经研究》2016年第1期。

产城融合发展带来新的挑战，迎接这一挑战的唯一出路是制定差异化的产城融合发展路径，即提升城市中心区等级，加强新城区服务中心功能和人口集聚功能，优化开发区和大学城的城市功能、产业结构和人口结构，完善人口导入区域的基础设施网络、社会治理功能、职住匹配条件和信息化管理系统。①

二 实现产城融合机制研究

国外对于产城融合机制研究起步较早，但仍然缺乏系统以及全面的研究，更多地集中于城市发展与产业发展的关系中。科罗诺斯（Koroneos，2012）等提出了可持续性的指标是衡量城市发展不可或缺的因素，他们将"有效能指标"应用在研究中，进一步突出产业发展对于环境的影响考察研究的重要性，反映了学术领域中对城市与产业之间可持续性的关注。②在此之前，国外很早就有学者对产业与城市机制进行考察研究，康世坦（Costanza, R., 1989）开展了城市稳定性测度研究，在研究中选取了城市的基础设施、产业的分工发展程度、城市与产业间的环境状况以及交通情况作为指标，在最后的研究成果中发现基础设施、产业、环境、交通等要素对产业与城市间的协同发展发挥着重要作用。③在最近的研究中，柯蒂斯（Curtis J., 2004）通过对其选取的 105 个指标体系，加以特定的分析，给出了城市中不同指标体系中之间的关系非一致性较强的结论，由此得出还需要更深入地研究指标选取方法、建立指标体系机制，充分发挥各种作用来促使城市与产业的健康发展。④ Jedwab, R., Douglas, G.（2013）等提出了用城市化代表产业化的传统观点是错误的，其中人均收入与贸易出口类型将更多地作用于城市化与产业化之间的关系。不论在资源型城市或者是生产型城市，人均收入与城市化率之间是显著相关的。产业结构与城市化率之间的关系则受到国家是否依赖于资源贸易出口的影响，城市化率与

---

① 楚天骄：《新常态下产城融合的总体思路与实现路径研究》，《中国浦东干部学院学报》2015 年第 5 期。

② Koroneos, C. J., Nanala, E.A., X dis, G.A., "Sustainability Indicator for the Use of Resources-the Exergy Approach", *Sustainability*, 2012, 4(8): 1867-1878.

③ Costanza, R., "What Is Ecological Economics?", *Ecological Economics*, 1989, 1(1): 1-7.

④ Curtis J.Simon., "Industry Reallocation across US Cities, 1977-1997", *Journal of Urban Economics*, 2004(56): 119-143.

GDP 中的产业结构因素紧密相关，在一些资源出口型国家，尽管非农产业（制造业和第三产业）占比很低，但其城市化率却很高；而在非资源出口型国家，城市化率与产业结构因素的相关性就不那么明显。[1]

从最近几年来看，我国众多学者越来越热衷于实现产城融合机制研究，这对产城融合发展大有裨益。但是，怎样才能让这些理论成果更好地服务于实践，则必须对研究实现产城融合机制的文献做出深刻理解、整合、剖析。在实现产城融合作用机制的研究中，刘欣英（2016）认为，产城融合是城市功能优化和产业发展协同共进与良性互动的动态过程。影响产城融合的四个要素分别是产业生产要素、城市化水平、经济实力及发展环境，四个要素相辅相成，共同构成产城融合的作用机制，产城融合的作用机制又反作用于上述四大因素。[2] 事实也充分证明，在实现产城融合的实践中，并不是某些单一因素产生的内在动力就能决定产城融合的实现。因此，在实现产城融合互动机制研究中，毛静（2016）认为，产城分离是我国城镇化进程中影响经济均衡发展的重大隐患。[3] 更进一步研究，从劳动力结构、城乡一体化两方面剖析产业结构与新型城镇化之间的互动关系及内在机制。当然，实现产城融合研究不仅仅停留在作用机制与互动机制上，它还涉及实现机制、运行机制、发展机制及实施机制，这是实现产城融合从理论层面向实践层面跨越的关键点。在产城融合实现机制研究中，于新东（2015）将"城市"和"产业"两大主体作为核心研究对象，交叉运用城市定位、产业选择、产城匹配、产业培育、产城协调、互动传导、相互牵引、演化发展、现代治理、评估考核、预警应急和长效保障等机制，构建起产城融合实现机制研究的基本框架。[4] 在实现产城融合运行机制研究层面，殷德生、江海英（2014）在整合高校、园区与城区的创新资源时，强调产城融合运行要重视创新创业的基础作用，发挥知识与价值创

---

[1] Douglas Gollin., "Affiliated with University of Oxford Department of Economics, Remi Jedwab Affiliated with George Washington University Department of Economics, Dietrich Vollrath Affiliated with University of Houston .Urbanization with and without industrializationf", *Journal of Economic Growth*, 2013(31):35-70.

[2] 刘欣英：《产城融合的影响因素及作用机制》，《经济问题》2016 年第 8 期。

[3] 毛静：《我国城镇化进程中"产城融合"互动机制研究》，《当代经济》2016 年第 4 期。

[4] 于新东：《产城融合实现机制述要》，《环球市场信息导报》2015 年第 3 期。

造的纽带作用，注重以知识产业为主体的联动作用。① 在实现产城融合发展机制研究中，陈露、余炜楷（2015）以广州科学城为例，通过对广州科学城产城融合发展阶段的有效划分，认为产城融合发展的内在机制包括交通优势、土地利用、生态条件、主导产业、配套设施和市场需求等因素。② 在产城融合实施机制研究层面，王鹏鹏、贺清云（2016）以湖南省长沙市为例，认为加快产城融合发展建设步伐，对空间发展布局、产业转型升级、城市品质提升和两型社会建设的意义深远。基于此研究，得出产城融合实施机制要注重多元化投入、土地利用、环境保护、区域开放合作、人口人才集聚和产业培育发展等多元机制组合的结论。③ 在运营机制方面，闫二旺（2018）提出产城融合出现了政府开发、大型国有企业开发和公私合作伙伴关系三种模式；在空间布局方面，产城融合不仅需要处理好中心城区与产业新城的衔接，还需要统筹协调产业新城的生产空间、生活空间和生态空间；在制度创新方面，园区管理体制、户籍管理制度、社区文化体系以及环境治理体系同样都面临着挑战。④

总之，在实现产城融合众多机制研究中，只有将各种机制进行最优组合，才能不断为实现产城融合实践注入新的活力。然而，如何灵活地将这些机制运用到产城融合实践中，这就需要对实现产城融合的体制机制进行改革与创新。姚莲芳（2016）认为，产城融合是未来新城新区发展的重要方向，科学合理的体制机制是新城新区产城融合发展的重要保障。未来产城融合发展需要突破体制机制僵化问题，在管理、财政、投资、用地和人口等环节进行体制机制创新。⑤

三 实现产城融合政策研究

产城融合侧重于让市场发挥应有作用从而达到协同发展的目标，但也

---

① 殷德生、江海英：《产城融合中的"三区联动"运行机制与中国实践模式》，《北华大学学报》2014年第6期。
② 陈露、余炜楷：《产业新城"产城融合"发展机制——以广州科学城为例》，《新常态：传承与变革——2015中国城市规划年会论文集（09城市总体规划）》2015年第9期。
③ 王鹏鹏、贺清云：《新经济格局背景下的长沙市产城融合实施机制研究》，《经济研究导刊》2016年第5期。
④ 闫二旺：《我国生态工业园区产城融合的研究与实践》，《生态经济》2018年第9期。
⑤ 姚莲芳：《新城新区产城融合体制机制改革与创新的思考》，《改革与战略》2016年第7期。

不能忽视政府在城市发展中的作用,对这个概念的不同认识就会引出不同的发展思路与思考问题方式。帕帕耶奥尔尤(Papageorgiou,2000)认为,城市在发展的过程中,如果市场失灵,那么不仅仅是外部性这个单一原因,还有城市的不可分割性与不可复制性的影响,因此对于城市的产业,政府应该适当加大力度对其进行监管,促使产业与城市的协调发展。① 同时也有学者布鲁克纳(Brueckner,J. K.,2000)认为,在产业促使城市化进程中市场作用是有效的,如果政府不对城市与产业发展进行适当的监管,势必在后续发展中产生不良的结果。在民生领域,国外学者也有深入研究,如索斯尼斯(Thorsnes,2000)关心城市化具体进程中的住房问题,认为城市在发展阶段将会促使居住的发展,产业的集聚将带动区域的人口增长,所以在一定程度上可以通过外部政府政策的推动来消化该住房问题,同时在产城协调发展中提高政府政策的作用,凸显出政策在城市、产业和居民间整体协调发展的重要性。② 佩鲁(Perroux,1988)从城市发展的环境角度指出,政策的推出可以给产业集聚区内的企业提供更好的服务和设施,能够有效地促进产业的发展。③

产城融合作为国家经济社会发展的重要战略,仅关注实现产城融合的机制研究和路径研究还远远不够,因为无论实现产城融合机制研究,还是实现产城融合路径研究,二者最终归宿都是更好地指导产城融合实践,而有关实现产城融合的政策研究是影响产城融合实践成功与否的重要因素之一。近年来,研究实现产城融合政策的学者也不在少数,当然,有关实现产城融合政策的研究方向和内容亦呈现出多元化特征。在实现产城融合路径及政策选择研究方面,杨雪锋、未来(2015)认为,"产城融合"是产业空间和城市空间协调发展的内在要求,亦是实现新型城镇化的重要途径。④ 进一步研究,建设性提出产城融合政策应该从产业发展中培育城市功能和城市发展中优化产业结构两方面着手。政府作为产城融合发展政策引导者和支持者,实现产城融合路径离不开政府政策推动。吴海光(2013)认为,

---

① Papageorgiou, Y., "Externalities,Indivisibility, Nonreplicability, and Agglomeration", *Journal of Urban Economics*,2000,(48):509-535.

② Thorsnes, P., "Internalizing Neighborhood Extemalities: The Effect of Subdivision Size and Zoning on Residential Lot Prices", *Journal of Urban Economics*, 2000,(48):397-418.

③ Perroux, F., "la notion de Pole de Croissance", *Economie appliquee*,1988:307-320.

④ 杨雪锋、未来:《产城融合:实现路径及政策选择》,《中国名城》2015年第9期。

产城融合发展对促进城市经济发展，提升城市国际竞争力，规范地方政府竞争行为，带动区域经济合作发展具有重大意义。① 研究总结了德国鲁尔区、美国尔湾市等发达国家政府主导的产城融合发展经验，强调政府要以产业发展为核心，并且将其作为制定城市发展规划的依据。同时，政府要大力完善城市配套建设的产城融合发展思路和对策。同样是在政府推动产城融合政策研究中，李卫平（2015）则认为，产城融合要以产业、城市、居民为互动基点，从而构建起产业、城市、居民三者互动体系，政府政策需要重点关注产业向高级化转型、公共服务完善、城市生活品质提升、产城融合协调发展的促进四方面内容。② 而同时刘亦师（2017）提到，埃比尼泽·霍华德早期提出的田园城市是城市规划思想的最早理论雏形，他认为城市不仅要为产业发展提供载体，还要注重生活环境的塑造，这在一定程度上需要政府的引导。③

当然，在实现产城融合政策研究中，还有两个与之关联的政策研究方向不容忽视，即推动产城融合的财税政策和产城融合发展面临的土地政策。对于前者，杨晓妹、何辉（2013）从财税视角出发，研究如何通过完善财税政策来引导和推动产城互动融合发展，并给出相应的财税政策建议，即通过建立财政投入长效机制，完善财政分配驱动制度，制定差异化产业财税政策，健全公共服务财税供给体系。④ 关于后者，左学金（2014）着重讨论了土地利用制度对城市建设和产业园区布局的空间形态影响，最后提出相关政策建议：一是加快推进城镇化步伐；二是提高土地的综合利用率；三是要制定科学的土地管理办法。⑤

---

① 吴海光：《产城融合发展中的政府作用研究——以上海国际汽车城为例》，硕士学位论文，上海交通大学，2013年。
② 李卫平：《政府推动产城融合的政策措施研究》，《常州大学学报》（社会科学版）2015年第3期。
③ 刘亦师：《田园城市学说之形成及其思想来源研究》，《城市规划学刊》2017年第4期。
④ 杨晓妹、何辉：《产城互动融合发展的财税政策取向》，《税务研究》2013年第9期。
⑤ 左学金：《我国现行土地制度与产城融合：问题与未来政策探讨》，《上海交通大学学报》（哲学社会科学版）2014年第4期。

第四节 关于产城融合研究方法的文献梳理

一 关于产城融合实证研究方法的相关文献

任何一项理论研究都离不开具体的研究方法，产城融合理论研究亦是如此，研究方法运用恰当与否，将直接关系到产城融合理论研究的高度。实证研究作为重要研究方法之一，在产城融合研究中得到广泛运用。但是，这种方法如何以具体的方式应用到产城融合研究之中，需要做进一步探讨。

国外对于城市化进程的理论研究促进了实证研究的进展，H.钱纳里（1988）曾对1950—1970年101个国家的经济发展水平数据与城市化产业发展水平数据进行了回归分析，证实了人均国民生产总值与城市化产业水平有着较为密切的关系，表明了城市化对产业及经济发展具有重要推动作用。[1] 在此之后，陈明星、唐志鹏和黄永斌（Chen Mingxing, Tang Zhipeng & Huang Yongping, 2015）以钱纳里的标准产业结构模型为基础，引用城市化时间序列，采用双对数方法，回归城市化与产业发展之间的关系，采用新时代的人口规模划分方式，对标准产业结构参数进行重新估算，得出了产业与城市化的发展呈现正相关。[2] 而在城市扩张的研究中，李成等（Li, C., Zhao, J., Xu, Y., 2017）运用CWR模型和CA模型，对城市空间格局的扩张对产业的影响进行实证分析，并分析了影响城市扩张对产业影响的驱动因素。[3] 相对于产业结构调整，张波（Zhang Bo, 2015）运用脉冲响应函数和计量经济学回归模型，对日本产业结构调整速度对经济增长以及城市化发展进程的影响和三种产业结构比例变化在经济增长中的作用进行了分析，证实了产业结构调整速度对经济增长以及城市化发展具

---

[1] Chenery, H.B., Robinson, S., Syrquin, M., *Industrialization and Growth: A Comparative Study*, Oxford University Press, 1986:48-52.

[2] Chen Mingxing, Tang Zhipeng & Huang Yongping, "Relational Pattern of Urbanization and Economic Development: Parameter Re-evaluation of the Chenery Model", *Journal of Geographical Sciences*, 2015, 25(8): 991-1002.

[3] Li, C., Zhao, J., Xu, Y., "Examining Spatiotemporally Varying Effects of Urban Expansion and the Underlying Driving Factors", *Sustainable Cities & Society*, 2017(28):307-320.

有积极的推动作用。① 在对于专门的城市化的实证研究中，戈登·穆利根（Gordon F. Mulligan，2013）重新研究了城市化进程的 S 曲线，在此帮助下，将逻辑斯蒂模型（Logistic growth model）与其他简单的时间序列模型和计量经济模型进行了简单的对比，分析得出城市化中产业与人口的相关关系，提出了经济发展在不同阶段城市化进程的结论。②

在产城融合实证研究中，城市新区（特别说明，这里提及的"城市新区"是对"高新区""开发区""产业新区""产业聚集区"等的统称）产城融合备受学者青睐。然而，不同类型城市新区产城融合实现路径却各不相同。以高新区产城融合实证研究为例，王霞、苏林等（2013）基于对全国主要城市高新区研究，采用因子聚类分析方法，对我国高新区产城融合水平进行测度与等级分类，研究结果表明，科技创新、产业集聚、经济规模等是高新区产城融合发展的关键。③ 以产业新区产城融合实证研究为例，葛勇、肖正直（2014）以重庆璧山工业园区为实例研究，运用定性评价体系方法，系统分析了工业园区产业与城市功能融合的关系，明确表明产业新区产城融合发展必须做好产业与新区规划和不断完善配套服务两方面工作。④ 以开发区产城融合实证研究为例，唐晓宏（2014）以上海金桥经济技术开发区为具体案例，应用构建产城融合水平评价指数方法，对金桥开发区产城融合发展情况做出科学评价，并总结出该开发区产城融合的成功经验，最后创新性地得出重视开发区产城融合辐射效应的结论。⑤ 以产业集聚区产城融合实证研究为例，王菲（2014）利用组合赋权和四格象限法，对河南省 20 个具有典型代表性的产业集聚区进行了实证研究，认为产业集聚区产城融合要注重产业性、宜居性和生态性三者有机统一。⑥ 同时，

---

① Zhang Bo, "The Impact of Industrial Structure Adjustment on Economic Growth in Japan", *International Business and Management*, 2015(2): 5763.
② Gordon F., "Mulligan. Revisiting the Urbanization Curve", *Cities*, 2013(3): 113-122.
③ 王霞、苏林等：《基于因子聚类分析的高新区产城融合测度研究》，《科技进步与对策》2013 年第 16 期。
④ 葛勇、肖正直：《产业新区产城融合发展的实证评价——基于重庆璧山工业园区》，《重庆建筑》2014 年第 9 期。
⑤ 唐晓宏：《城市更新视角下的开发区产城融合度评价及建议》，《经济问题探索》2014 年第 8 期。
⑥ 王菲：《基于组合赋权和四格象限法的产业集聚区产城融合发展评价研究》，《生态经济》2014 年第 3 期。

该研究还为产业集聚区产城融合提供一个可以量化测度的理论框架，以中国 31 个省级单位为研究对象。邹德玲、丛海彬（2019）选取衡量产城融合发展水平的 15 个指标，以产城融合相关指标数据为基础，基于面板数据和产城协调类型分类数据对产城融合协调发展的影响指标进行探究，其得出了目前中国产城融合发展在整体水平上还需要努力提升的结论。① 通过对文献的整理和分析，张巍、刘婷等（2018）经过整理和筛选得出新城产城融合发展的 14 项主要影响因素，通过 ISM 与 MICMAC 分析法，得出了制度环境是影响新城产城融合发展的最根本因素，而城市公共服务和生态环境是最直接因素。②

随着我国全面建成小康社会的步伐不断推进，更多学者也开始关注城镇化产城融合实证研究。张开华、方娜（2014）以湖北省 12 个地级市为例，利用主成分分析法和复合系统协调发展模型，认为实现城镇化产城融合协调发展在于遵循产业园区→产业集聚→经济提升→产业配套完善→人口空间重组→城镇化→产业升级的良性循环。③ 同样是对城镇化产城融合研究，田翠杰、林霓裳和刘洪银（2016）采用层次分析法、目标值法和加权平均法对北京、天津、上海、山东、江苏、浙江、广东 7 省（市）进行实证研究，认为我国在城镇化产城融合发展进程中，首先要解决产业发展与城镇化融合度较低问题。④ 城镇化产城融合的发展是未来中国经济增长和转型的重要引擎，而如何推动西部欠发达地区城镇化产城融合发展不容忽视。邹小勤、曹国华和许劲（2015）以重庆三峡库区 2003—2012 年的面板数据为样本，利用面板向量自回归模型进行实证研究，研究表明西部欠发达地区城镇化产城融合的关键是鼓励支持现代农业、工业和城镇化协同发展。⑤

---

① 邹德玲、丛海彬：《中国产城融合时空格局及其影响因素》，《经济地理》2019 年第 6 期。
② 张巍、刘婷、唐茜、王勤：《新城产城融合影响因素分析》，《建筑经济》2018 年第 12 期。
③ 张开华、方娜：《湖北省新型城镇化进程中产城融合协调度评价》，《中南财经政法大学学报》2014 年第 3 期。
④ 田翠杰、林霓裳、刘洪银：《产城融合城镇化发展现状分析——基于全国 7 省（市）的调查》，《江苏农业科学》2016 年第 1 期。
⑤ 邹小勤、曹国华、许劲：《西部欠发达地区"产城融合"效应实证研究》，《重庆大学学报》（社会科学版）2015 年第 4 期。

二　关于产城融合规范研究方法的相关文献

在产城融合研究方法中，还有一种重要的研究方法不容忽略，即产城融合规范研究。相比较产城融合实证研究而言，产城融合规范研究在理论层面较好地展示出产城融合理论研究的内在逻辑与机理，但相较于国外较少数的产城融合规范研究，国内学者在此方面有更深刻的研究。

Yiannis L. Bakouros（2002）等以希腊建成的三个科学园 STPC、TPT 和 SPP 为研究对象，对学校、企业、园区三者之间的关系进行策略研究，表明在发达国家中的大型科学园区，三个园区当中的企业与学校之间联系不够紧密，与此同时企业间的互动也不够密切，提出应该合理优化和规范处理这些存在于希腊的园区发展中所暴露出来的问题。① 而在城市产业的规范化发展对企业学校的作用研究中，Fukugawa 在对日本科学园的空间策略优化和规范化研究中发现，科学园对其内部企业和学校之间的联系具有不可或缺的基础作用，可以让园区新技术企业不断加强与学校等机构的研究合作，对于企业、学校和园区来说是互利共赢的发展模式。② 另外也有学者倾向于以特定的科学园区为例，来进一步探索发现其更深层次的发展规律与发展趋势。如 Richard Shearmur 等通过对加拿大建立的新旧城市产业园区进行有效分析，提出健康规范化发展的园区对学校科研成果在企业的转化以及社会效益的取得上发挥了至关重要的作用，这样规范化发展的园区也为内部企业创造了好的发展环境和竞争力，促进企业收益更好地发展，而且园区也将发展成为城市区域内资本和人才等聚集的中心。③ 对于国内学者的研究而言，在众多有关产城融合规范研究文献中，又可以将其划分为产城融合规划规范研究和产城融合规划策略优化规范研究两个导向。从产城融合规划规范研究导向出发，刘晨宇、袁媛（2011）以河南省平舆县产业集聚区为例，以相关规划基础、技术支持、制度保障为研究视角，研究结果表明产城融合规划应做好三方面工作：一是着重衔接好上层

---

① Yiannis L. Bakouros, Dimitri C.Mardasb, Nikos C.Varsakelisc, "Science Park, a High Tech Fantasy:An Analysis of the Science Parks of Greece", *Technovation*, 2002, 22(2): 123-128.

② Nobuya Fukugawa, "Science Parks in Japan and Their Value-added Contributions to New Technology-based Firms", *International Journal of Industrial Organization*, 2006,24(2):381-400.

③ Richard Shearmur, David Doloreux, "Science Parks: Actors or reactors?Canadian Science Parks in They Urban Context", *Environment and Planning*, 2000,32(6) : 1065-1082.

规划；二是处理好产业、人口和用地的关系；三是不断完善政策性制度保障。① 更深层次探讨，向乔玉、吕斌（2014）在产业园区模块空间建设体系规划引导研究中，认为构建产城融合规划体系由产业升级、空间布局、服务设施、生态景观和道路交通五大模块组成。通过上述五个模块的耦合，形成产城融合科学规划。② 同样是对产城融合规划的研究，而唐永伟、彭宏业等（2015）基于河谷型城市兰州郊区卧龙川园区规划研究，则提出产城融合必须从产业布局、交通规划、配套体系、生态环境及实施时序五个方面进行规划。③

随着我国产业化不断升级和城市化不断加快，必然对产城融合规划规范研究提出更高的要求。因此，产城融合规划策略优化规范研究具有重要的时代意义。秦兆祥、张薇（2018）提出在少数民族地区的旅游产业集聚已初具规模，城镇化进程也在加速推进，需要以产城融合为发展策略来推进各少数民族地区的旅游经济发展，促进产业集聚与城镇化进程融合发展和良性互动。④ 刘荣增、王淑华（2013）通过对城市新区产城融合中存在问题进行分析，从而制定符合城市实际的产业引进和升级战略、加强新区社会化战略的规划与实施、强化新区有机成长和功能用地的混合使用、构建体系化的新区城市公共等级服务网络四方面提出实现产城融合规划优化策略。⑤ 在产城融合规划研究中，许多学者往往只关注产业和城市两个主要对象，而忽视对人这一核心对象的关注，与之相反的是，李文彬、张昀（2014）则基于人本主义视角，认为产城融合在注重功能融合、服务植入、空间融合规划策略优化基础上，还应该重视人本主义理念的植入。⑥ 当然，为了使产城融合规划优化策略研究更具有现实可操作性，则必须弄清楚产城融合各要素的内在机理与特征。何智锋、华晨（2015）在对城市旧区产城融合研究中，就新旧区产城融合提出差异性规划优化策略：一是产城融

---

① 刘晨宇、袁媛：《平舆县产城融合发展理念的规划探索》，《工业建筑》2011年第7期。
② 向乔玉、吕斌：《产城融合背景下产业园区模块空间建设体系规划引导》，《规划师》2014年第6期。
③ 唐永伟、彭宏业、陈怀录：《"产城融合"理念下西北河谷型城市郊区工业园规划模式研究》，《现代城市研究》2015年第7期。
④ 秦兆祥、张薇：《"产城融合"对少数民族旅游经济发展的影响》，《社会科学家》2018年第4期。
⑤ 刘荣增、王淑华：《城市新区的产城融合》，《城市问题》2013年第6期。
⑥ 李文彬、张昀：《人本主义视角下产城融合的内涵与策略》，《规划师》2014年第6期。

合规划布局要树立"宜居、宜商、宜游、宜创"理念；二是产城融合规划布局要注重由网络节点、网络流和网络平台组成的产城空间融合网络的产业布局结构。[①] 这种共生理念和互联网思维的植入，在很大程度上为产城融合规划优化策略研究注入新的活力。

第五节　产城融合研究的拓展与延伸

当前，我国产业升级不断加快、城市化水平不断提升，怎样让产城融合契合绿色经济发展、顺应良性生态规律、推动宜居城市建设等理念贯彻到经济发展和社会建设中，需要对产城融合研究进行延伸与拓展。在以往产城融合研究中，主要存在以下两方面问题：一是产城融合研究的范围过于狭小，往往局限于某一城市、某一个开发区或者是某一个产业园区等特定区域，但随着经济社会发展，资源共享的发展理念必然要求产城融合突破区域限制；二是产城融合研究的内涵过于单一，仅仅局限于产业和城市两个对象进行阐述，而很容易忽略产业和城市发展与生态环境、人文环境等之间的关系，使产城融合的内涵缺乏共生思维。基于上述问题，为防止产城融合研究中出现顾此失彼的现象，本书在产城融合研究范围和研究内涵两方面进行拓展与延伸。

一　研究范围的拓展与延伸

关于产城融合研究范围的拓展与延伸，集中体现在从区域内产城融合研究到区域间产城融合研究的跨越。这种产城融合研究范围的跨越主要体现在四大方面：一是从城市产城融合到县域产城融合；二是从县域产城融合到泛县域产城融合；三是从县域产城融合到产镇融合；四是从产镇融合到产村融合。这种产城融合研究范围的跨越并不是空穴来风，恰恰是我国经济社会发展内在驱动的真实体现，必然会成为未来产城融合研究的趋势。

---

① 何智锋、华晨：《城市旧区产城融合的特征机理及优化策略》，《规划师》2015年第1期。

（一）从城市产城融合到县域产城融合

从产城融合整体研究成果来看，不难发现对城市产城融合研究的文献不胜枚举，相比较县域产城融合研究而言，城市产城融合研究也更加成熟。虽然刘畅（2014）在《产城融合：引领县域经济未来》一文中提及县域产城融合，但是仅仅着重阐述了产城融合对县域经济发展的重要性，并没有对如何实现县域产城融合做深入研究。[①] 和上述研究不同的是，张沛、段瀚等（2016）则对县域工业集中区产城融合做了深入研究，通过对陕西蒲城工业集中区进行实证分析，提出了相应的产城融合规划策略。[②] 然而，县域产城融合不能只局限于对工业园区的研究，它还有众多未知因素需要去探索。如何让更多学者把研究焦点从城市产城融合转向县域产城融合，该过程不是一蹴而就的，两者之间的结合需要一座无形的"桥梁"，即县域产业升级和城市化水平。目前，在全面建成小康社会战略目标的推动下，众多县域产业升级速度和城市化进程加快，随之而来的产业与城市融合问题日益凸显，也就是说对县域产城融合研究提供了更多的切入点。当然，具备了研究切入点还不够，为使县域产城融合研究更具有实践性，还需要注意两个问题：一方面，要大胆借鉴城市产城融合取得的成功经验，最大限度规避县域产城融合实现中重蹈城市产城融合的老路——即类似于出现"有城无产""有产无城""鬼城""睡城"的现象；另一方面，要努力寻找研究县域产城融合的突破点，结合县域本身所具备的条件，立足实际情况，创新出适合县域产城融合发展战略路线。

（二）从县域产城融合到泛县域产城融合

如果把城市产城融合研究到县域产融研究看作"点"到"点"的关系，那么，从县域产城融合研究到泛县域产城融合研究就可以看作"点"到"面"的关系。显然，县域产城融合研究是进行泛县域产城融合研究的基础和前提，相反，如果未能对县域产城融合进行研究，就谈泛县域产城融合研究无疑是"空中楼阁"。遵循这样的研究逻辑，就不难明白从县域产城融合

[①] 刘畅：《产城融合：引领县域经济未来》，《中华工商时报》2014年第2期。

[②] 张沛、段瀚、蔡春杰、杨甜：《县域工业集中区产城融合发展路径及规划策略研究——以陕西蒲城工业集中区为例》，《现代城市研究》2016年第8期。

到泛县域产城融合研究的科学性，即有利于实现泛县域资源共享，符合共赢发展理念。杨雪慧、罗海洪（2015）在《实施产城融合推动北流市县域经济发展》一文中指出，实现县域产城融合会面临诸多困境，这些困境集中体现在以下四个方面：一是产城规划总体水平不高；二是产业体系构建亟待加强；三是经济支撑力量不够强；四是城市集聚要素不高。[①]事实上，现实中县域产城融合面临的困境远不止这些，这也从侧面反映进行泛县域产城融合研究的重要性。通常来说，实现一种事物无外乎有两种力量的驱动，一种是他组织力量，另一种是自组织力量。当前，我国从县域产城融合到泛县域产城融合主要靠他组织力量，也可以认为是受外力的驱动，即政府出于发展的全局考虑，利用硬性政策规定实现产城融合。至于自组织力量对县域产城融合到泛县域产城融合的作用，可以理解为内在力的驱动，即各个县域在实现产城融合过程中意识到自身能力的不足，看到各个县域进行合作来共创产城融合的益处所在。总的来说，无论是二者何种力量，对进行泛县域产城融合研究都必须考虑在内。

（三）从县域产城融合到产镇融合

在当前背景下，由于我国大部分乡镇处于发展薄弱环节，直接进行产镇融合研究显得不太现实。因此，从县域产城融合到产镇融合，较好的做法是通过县域产城融合的成功经验来"辐射"产镇融合与产村融合，从而带动产镇融合实现。反过来，产镇融合又促进县域经济实现跨越式发展，最终形成一种良性互动格局。王振宇、运迎霞（2015）对这种互动格局做了深入研究，认为县域产城一体（这里的"产城一体"，即"产城融合"，只是换了一种说法，二者没有本质性区别，下同）是县域产业发展的重要方向，能实现产业与城镇及城镇化的良性互动，这一点充分肯定了县域产城融合对产镇融合的"辐射效应"。[②]研究在分析河北省顺平县、高阳县和大城县三个县级城乡总体规划实践基础上，提炼总结出生态主导型、政策主导型及经济主导型三种县域产城一体的布局模式，这种县域产城一体布

---

① 杨雪慧、罗海洪：《实施产城融合推动北流市县域经济发展》，《经营管理者》2015年第13期。

② 王振宇、运迎霞：《新型城镇化背景下县域产城一体模式——以县级城乡总体规划为例》，《规划师》2015年第S1期。

局模式为产镇融合与产村融合提供了实践经验。除此之外，研究还就县域产城一体布局模式提出县域产城融合和产镇融合互动的规划，可以概括为"三个一体"，即功能一体——合理规划产区与城镇的职住空间关系；交通一体——快速产业专用道为产城互动提供交通基础；设施一体——公共设施与基础设施共建共享。这为从县域产城融合到产镇融合实践指明了方向，同时为后续类似产城融合研究提供思路。

（四）从产镇融合到产村融合

从很大程度上讲，产镇融合比产村融合具有更大优势，因为受地缘优势影响，诸多乡镇都处于城市边缘，很容易受到产城融合的辐射。然而，广大农村则不然，受地缘因素、交通设施、信息普及等方面影响，很多农村处于新农村建设与乡村产业发展严重脱轨状态。当然，造成这种现象的原因有很多，可以归纳为三点：一是学术界研究重点在广大城市，从而忽视了产村融合发展的研究；二是广大农村人才队伍建设落后，缺乏新农村建设与农村产业发展方面的综合性人才；三是许多农村基层干部思想觉悟低、认识水平有限，严重误解"新农村建设"的概念，致使忽略产业发展。因此，从产镇融合到产村融合，必须充分发挥乡镇政府的引导作用，加强农村高素质人才队伍建设，有效结合广大农村实际情况，积极挖掘当地特色农业，走出一条"一村一产业"或"多村一产业"的产村融合发展之路，实现产镇融合到产村融合的跨越。

二 研究内涵的拓展与延伸

从产城融合研究认知视角看，产城融合研究内涵需要拓展与延伸。这种认知高度的核心在于将"共生"理念植入产城融合研究中，符合绿色、生态、人文的发展趋势。通过对产城融合范围的研究，可以将产城融合研究内涵拓展与延伸归结为三方面：一是从产城融合到产城融合共生；二是从产镇融合到产镇融合共生；三是从产村融合到产村融合共生。在研究层面，这三方面研究内容同等重要，不分主次，是相辅相成的关系。

（一）从产城融合到产城融合共生

就产城融合内涵而言，不同的学者有不同的见解和观点，主要原因在于学者研究的具体对象和自身立场存在差异，这种差异有利于对产城融合内涵进行完整和系统的认识。同时，产城融合内涵研究取得的成果，也为进行产城融合共生内涵研究提供理论基础。产业是经济发展的内在驱动力，城市是产业生根发芽的坚实载体，产业与城市合理规划与布局共同促进经济社会快速发展。然而，我国在产业发展和城市建设中也暴露出诸多问题，从而背离了发展为人民生活谋求更多福祉的初衷。诸如部分化工产业带来环境污染问题、城市建设占用耕地与绿地问题等，究其原因是产城融合研究在认知方面未能实现质的突破，即学者缺乏对产城融合共生内涵的系统研究。

（二）从产镇融合到产镇融合共生

目前，我国产镇融合度处于上升期，这是一种机遇，也是一种挑战。显而易见，大量产业进入乡镇，不仅促进了就业，也带动了当地经济发展。然而许多产业也破坏了当地的生态环境，城镇化发展大量占用耕地，使部分农民生活窘迫。上述问题并不是由产镇融合导致，关键是没有在产镇融合过程中植入"共生"理念，同时也反映了一个问题：专家学者对产镇融合共生关注度还不够。当然，还有一个重要原因是部分乡镇领导片面注重经济指标，从而忽视产镇融合中需要注意的其他要素，致使产镇融合处于畸形发展中。因此，从产镇融合到产镇融合共生内涵的拓展与延伸，需要解决好两个问题：一是打破部分乡镇领导传统经济发展惯性思维，让"绿水青山就是金山银山"的理念贯穿经济工作之中；二是专家学者要加强产镇融合理论研究，同时深入基层，在调查分析的基础上提出切实可行的产镇融合共生方案。总之，产镇融合共生内涵的拓展与延伸，离不开政府和学者的共同关注。

（三）从产村融合到产村融合共生

我国全面建成小康社会的关键在于农村，在"精准扶贫"政策的推动下，产村融合得到了实质性进展，为产村融合共生研究提供了现实依据。和产城融合过程中"有城无产"现象类似，在新农村建设过程中也面临着同样的窘境，很多农村只注重房屋的规划和建设，却没有引进和打造相应的产业，致使大量的农民流入城市，农村社会面貌并没有得到实质性改变,"留守儿童"和"空巢老人"问题依然突出。"精准扶贫"政策的重点在于"精准",它不仅仅注重农村住房建设,而且要求有产业入村,即做到产村融合。同时,该政策强调"产业、生态、村庄、人口"必须协调发展,从很大程度上讲,这种发展理念与产村融合共生理论研究不谋而合。对于怎样将产村融合共生上升到理论研究层面,并将其成功运用到产村融合建设中,需要进一步探讨。

第三章
国内外典型区域产城融合路径的比较分析

本章基于对国内外产城融合实践的典型区域进行比较分析，选取了三类国外产城融合典型模式（即以市场为主导的美国、以政府和市场共同合作的欧洲各国家、以政府为主导的日本）和五个国内产城融合典型区域（即成都天府新区、桂林市临桂区、上海市紫竹高新区、常州市武进区和广东省佛山市），并介绍了这些典型区域的城市化发展基本情况，从城市、产业、人口角度对各区域的产城融合实践路径进行具体分析。通过对国内外典型区域产城融合路径进行优缺点和可适性分析，发现实现产城融合要在完善基础配套设施、促进产业发展、增加就业岗位、注重以人为本、重视可持续发展等方面发力，充分总结科学统筹产业布局、以城带产、经济可持续绿色发展、都农融合城乡一体等经验，以促进城市、产业、人口的良性融合。

第一节 国外典型区域产城融合路径分析

当前国外典型区域产城融合的发展路径可以根据政府职能在市场关系中的地位划分为三类：完全市场化的路径、以政府调控市场主导的路径以及政府发挥积极引导的路径。其中第一类以美国为代表，产城融合发展动力主要来源于市场的需求；第二类以欧洲各国为代表，由政府进行调控和市场兼顾主导的城镇化路径来推进产城融合发展的进程；第三类以日本等亚洲发达国家为代表，主要由政府发挥积极引导作用，以大城市为核心的产城融合模式。

一 美国产城融合实践与路径

(一) 美国产城融合基本概况

美国在强调各个大型都市形成区域层面一体化的同时,也在加大对小城镇发展的力度,以改善城市功能的协调性。

相较于其他国家而言,美国的国际环境较为宽松,因此在协调其城镇化进程中的城市发展矛盾问题上,美国拥有足够的时间,也经历了较长的历史时期。市场主导是美国城镇化的特征,该城镇化也是市场选择的结果,在美国城镇化进程中,政府对城镇化的干预较少,但加强了对地方市场的保护。在个人自由主义价值观的背景下,美国形成了自由流动的城镇化模式,但在发展过程中也存在城镇化内部矛盾和问题,为了解决这些矛盾和问题,美国出现了逆城镇化的现象。

(二) 美国产城融合的实践与路径

在法规制度方面,美国在加强乡村发展层面,注重法规制度的保障,借此进行有针对性的规划。在对乡村进行规划时,决策受《宅基地规范》、《濒临物种法》、《清洁空气法》及《清洁水法》等约束,并且在乡村规划发展确定之后,不能轻易进行修改。

在整体布局方面,美国政府要求各个乡村都要建设高速公路,高速公路贯通各个乡村,并且从整体出发,在建设过程中保证"七通一平",即通给水、通排水、通电力、通电讯、通热力、通道路、通煤气和平整场地。同时,美国对乡村土地的使用区分类别,在乡村规划时实施严格的功能分区制度,往往利用道路、景观区和绿化带规划各个功能区。

在发展模式方面,美国坚持将小城镇作为主要发展对象的城市化发展道路,通过此实现农业与工业、乡村与城市的互惠互利发展。作为全球范围内具有较高水平城市化的国家之一,美国通过城市带动乡村,以互生互惠为发展原则推动美国乡村的发展,实现农业与工业、乡村与城市的融合共生发展。20世纪初,美国各个城市的人口都呈现出增长的趋势,但城市交通不畅,越来越多的美国中产阶级逃离城市,迁移到城市的郊区。与此同时,汽车开始在美国普及,小城镇的居住功能设施也得到了进一步的健全完善,小城镇的自然环境等优势都在一定程度上加快了小城镇的发展速度。在发挥这些优势的同时，美国政府还大力推行小城镇建设政策，保障美国小城镇的发展需求与动力。20世纪60年代，"示范城市"试验计划在美国政府的策划下开始推行，借助分流城市人口的策略有效推进小城镇的发展。在此背景下，美国小城镇在完成自身建设的同时带动周边乡村的发展，实现美国城镇与农村的共同繁荣发展，在此基础上国家现代化水平也获得全面提升。

在生态与文化保护方面，美国的乡村并不仅仅聚焦于发展，还十分重视发展过程中对于环境与文化的保护。20世纪60年代美国政府开始了"生态村"建设项目，"生态村"的建设非常注重人与自然之间的和谐共生发展。施行生态环境保护政策在改善乡村自然环境的同时，乡村所具有的新鲜空气和自然形成的优美景观都成为其吸引外部投资资本以及推进经济结构多样化发展的重要优势。美国的乡村旅游在20世纪70年代初迅速崛起，成为美国乡村经济发展不可或缺的一部分，有效地推动了乡村经济的发展。现今，乡村旅游已经成为美国经济增长中重要的一环，而这完全归功于美国在乡村发展中对生态环境与文化的有效保护。

二 欧洲产城融合实践与路径

（一）欧洲产城融合基本概况

现代城镇化起源于欧洲，随着工业革命的深入，城镇化率不断提升，在"二战"结束时期已达51.3%。甚至在之后的60多年内，欧洲城镇化率依然稳定增长，截至2017年，欧洲城镇化率达74%，高于大洋洲（69%）、亚洲（49%）和非洲（41%），大大高于全球平均值（54%），但低于北美（81%）、拉美及加勒比海地区（80%）。据预测，至2020年，欧洲的城镇化率将达到80%。欧洲的城镇化发展，使欧洲形成了大中小城市及城镇乡共同发展的格局。

（二）欧洲产城融合的实践与路径

打造具有欧洲特色的小镇是欧洲产城融合的发展路径。为了达到突出地域特色的目的，欧洲善用当地的自然资源，再结合本土的文化传统，由此形成欧洲特色小镇独具特色的产业基础，并形成完善的产业链条和旅游服务体系。从产业基础来说，该体系大致包括三种类型：

第一种是以农业或制造业为主要功能，同时以旅游业为辅助功能的小镇。具备该特征的小镇有以下几个：德国英戈尔斯塔特镇，该小镇是奥迪全球总部所在地；赫尔佐根赫若拉赫镇，该小镇是全球体育用品产业的聚集地，具有彪马、阿迪达斯等国际知名品牌；以及以纺织品闻名的朗根塔尔镇；以香水闻名的法国格拉斯镇；具有完整葡萄酒产业链条的德国梅尔兹堡；奥地利因斯布鲁克近郊瓦腾斯镇是施华洛世奇仿水晶产品生产中心，且建有独具特色的水晶博物馆等。

第二种是具有大学教育兼具旅游功能的小镇，如有名的英国剑桥镇等。

第三种是拥有文化旅游特色的小镇。此类包括：具有电影特色的法国戛纳；结合温泉、疗养、度假、运动、会议等功能的瑞士达沃斯；具备疗养功能的法国依云；具有艺术特色的瑞典阿里尔德；历史悠久的苏格兰亚伯多尔；因美食而闻名于世的意大利诺尔恰；独具特色温泉的德国巴登等。

从区位特征来看，以上特色小镇也可以划分为城市依托型、网络节点型和孤点分布型。其中：城市依托型特色小镇，距离大城市较近，1—2小时的交通路程，具有承载大城市的人口以及产业的外溢功能，并有适合于产业人文发展的自然环境以及社会环境；网络节点型特色小镇，大多位于交通发达的节点，具备悠久的产业发展历史和良好的自然资源条件，成为专业化的产业集聚地；孤点分布型特色小镇，距离大城市较远，但是大多具备优良的产业、人文以及自然条件，或者具有较强的IP运营能力，依赖于文化发展，如电影、漫画等。

三 日本产城融合实践与路径

（一）日本产城融合基本概况

日本的国土面积为37.8万平方千米，相当于中国云南省的面积。截至2017年，日本总人口达1.27亿，人口密度为335人/平方千米，是世界发达国家中人口密度最高的国家之一。截至2017年，日本的城市化率已经达到惊人的93.02%，位列世界之最。"一战"后，日本迅速恢复经济建设，不断调整产业结构，工业所占比重开始超过农业，因此第二产业吸纳劳动力资源能力增强。农村人口逐渐向城市转移，城市人口数量不断增加，

1940年日本城市化率已达37.9%。产业结构的改革促进了日本经济的快速发展，也推动了日本城镇化进程。"二战"后，日本经济迅速崛起，经济一直保持高速增长，经济实力仅次于美国，与此同时，日本城镇化水平也随着经济发展而得到快速推进。

（二）日本产城融合的实践与路径

日本战后优先发展大城市经济的发展模式导致其在经济快速发展的同时，城市集聚现象越发显著，不同地区之间的城市化差异也越来越大。

因此，早在1962年日本政府为减少各个地区之间的城市化差异制定了"全国综合开发计划"，该计划采用"中心式发展模式"，将东京、名古屋、大阪等大型城市作为发展中心，以大城市经济发展带动周边各个城市的经济发展。大城市的优先发展使各个发展中心的集聚效应不断增强，更多的人才、资金和资源集聚在一起从而带动周边各个地区的中小城镇的经济发展。由于日本国土面积较小，大城市的人口集聚现象有效地缓解了日本人多地少的矛盾，很大程度上保护了其原有的森林，解决了人均耕地面积不足的问题。

注重城乡协调发展。日本在大力发展中心城市的同时并没有忽略农村的经济发展，做到了城乡经济的协调发展。政府注意到农村与城市快速发展不匹配的问题，通过调整城市发展的方向，将大城市周边的农村地区也纳入城市的核心功能区，以产业发展带动农村发展。

注重交通发展，优化城市功能布局。20世纪50年代后期，日本政府以东京作为试点实行城市交通改造。随着高速铁路的延伸，东京所能辐射的地区范围越来越大，最终形成了多核结构的城市集聚区。在规划建设城市交通站点时为了方便乘客换乘、集中客流量、提高服务质量和优化交通布局，日本政府在城市中心的主要交通要道集中铺设了多条轨道线路。通过规划轨道交通站点的布局来引导城市功能区的布局，明确城市各地区的核心功能，在很大程度上加快了城市功能区的集聚发展，同时使居民的交通出行更加便捷。

以第三产业推动日本城市化进程。在日本城市化的发展过程中，其第三产业的发展速度遥遥领先其他产业，而像交通运输、通信、服务业等在第三产业中占比较大的行业更是飞速发展。经济社会发展过程中人民对相关产业的旺盛需求和不断上升的个人消费水平是第三产业迅猛发展的两点原因。同时，基于日本城市化的需要，日本政府对于交通运输、通信、信息技术、金融以及服务等产业的扶持力度也大大加强。第三产业的发展加快了日本城市化的脚步，也让城市的核心功能从以往的传统产业中心向服务中心、金融中心、信息中心推进。

工业化为日本城市化建设输送动力。20世纪50年代之后，日本基本已经完成了工业化建设，有效推进日本城市化进程。1956年至1973年是日本工业发展的黄金年代，这一时期日本的工业生产以年均13.6%的速度增长，工业生产共增长了8.6倍。据有关资料表明，20世纪60年代初期至70年代中期，日本人均国民生产总值、工业产值与日本城市化率之间紧密相关，呈现出明显的相关性。日本的工业化作为日本战后驱动城市化建设的主要因素之一，为日本城市化建设提供了强有力的帮助，而日本城市化的建设反过来推进日本工业化的发展。1950年至1970年，短短二十年间，日本城市人口翻了2.4倍，从3136.55万增长到7542.87万。同期日本第一产业就业人数从48.3%下降到19.4%，第二产业就业人数从21.9%上升到33.9%，第三产业就业人数从29.8%上升到46.7%。日本城市化的发展为工厂和企业提供了良好的发展环境，因此不断有企业和工厂迁往城市，同时企业和工厂的入驻会吸引更多的投资与技术人才，这也进一步推进日本工业化的发展。如今，以东京为中心的"首都圈"，以京都、大阪、神户为中心的"京阪神圈"，以名古屋为中心的"中京都市圈"，这几大城市发展圈已经不再是简单的城市人口密集区，同时它们在日本工业发展中扮演着重要的角色，是日本工业发展的综合性工业带。

第二节　国内典型区域产城融合路径分析

一　成都天府新区产城融合实践与路径

（一）成都天府新区基本概况

2011年，四川省南部成都市、资阳市和眉山市3个城市共同规划建设了天府新区。成都天府新区总面积1578平方千米，范围包括高新区、双流县、新津县、龙泉驿区、彭山县、仁寿县、简阳市7个县（市、区），涵盖了37个乡镇和街道办事处。面积占比最大的是成都市，约占天府新区总面积的81%。

（二）成都天府新区的实践与路径

成都天府新区范围较大，如果在成都市原有的城市中心直接建设这样一个大规模的城市新区，原有城市结构将产生无序蔓延和扩张等问题。为此，天府新区提出了产城融合的概念，在规划空间结构时采用了组合型城市的方式，基本达到了职住之间的平衡。组合型城市是将城市整体分为35个产城融合单元，再对城市单元细分为数个功能小区，最后建设具有最基本社区服务功能的基层社区。组合型城市按照总人口规模确定城市级的功能配套，每个城市单元都是独立的城单元，有自己的主导产业，有完整的城市功能体系；功能小区类似于传统街区单元，有具体的配套服务；基层社区下设最基本的社区服务功能。

1. 单元功能分区

天府新区的成都分区内共规划了包含35个中型城市和小型城市规格的"产城融合单元"。"产城融合单元"内均配备了城市功能服务，各单元之间的轨道交通及快速路衔接方便，通过公共交通的形式可以满足新区居民在新区内购物、就业和娱乐等日常生活需求的同时还可以有效减少通勤时间、避免城市的无序蔓延和扩张等问题。每个城市单元都集中发展一个主导产业，囊括了电子信息、高端装备制造业、新能源、新材料和现代服务业等。此外，城市单元还按照功能区的理念进行产城融合，每个中型城市单元和小型城市单元有各自的主导产业，相应地发展各自的主导功能，在已划分的城市功能和小城市单元规模的基础上，将不同主导功能融合为完整的产城融合功能区。

每个产城融合功能区相当于一个中等城市，大概能容纳50万人。对于天府新区内产城融合功能区的规划编制，需要严格控制单元的规模和用地比例，保障公共交通和慢行交通等路网规划，并将基础设施合理地规划在共同廊道或共同沟内。这种将功能区以单元划分的形式不仅保证了城市功能的运行，也保证了城市规划编制更加系统和全面。

2. 功能小区划分

"产城融合城市单元"的划分必须依据城市地形、地貌特征以及各单元的主导产业特征等要素，同时各功能小区人口容量测算应考虑产业用地与居住用地的混合比例以及其他娱乐等兼容性用地等因素。一般来说，每个功能小区可以细化为2—6个居住社区或产业社区；居住社区用地规模为1.5—3平方千米，人口规模为1万—1.5万人；产业社区按15万—20万就业人员进行配置。每个社区不仅包括主导产业，也包含了商务、商业、创新研发、居住等配备功能，产业社区相应地分布于产业用地内，包括商业服务站、社区服务站、文化活动站等设施。

二 桂林市临桂区产城融合实践与路径

（一）临桂区基本概况

桂林市临桂区产城融合示范区范围为桂林市临桂区行政辖区，包括11个乡镇，161个村委会，7个居委会，总面积约2202平方千米，全区户籍总人口48.47万人，其中农业人口42.66万人，流动人口约10万人。临桂区位于漓江西侧，产业发展腹地辽阔，产城融合发展空间和潜力较大。桂林市临桂区抓住桂林世界旅游城的发展机遇，积极融入北部湾都市圈，依托区位和交通优势，坚持城镇化、工业化和农业现代化协调发展，强化城区功能，培育和完善新农村社区，形成合理的村镇体系，构建城乡统筹一体发展的新格局。桂林市临桂区经过近几年的强劲发展，产业基础不断夯实，综合实力显著增强，第一、第二、第三产业占比为17.4∶64.2∶18.4。

（二）桂林市临桂区的实践与路径

1. 稳定发展农业，打造特色生态农业

农业的发展坚持"强化基础、稳中求利"。临桂区农业部门在稳定传统农业的同时，积极推进现代特色农业发展，大力发展生态、绿色、安全、高产、高效、节约的农业，提高农业技术含量，改变农业落后面貌。一是全力打造粮食示范基地，比如在会仙镇、四塘镇等建立富硒优质水稻生产基地，积极打造富硒产业地域品牌、企业品牌、产品品牌。并由富硒大米衍生开发富硒罗汉果、富硒柑橘、富硒茶叶、富硒木耳等10多个品

种，提升了富硒产品的销量与知名度，鼓舞了农民的种植热情，更是提高了农民的收入，改善了农民的生活水平。二是大力发展特色农产品，在四塘镇打造"一镇一品"品牌，建立临桂区相思湖特色农业（核心）示范区，采取"企业、合作社+农户+基地"的运作模式，经过多年的发展，涉及的新村和李家2个贫困村分别于2016年和2017年脱贫，许多贫困户也通过种植柑橘而脱贫致富。

2. 建设美丽新农村，推进生态新农村

临桂区政府致力于建设美丽新农村，为了改善临桂区的产业结构，建立现代农业产业体系，区政府每年以奖代补的方式补助2000万元，实施农村改水、改厨、改厕"三改"工程。在高标准新农村建设实施过程中，区政府充分考虑村民的主观意愿和自然的客观规律，在保留传统的民间风俗和历史悠久的建筑的同时不大拆大建、不大挖大填，坚持景观化和生态旅游化，既整旧又建新，建成了现代化的美丽新农村。

三 上海紫竹高新区产城融合实践与路径

（一）上海紫竹高新区基本概况

上海紫竹高新区位于闵行区东南部，规划面积13平方千米，2001年9月批准建设，2002年6月奠基，2003年被列为上海市高新区，2006年核准为省级开发区，2011年升格为国家级高新区。上海紫竹高新区是全国唯一一家以民营企业为开发主体的国家级高新区，上海紫竹高新区通过体制、机制创新，聚合优质资源、高端要素，实现引资、引技、引智一体化。

（二）上海紫竹高新区的实践与路径

1. 完善服务功能，优化软环境

上海紫竹高新区实际上是一家民营企业控股的有限公司，由民营企业担当开发和管理主体，承担规划、建设、管理、招商和服务等各项工作。运用市场化的运营模式，着力打造科技创新服务生态体系，设立了5家专业孵化器，为初创企业和团队提供了低成本、便利化、全要素的创新创业综合服务。成立专职部门为企业入驻提供工商注册服务、成立紫竹创业中心和创业孵化器为小微企业提供创业孵化服务、成立企业服务中心并联合高校和专业机构为企业提供知识产权托管服务、成立人才服务大厅为企业提供人才专门服务、成立紫竹科协为科技工作者提供各类科技服务、成立企业试验（仪器）设备资源共享平台俱乐部为企业提供设备共享服务、成立紫竹高新技术企业受理认定点为企业提供高新技术企业申报服务、成立紫竹小苗基金为企业提供投融资服务及打造科技金融创新服务平台等一系列服务，为紫竹高新区打造"铂金"产业服务商和战略新兴产业的引领者奠定了坚实的基础。

2. 完善配套设施

为缓解职住分离现象，紫竹高新区吸引了一批高端科研企业入驻，同时吸纳高端人才到园区工作和生活。为满足高端人才的生活需求，自2010年起，紫竹高新区分期开发建设了紫竹半岛国际社区，满足了人才对高端住宅的需求；与华东师范大学合作设立了紫竹基础教育园区，为人才的子女提供了从幼儿园到初中的优质教育资源；开通了高新区内的通勤车，为园区就业人员出行提供便利；建设餐饮综合服务区河畔8号、紫叶广场、IMAX影院、万怡酒店等配套设施，满足高新区内人员的餐饮娱乐需求。

四 常州市武进区产城融合实践与路径

（一）常州市武进区概况

武进区隶属于江苏省常州市，1995年撤县建市，2002年撤市设区，成为常州市武进区。总面积1066平方千米，下辖11个镇、5个街道、1个国家级高新区、1个省级高新区、2个省级经济开发区、1个省级旅游度假区和1个省级现代农业产业园区，户籍人口94.3万人，常住人口超140万人。2018年10月，入选2018年度全国投资潜力百强区、科技创新百强区、新型城镇化质量百强区、绿色发展百强区。2018年11月，入选2018年工业百强区。武进区是苏南首家国家产城融合示范区，自成立以来，武进区致力于推进城镇化建设，加快建筑产业现代化，建设绿色建筑示范区，积极改善辖区生态环境。

（二）常州市武进区的实践与路径

1. 全面推进绿色建筑发展

武进区政府下发文件鼓励全面推进绿色建筑发展，对一些国有资金投资的办公楼、学校、医院、体育馆以及单体建筑面积超过2万平方米的车站、酒店、商场、写字楼等大型公共建筑按二星级以上绿色建筑的标准进行规划和建设。同时，区政府每年安排1000万元专项财政资金对获得二星级以上绿色建筑设计标识项目进行奖励。坚持被动优先、主动优化的技术路线，积极推广使用各种适宜技术，广泛使用自然采光、雨水利用、余热利用、太阳能光伏和浅层地温等可再生能源，并取得了显著成效。

2. 凝聚人才，创建科技创新园区

常州市国家创新型科技园区包括常州国家高新区、武进区和常州科教城，而核心就是科教城。常州科教城位于武进文教区，包括常州大学在内的六所院校，师生规模十万人，科教城着力打造教育、科技和社会开放共享的公共平台。科教城凝聚了全国各个高校的优秀创新人才，集中建设设备先进、规模较大的现代工业中心、现代设计与制造中心和各类实验室；建设拥有2万G容量的图文信息系统和300余万册图书资源的信息平台；建设包括科技会堂、高职技能鉴定所、高技能人才交流中心、面向社会的培训中心、部分产业测试中心、技术产权交易市场、创新创业服务中心、后勤服务中心和科教创新联盟等科技中介服务体系。科教城坚持集聚高端科教资源，为转化科技成果，把企业、政府等创新力量汇聚在一起，让科技和产业一同发展。通过产学研合作，与名校合作，集聚高端资源，为建设国家创新型科技园区提供保障。

五　广东佛山市产城融合实践与路径

（一）广东佛山市概况

广东省佛山市地处珠三角腹地，是粤港澳大湾区重要节点城市，是广东重要的制造业中心，在广东省经济发展中处于领先地位，佛山辖禅城区、南海区、顺德区、高明区和三水区，全市总面积3797.72平方千米，截至2018年，常住人口790.57万人，全市地区GDP达9935.88亿元，居全省第三，增速6.3%，离破万亿元仅一步之遥。其中第一产业增加值144.45亿元，增长5.8%；第二产业增加值5614.00亿元，增长6.1%；第三产业增加值4177.43亿元，增长6.6%。

（二）广东佛山市产城融合的实践与路径

1. 强中心——佛山新城

佛山市深入贯彻产城融合"强中心、多中心"战略。佛山新城位于佛山顺德区，正是"强中心"战略实践的核心地区，主要采取以下措施：一是通过改造旧城镇、旧村居和旧厂房，挖掘存量建设用地的开发潜力；二是坚持空间结构与产业结构高度互动的产城融合战略，在新城中心区发挥了交通枢纽、政务、商务、文化和体育的核心作用，科学布局各功能区，实现错位与互补，建设各种地标级市政配套，比如纪莲体育中心、佛山新闻中心、国际会展中心、佛山市图书馆、博物馆等；三是加强区域交通建设，规划高铁、地铁、轻轨线路，为区域间的资源配置和协调发展打下良好的基础；四是大胆实行新城发展的领导制度、人才制度等创新体制，优化管理组织的职能，强化政府的催化剂作用，在新城的发展过程中给予更大的自主权，并提供政策鼓励和资源倾斜。

2. 多中心——南海区、三水区

南海区在产、城、人融合的实践过程中，坚持以人为本，尊重自然，在亲近自然中建设宜居城市，弘扬以人为本的岭南亲水文化，通过造湖兴水等路径，突出山、水、城的城市景观格局，实现自然、产业、城市与人的和谐融合与科学发展。水是生命之源，人类与水共生，南海区积极建造人工湖，利用自然山水挖建湖泊，千灯湖、听音湖和博爱湖即南海开创的"三湖模式"，为产城融合提供了空间载体。

三水高新产业园已获批成为全国53个国家高新技术开发区之一，借助园区所具有的地理位置、成本、市场等几个方面的优势，园区可以将汽车零部件、自动化机械及设备、电子电器、医疗器械作为主要的发展对象。在发展园区经济的同时，重视对城镇化的建设，注重建设城际交通网络、兴建学校和医院等城市相关服务设施，以及城市基础功能设施的配套，这些对高水平的招商引资、项目建设、产业发展起着积极正面的影响。三水高新产业园还注重布局创新平台和科技企业孵化器，已有海龟科技企业孵化器、PNP—广东佛山三水工业园区科技创新中心、广东三水合肥工业大学研究院等创新平台。

第三节 国内外典型区域产城融合路径比较与经验借鉴

一 国内外典型区域产城融合路径比较分析

（一）优缺点分析

1. 国外典型区域产城融合的优缺点分析

要想达到产与城的持续协调融合发展的目的，就要实现职住平衡。即在新城区、老城区或者是开发高新区实现产与城的融合发展后，能够达到让多数人都能实现在就近区域工作和居住的目标，这才能够形成就业和居住基本均衡的状态。根据上文分析的欧美、日本产城融合的发展模式和历程来看，其都在产业不断发展壮大的过程中提供了大量的就业岗位，同时注重完善相应的基础配套设施，其中比较重要的就是要建造环境优美、宜居的居民住宅区。然而，我们也要看到，虽然日本筑波科学城在发展过程中城市功能和生活配套设施都有提升，但是科技成果转化率和第二产业发展却明显不足。正是由于科学城与科学相配套的第二产业发展不足，导致其第二产业的从业人口只有20%左右。这说明在产城融合的过程中不能只注重发展第三产业而忽视了第二产业的发展，要协调发展方向和产业布局。

2. 国内典型区域产城融合的优缺点分析

综观国内典型的产城融合案例，我国的产城融合实践越来越注重生态环境的保护，由起初的注重经济发展到现在经济发展与生态发展相结合，更加着眼于未来。如今的产城融合不止要求经济的发展，也要求绿色低碳产业的发展，注重可持续发展。当然，我国的产城融合大多是新城的建设、老城的改造和产业园区的建设，但是由于采用的规划理念往往较为单一，也就是把居住区、商务区和产业区这些板块独立划分，各个区域板块之间没有特别多的联系，这种划分方式易造成就业与居住在空间上的不匹配。新城职住分离现象，不仅会使居民为了工作所耗费的时间和交通成本变多，更可能会造成在上下班时的潮汐人流现象，从而导致城市的交通拥挤、人口膨胀、环境污染等一系列问题，甚至出现"空城""半空城"等产能过剩现象。

（二）可适性分析

1. 国外典型区域产城融合的可适性分析

根据以上国内外产城融合的实践路径分析，美国采用的是依靠某个特色产业来重点发展成为支柱产业，再以此支柱产业促进其他产业的发展。这适用于我国有某个较突出产业的地域，比如石油资源或者矿产资源丰富的地区。欧洲的产城融合处于先进行列，它的融合发展讲究的是各个区域的平衡与协同发展。这种方式适用于我国东部较为发达的地区，比如苏杭地区，它的旅游资源丰富，易于形成一些有特色的小城镇，而这些小城镇可以依靠国家政策补贴较快地实现产城融合。而日本的产城融合更重视城市与乡村的融合发展，在我国许多农村与城市发展不协调的区域均可借鉴日本的城乡结合产城融合路径，在城市发展的同时重视乡村的发展步调。

2. 国内典型区域产城融合的可适性分析

对于国内典型区域而言，成都天府新区的产城融合的单元的规划符合新型城镇化的要求，适用于大片区城市，尤其是新城的规划以及有一定产业基础的地区。桂林市临桂区的发展主要以各类产业园为基础，农业人口占绝大比重，适用于一些主要以农业人口为主的县镇，这些县镇的第二产业占大部分比重，且具有很大的发展空间。上海的紫竹产业园借鉴美国硅谷和台湾新竹的产业发展模式，重点发展高新技术产业，适用于创新意识强烈且周边有大学城的区域。常州武进区的绿色发展理念适用于那些有生态发展基础、希望提高建筑业现代化建造能力的地区，这个理念可为大多数地区所推广，因为这是未来经济发展的趋势。广东佛山的产城融合实践依靠自身优越的地理位置、良好的生态环境基础，形成产城融合的精品定位理念。这更适用于那些本身制造业发展水平且城镇化水平较高，注重以人为本，重视人才培养与高新技术培育的地区。

二 国内外典型区域产城融合经验借鉴

（一）统筹规划、科学布局

想要实现产业与城市的融合发展，就要注重产业的发展。而产业的培育发展关键是要明确发展产业的重点和次序，分清楚主导产业、支柱产业和优势产业，然后制定相关的产业扶持政策，因地制宜地构建整个开发区的产业体系，利用产业的发展来促进城市功能的改善。而且在此过程中要注意产业结构的升级和转型，把低端产业逐步提升成中高端产业，避免支柱产业过于单一且缺少核心竞争力。成都天府新区和桂林市临桂区在产业发展中高度重视实体经济和制造业，不断推动制造业转型升级、培育新兴产业、发展高科技产业，取得了良好的效果。

产业的发展还需要注意突出产业优势。这个优势可以来源于地理位置、资源以及产业基础实力等。挑选出一些企业，并且这些企业应具有辐射带动能力强、自身基础好以及有一定品牌效应的特点，在此基础上给予一些政策、资金的支持，使企业拥有一个较好的平台发扬自身的优势，带动周边城镇共同发展。另外，需要非常重视高端的新兴科技创新企业的发展。新兴科技创新企业可能面临着风险，但是它们的发展潜力是不可估量的，大力引进高新技术产业，在相关政策的鼓励下这些新兴产业会发展壮大，逐渐成为最具竞争力的产业，这有利于城市的长远发展。突出优势产业还需要有科学的产业布局，在布局时应该合理规划产业，避免过于集中或者过于分散，根据现状因地制宜地有规划地建设，避免重复建设造成的浪费。

（二）以城带产，宜居宜业

产城融合的过程从实质上说就是人的生存、发展和社会的融合过程，让人们便利地实现其工作、生活和休闲娱乐是很重要的，这就要求实现职住平衡与提高公共服务的供给质量。职住平衡的核心在于人们对所需各类资源的获取是否便利与及时，实现了职住平衡，就为开发区实现产城融合打下了良好的基础。产业的繁荣发展使人们集聚在一起，人多的地方就必然有居住、工作、学习、休闲、购物等日常需求，人们因为工作的需要聚集在此，就必然伴随着居住、学习、休闲、购物等日常需求，想要提升人们的幸福感就要着力于满足上述多种需求，这就要求城市在初期规划中充分考虑道路交通、公共服务设施、经济活动等资源分布与空间分布之间的合理配置，均衡各类资源的使用，避免资源的过度使用而出现资源浪费现象，从而达到职住平衡的目标，使城市不仅产业发展好而且人们生活质量高。

公平性与高效性是衡量地区公共服务质量的两个重要标准，产业的发展可以解决人们的生存问题，随之而来的就是对于公共服务质量的需求。目前，有的开发区由于管理体制等方面原因，在公共服务的供给上仍处于较低水平，降低了产城融合的速度和质量。因此要根据区域发展的具体问题和现状，找到短板，精准发力，有的需要增加总量，有的需要合理分布，有的需要注重公平，要针对不同的情况有针对性地解决问题，提升供给质量。比如日本筑波科学城在创建早期时主要公共设施不完善造成生活与工作环境较差，无法达到预期的发展目标。但是后来筑波科学城利用承办世界博览会这个契机，在短期内创建了许多对地区发展非常关键的有用设施，招来了大量资源与资金，一些商业步行街、大型超市、信息馆、酒店等公共设施激发了人们的消费需求，从而帮助筑波科学城经济的发展。

（三）绿色发展，经济持续

国内外的产城融合实践体现了良好的生态环境是城市发展非常重要的因素。良好的生活、工作环境有利于吸引人才和高新技术企业、提高城市发展速度、提升居民生活品质，所以要想实现产城融合发展就必须加大环境治理力度、优化生态质量。习近平总书记提到：绿水青山就是金山银山。既要金山银山，也要绿水青山；宁要绿水青山，不要金山银山。从中可见党中央高度重视环境保护和生态治理，保护环境就是保护生产力，这就要求各省（区）要发挥自己的生态优势，发展绿色产业、循环经济，实现生态效益与经济效益的有机结合，用长远的眼光来看待，实现生态产城的协同发展。武进区科教城的常州工程学院秉持可持续发展、循环低碳的理念，采用太阳能光伏等绿色建筑技术，这些技术在建设过程中可为学校节省成本，同时在以后的使用过程中也可以为学校节省开支。而且这些绿色建筑在施工过程中几乎没有扬尘，建筑垃圾和能源的消耗都减少了。这在很大程度上优化了环境质量，各省（区）要大力鼓励高新节能环保产业，加大环境保护力度，吸引高科技产业的进驻，引进绿色建筑，限制、淘汰落后的耗能高、高污染的产业，同时提高城市的公共服务质量，提高城市的绿化面积。

（四）城乡一体，都农融合

产城的融合发展也要推进城乡的一体化发展，巩固发展第一产业，不断提升第二产业，加快发展第三产业，推进农业产业化升级。加快农业现代化进程以研究开发为先导，以配套技术推广应用为基础，以农副产品的深加工为关键；加快农业产业化升级，依靠行业领先的企业带动，加快农业产业化进程。同时要提高农村的公共服务水平，完善农村的就业、社会保障、教育、医疗、养老等公共服务供给，使农业与城市的公共资源配置达到基本公平均衡，提高公共服务的质量，实现基本公共服务均等化。桂林产城融合的一项重点举措就是在稳定发展农业的基础上发展特色的生态农业，促进农业的产业化升级，通过开发富硒产品极大地提高了农民的收入，促进了城乡一体化发展。以小城镇为主，实现工业与农业、城市与农村的共赢发展。日本的城市化水平虽然高，但是在它发展的过程中却没有忽视乡村的发展，尤其是在其城市化高速发展的后期，日本制定了许多针对农村的法律来帮助农村人口就业，农村发展的同时也促进了整个区域的经济发展。

（五）以人为本、产城互动

社会无论呈现什么形态，发展的动力都是产业，这是毋庸置疑的。因此，产业的快速发展是产城融合的客观物质基础，不仅如此，它还是影响产城融合程度的主要原因。根据调查，一个城市产城融合程度的重要因素就是这个城市它的产业发展水平的高低，其次，产城融合的基础是要有充足的人口。城市、产业和人的良性互动才能保证产城的有效融合，三者缺一不可。综观以上国内和国外的产城融合实践，无一不是在城市的发展过程中注重产业的培育，同时又坚持以人为本，不仅广纳贤才，而且注重城市居民生活水平的提升。在城市发展的过程中，毫无疑问的是城市、产业和人都从各个方面得到了不同程度的发展。所以想要产城的有效融合，需要我们极大地重视产业、城市和人的良性互动。

CHAPTER 4
第四章
我国县域经济发展新常态与产城融合调查

本章提出了我国县域经济发展具有向概念经济转型与升级、向产业市场化成长与发展、向区位定位化与空间完善化发展等新特点，县域经济向泛县域化发展、城乡脱离向都农融合演变、孤立发展向开放合作转变、粗放发展向绿色发展转型等新趋势，但也具有发展结构不合理、速度滞后、资源环境承载力有限、投资机制不健全、开放合作不够等新问题。为了深入了解各县域产城融合发展情况，本章通过实证调查，并运用SPSS17.0软件对数据进行了因子分析，发现产业发展对于县域产城融合贡献最大。同时，运用SPSS17.0软件对我国百强县产城融合水平进行测度分析，并依据产城融合水平由高到低将这些区域划分为三组梯队，通过分析得出：现有产城融合路径难以解决县域间的产城融合问题，也不能很好地实现产城融合的可持续发展，为此，本章提出了县域产城融合要向泛县域产城融合共生发展的新路径。

第一节 我国县域经济发展新常态分析

一 我国县域经济发展新特点

（一）向概念经济转型与升级

自党的十八大召开后，要素配置进行了重新洗牌，市场逐渐在资源配置中占据了主导地位，从而促使了区域经济的战略高地和洼地的位置对调，促进了我国经济格局的重大改变。县域经济在此背景下扬长避短，积极实现了概念经济的转型与升级。概念经济是指在城市规划、区域发展环境、地理位置、产业发展特点及优势的基础上，以增强区域发展的吸引力、凝聚力和指引力为基础开展的相关经济活动。改革开放后，概念经济经过发展已成为我国各地区吸引外商投资、争取上级政府资金项目成功的决定性因素。

先发地区县域由简陋的概念经济逐步向精细化的概念经济过渡升级。在县域经济规模扩张阶段，经济发展的重心在于招商引资、吸纳人口资源，为本地工业生产打造一个适宜的发展环境。由于先发地区县域发展要素和发展空间十分有限，并且存在相当一部分经济发展程度较高的县域转换区域，结合概念经济侧重于区位优势、市场潜力、投资环境等因素，开始大力推进现阶段的县域经济逐步转变为都市圈经济、城市经济。

后发地区县域的经济转型则是由传统型的概念经济转向特色化的概念经济。在党的十八大报告中，着重强调了生态文明建设，将其上升为国家战略，在经济新常态的大背景下，县域经济发展坚持了主体功能区规划的分类思路。在此思路下，后发地区县域改变了盲目跟随先发地区模式和简陋的概念经济发展思路，使县域概念经济逐渐朝着特色化、绿色化发展。

（二）向产业市场化成长发展

于光军（2013年）指出，在现有产业发展的宏观大环境下，已经出现许多经济问题，例如，经济增长速度放缓、供求关系失衡、国际竞争剧烈等，这也致使产业建设发展的形式精细化、模块化、链条化、整体化。[①] 在中央政府不断将改革推向新高度、新水平的基础上，我国的产业政策由原来的政府主导走向市场主导，更加尊重市场发展的客观规律。因此，在发展过程中，处在不同产业发展阶段的县域产业要进行市场化。先发地区县域经过产业要素的原始积累阶段，面临着沿海转移产业和自身主导产业的再选择，先发地区往往选择在短期内积极推动县城和周边城镇进行产业联动，在长期内积极推进与周边县域的资源整合。长此以往，产业沿区域

---

① 于光军：《遵循规律　深化改革　加快产业结构调整步伐》，《内蒙古日报（汉）》2013年7月12日第11版。

整合所形成的空间呈梯度自然分布。后发地区县域处于产业要素的原始积累阶段,因此后发地区县域往往积极承接产业转移,向产业市场化发展。

(三) 区位定位化与空间完善化

经济新常态下"一弓双箭"的全国区域发展格局在国家战略层面进行了大调整,新型城镇化建设基于生态文明建设,需要对县域空间的发展定位进行相应调整,同样需要对县域内部的生产、生活及生态空间结构进行优化升级。在这样的大背景下,大面积区位规划的区域空间正在努力加快自身的跨越发展,实现精准定位。县域内部空间结合新型城镇化、乡村振兴战略统筹推进,打造出"宜产、宜业、宜居"的生态新城,实现县市全域完善化发展。

具体表现为:一是产城融合发展,以工业化、城镇化为城镇新区发展导向,以城带产、以产促城、产城联动,在城镇新区中将工业化与城镇化有机融合、共同发展。二是在兼顾就地城镇化的基础上进行农业人口梯次转移,空间分布上将紧凑集中与有机分散统一起来,中心城区"以城转农",工贸重镇"以业聚农"。三是生态空间精细化管控。在生态红线内部区域,实行整体化、系统化、制度化的生态保护;在生态红线保护区以外的其他区域,加强了土地用途、开发强度管制等方面的管理,使生产、生活、生态空间结构更加合理,从而达到使城镇真正融入大自然的目的,完成产城融合的初步目标。

二 我国县域经济发展新趋势

(一) 县域经济向泛县域化发展

区域经济以及国民经济的重要元素之一是县域经济。所涉及的地区不仅是县中心,还有广大的农村地区。它是大中城市和农村协调发展的主战场。它在解决农业、农村和农民问题,推进新的城市化进程中,具有重要的现实意义。在传统意义上,县域经济以县行政区划为标志,规范和分配县的所有资源,该区域经济具有典型的县级行政区划特征。但是,随着交通运输等基础设施的完善和信息技术的发展,传统的县域经济发展模式不断受到影响,县域经济的行政区划特征不断被打破。新农村建设正在融入新的城镇化建设浪潮，经济发展变得更加开放。开放的县域经济正在实现内部开放和外部开放，县域经济的内向型发展模式正在转向泛县域经济的双向发展模式。其经济发展的渗透可能覆盖几个县，或整个主要区域，并合并为一个大区域，相邻区域不断整合，无论其属于行政区划的哪个县、市和省，这种趋势使资源分配不再在一个县，而是受整个地区的影响。为了提高资源的综合利用和优化配置的总体效果，工业发展不再局限于一个县，而是跨越县、市和省合作；工业园区的建设不再局限于某个县的工业园区，而是跨区域的工业园区建设。

在新的经济形势下，县域经济通过优质资源整合发展符合县域资源特点的优质企业和产业，消除同质化竞争，实现县间资源互补，不断向泛县域经济发展。泛县域经济将任何一个县作为一个资源主体融入更大的区域经济，并建立一个更加开放的体制机制——综合利用和优化配置资源，实现内外开放型经济。这种经济体制极具开放性、合作性、整合性、绿色性和共生性，更符合人与自然的本质，既以人为本，又以生态为本。

（二）城乡脱离向都农融合演变

乡村衰退的社会问题在世界工业化、城市化进程中普遍存在，在西方国家，乡村"空心化"与城市"贫民窟"的情景屡见不鲜，西方国家的城镇化率达到70%后，逐步过渡到城乡一体化发展阶段，乡村发展问题也得已逐步解决。恩格斯认为，城市与农村从自主发展走向融合发展，需要经过三个阶段：城育于乡，即城市是由乡村发展而来；城乡对立，工业化革命有效地推动了城市化进程，导致城市与乡村出现隔阂；城乡融合，随着城市化的不断向前发展，逐步填平了城市与乡村的差异鸿沟。马克思认为，"城乡融合"旨在消除阶级差别，同时打破城乡不均的格局，城乡发展的最终目标是成为更高级的社会综合体，这个目标也是社会发展的高级阶段。

自党的十八大以来，政府积极推进新一轮改革，聚焦乡村发展的焦点与难点。改革涵盖了城乡养老、社会救助并轨、基本医疗保险并轨、城镇常住人口基本公共服务并轨、户籍并轨等方面，同时不断推进土地制度变革、公共服务变革，工与农、城与乡的界限逐渐被打破，城乡二元结构的冰点正在消融、难点开始破题、底线加紧筑牢。在过去5年间，我国城镇化率年均提高1.2%，8000多万农业转移人口成为城镇居民，2016年常住人口城镇化率达57.4%，形成了城镇为主的人口分布格局。

目前，我国提出一种新型城市形态——都农融合城市，这都农融合城市是一种新型城市形态，这种城市形态将产业、产城、产村融合于一体，是生态文明背景下城乡一体化发展的新趋向。

（三）孤立发展向开放合作转变

宏观来看，我国县域经济发展差距较大。县域经济的发展具有自主性和灵活性，在一定时期内能够充分发挥县级主体的主观能动性和积极性，由于县级主体能够利用和支配的资源十分有限，当资源逐渐被消耗，县域经济的发展面临着无法自我消化的"瓶颈"。越来越大的竞争压力容易使县域经济之间相互戒备，无法形成合作共赢、竞争力强的规模化区域经济体。

在经济全球化及区域经济一体化的背景下，区域竞争和产业竞争愈演愈烈，县域主体要意识到城市群、都市圈，尤其是区域中心城市的带动作用，将相关县域融合进城市群、都市圈的发展中，从而打造密切的产业分工协作体系，充分发挥各方优势来推动产业配置，打破现有县域经济所面临的壁垒。

县域经济正朝着"优化组合城市发展，打破区域发展界限"的方向发展，力图打造出组团发展模式。把具有一定经济实力、比较优势明显的县域经济作为核心，整合边界相邻、资源互补的多个县域，打造一个具有资源共享、优势互补特点的综合有机整体，在突破现有"瓶颈"的基础上壮大发展规模，以此提高整体经济竞争力。在统筹协调基础上，深入合并发展模式，将现有的行政区划进行整改，将实力较弱的县域与就近实力较强的县域进行整合，既推动了市场无障碍贸易交流，也使资源得到了优化配置利用，在扩大经济规模的同时，增强了该地区的经济竞争力，大大提升了经济发展效益。

（四）粗放发展向绿色发展转型

当前，中国的经济发展已经步入新常态，无论是内在基础条件还是外部所处环境都已产生了翻天覆地的变化，这也意味着县域经济已经开启新的篇章，并且它对国家区域持续健康发展来说至关重要，肩负着提质增效的核心使命。

基于经济新常态的背景下，我国县域经济发展与我国经济发展特征及运作规律相适应，由规模速度型粗犷增长向质量效率型集约增长转变，以绿色发展为核心力量，贯彻习近平主席的绿水青山就是金山银山的发展理念，充分落实生态环保机制，加强节能环保、循环经济等绿色发展理念。将低碳排放作为新经济增长的关键点，引导我国县域经济向资源节约、生态保护方向发展，改变现有产业结构、消费方式以及增长模式，力争发展高科技、高效益、低污染、低能耗的绿色产业，进一步创建更多的生态财富和绿色福利，由生态比较优势向竞争优势发展。

其一，将新型工业化作为基础，加速工业集聚化、农产品精加工以及产业化发展，提高制造业各环节产业链的服务水平以及专业化程度，积极挖掘如信息技术服务、互联网金融等生产性服务业，提高主导产业地位，颠覆传统行业，加大新兴产业发展力度。与此同时，重点培育部分具有特色优势、财政贡献率高、集聚效应强的主导产业来辐射周边，充分突出其竞争优势，并且对落后产业实行淘汰机制，不断提高传统产业发展，对于有潜力的新兴产业应加大培养力度。

其二，利用信息技术推进移动互联网和物联网的应用和发展，使县域服务业得到了高速发展，充分发挥县域经济消费、生活消费和文化消费等服务行业的潜力，以去掉性服务业经济带动县域经济的发展。同时，我国县域经济发展不能离开创新战略，利用科技创新优化经济产业结构，加大产业结构中的智能化占比，在工业化和信息化的基础上，大力发展互联网的个性化定制、新型智慧化物流技术等，全力支持我国县域经济走创新性发展道路，如业态创新、商业模式创新等，加速我国县域产业向创新驱动转型。

三 我国县域经济发展新问题

（一）县域经济发展结构不合理

基于经济发展新常态的背景下，我国总体经济增长速度逐步放缓，市场条件也由过去的数量扩张向价格竞争转变。现有经济增长应满足数量多和质量高的双重需求，经济市场中也主要靠产品质量以及售后服务来取胜。可以看出，我国县域经济发展的结构性矛盾也越发凸显。第一，目前我国县域经济主要依靠的是出口资源的传统模式，发展模式难以与社会发展同步。第二，我国县域产业发展同质化和产能过剩问题较为突出。从现有情况来看，我国县域大部分产业体系结构相似，并且大多存在科技含量低、产业链条短、能源消耗高的缺陷，产业风险较高。第三，我国县域经济发展新兴增长点较少。我国现在经济发展压力不断增大，国际经济也发展疲软，在此背景下我国县域经济也普遍缺乏以服务业为代表的新兴增长点。尤其是电子信息和互联网等新兴产业在我国县域经济中发展较慢，相应配套滞后。第四，我国县域中的企业创新性较弱。由于我国县域企业大部分是中小企业，其主要依靠低成本来扩大发展规模，然而企业研发成本投入较低，所以企业创新也相对较为困难，很难大规模占领市场和推出科技含量较高的优势品牌产品。

（二）县域经济发展速度滞后

城镇人口规模和经济结构在开放市场经济中的变化，会带动城镇自身接纳能力与承载能力出现正相关变化。经济要素的吸纳和承载力是发展县域经济、决定产业层次高度的重要因素，而经济规模和产业带动能力又是县域经济影响力和影响范围的决定性因素。一些县城无法吸引人口常住，其中一个重要因素就是它没有配备优质的公共服务资源，没有打造出中心城市无法替代的生态环境，更无法承担区域产业的分工职能，因此，非城镇人口还是会将转移的首选区域定在中心城市，而非县城及中心镇。经过多年发展，目前我国大中型城市规模普遍较大，吸引了大批劳动力，人口密度不断增高。而县城及中心镇与之相比，各方面条件都相对不足，无法吸纳人口。通过调查可以发现，国内大部分县域内，城镇功能不完善，城镇化质量堪忧，并且发展速度滞后，跟不上中心城市的平均水平。长期无法汇集科学教育的优质资源，无法吸引人才，集聚资本体量小，产业层次长期处于中低端水平，这一系列不良后果往往还伴随着大量人口外流，进一步反作用于城镇基础建设，使城镇集聚的效应难以发挥出来，最终陷入城镇化整体滞后沦陷的死循环中。

（三）县域经济发展资源环境承载力有限

早期国内县域经济的发展是依托于地方企业就地兴建工厂，但这些工业厂分布不集中,并且由于较弱的环保意识,导致环境污染问题日益凸显。同时,厂址分布不均还带来了重复建设、土地资源使用效率低下等突出问题。前期这些高速但并非高质的经济发展模式严重"透支"了当地的环境资源、人力资源等。随着不断加速的工业化发展和产业区域梯度逐步转移,我国大量工业产能开始向县城聚集。由于产业升级以及环保压力,许多大中型城市将工业产能下移至县域;并且,乡镇企业也逐渐开始向园区和城市集中,工业产能开始转移至县域内。县域由于之前不当开发引起的"阵痛"尚未完全平息,就开始承受着两个方向的转移压力,一定程度上加重了县域经济发展的资源环境压力。许多县域环境的承载已经或是接近上限,此时县域不但不能忽视生态环境的建设,更需要在资源环境的约束条件下优化转移的工业产能。

(四)县域经济发展投资机制不健全

县域发展不仅仅指的是对县域自身的建设,还包括使相对落后的生产生活方式向先进高效模式转变、向文明的生活方式转变的重大任务。更加完善的县域基础设施和公共服务的建设,将会在县域经济发展过程中起到重要的推动作用,而国内支持县域经济发展的投融资机构发展不甚成熟,无法提供大量的资本为县域经济发展做支撑。在分税制的财税体制下,县域的财权与事权并非完全匹配,县级政府的财政负担过重,导致财政收入矛盾不断加大。中小微型企业作为县域经济主体,往往是国家财政扶持忽略的对象,它们一方面很难得到上级财政转移支付的支持,另一方面县域经济可以提供的金融支持也相对不足。金融机构信贷集中在大城市、大企业。对于风险高、前期投入资金大而回收期长的中小型企业,很难和金融机构达成长期稳定的合作。再加上国有银行推行的集约化管理,县际金融机构的权利被大大压缩,县际金融机构贷款的额度和权限都在一定程度上遭到削减。

(五)县域经济发展开放合作不够

县域政府在发展经济时,以传统的地方考核体系为指导,以竞争为导向,更多强调的是利用该区域内的资源发展,形成独特的差异化发展竞争力,从而吸引外来资本。从整体上看,县域经济采用这一发展模式能够促成区域内形成发展竞赛,短期内可以推动基础优良、政策灵活的县域经济体优先发展。此外,由于县域在发展经济过程中,往往自成一派,和其他区域的共享程度不高,资源共享意识薄弱,资源利用效率较低。一方面,县与县之间、县与中心城市之间的同类产业存在过度竞争的情况,跨区域产业链尚未搭建完善,无法很好地实现优势互补、协同发展;另一方面,由于县域经济各自相对独立的特点,缺乏与中心城市的紧密沟通,区域联动发展机制尚未走上正轨,这样的后果往往就是中心城市的辐射效应难以向县域渗透。县域难以利用中心城市的技术、人才、信息等高端生产要素,这将制约县域经济向好发展的脚步;而中心城市内的产业和人口也无法顺畅地流向周边县域,因此人口膨胀、交通堵塞和城市环境等问题已然成为"城市病"暴发的隐患。

第二节　我国县域产城融合的实证调查

一　调查问卷设计

为了深入了解各县域产城融合发展情况,同时也为了保证一定的客观性和科学性,本节通过文献查阅、书籍资料参考、专家咨询等形式设计了调查问卷。为了更好地对县域产城融合的不同维度进行满意度调查,问卷包括两大部分。第一部分为受访者基本信息,包括所属地区、年龄以及学历。第二部分为受访者对所处县域产城融合水平的各类要素满意度评价,依次为很满意、满意、一般、不满意、很不满意五个选项,使其能够更加直观地体现出受访者的态度。

为了使所获数据更加客观准确,本次调查采用的是随机取样,所有的调查样本都是随机抽取。整个调查过程采用线上线下相结合的方式进行,共计发放问卷300份,回收了有效问卷293份,问卷有效率为98%。具体问卷设计见附录。

二 数据收集和整理

(一) 调查对象的基本特征

(1) 受访者来源地。

表 4-1　　　　　　　　　受访者来源地分布

地区	东部	中部	西部
数量（人）	103	112	78
比例（%）	35.15	38.23	26.62

从表 4-1 中可以看出，来自中部县域和东部县域的受访者人数基本持平，西部受访者人数相对较少，表明西部地区的群众参与度没有来自中部和东部县域的群众高。但是数量差距不大，样本基本能够涵盖各地区数据。

(2) 受访者年龄分布。

表 4-2　　　　　　　　　受访者年龄分布

年龄	18 岁及以下	19—28 岁	29—38 岁	39—49 岁	50 岁及以上
数量（人）	57	139	53	36	8
比例（%）	19.45	47.44	18.09	12.29	2.73

统计结果显示（见表 4-2），此次被调查的对象年龄构成为：18 岁及以下的有 57 人，占比 19.45%；19—28 岁的有 139 人，占比 47.44%；29—38 岁的有 53 人，占比 18.09%；39—49 岁的有 36 人，占比 12.29%；50 岁及以上的有 8 人，占比 2.73%。据此可知，受访者年龄主要集中在 19—38 岁，这部分年龄段的群体也是县域产业的主要支撑者，对于县域产城融合的调查也具有很强的代表性。

(3) 受访者受教育程度。

表 4-3　　　　　　　　　受访者受教育程度

学历	初中及以下	高中	大专	本科	硕士及以上
数量（人）	15	26	58	170	24
比例（%）	5.12	8.87	19.8	58.02	8.19

从表 4-3 中可以看出，受访者为本科学历的人数最多，占比超过此次受访人数的一半，其次是大专学历。初中及以下人数最少，高中学历和硕士及以上的高学历受访者人数基本持平。从表中数据可以看到，被调查对象的受教育程度主要集中在本科，这说明受访者整体受教育程度较高，所获取的调查数据可信度也大大增强。

（二）基于县域基础建设的满意度调查分析

（1）公共交通设施满意度。

表 4-4　　　　　　　　受访者对县域公共交通设施满意度评价分布

公共交通设施	很满意	满意	一般	不满意	很不满意
数量（人）	19	75	144	51	4
比例（%）	6.48	25.60	49.15	17.41	1.36

从表 4-4 中可以看到，受访者对于县域公共交通设施评价一般的人数最多，比例为 49.15%，接近一半。对很不满意和很满意这两个的评价人数占比最少，分别为 1.36% 和 6.48%。满意和不满意的评价人数差别不大，分别为 25.60% 和 17.41%。由数据可以看出，我国各县域的公共交通服务提供整体水平一般，群众满意程度不高，仍需加强各类交通设施的建设。

（2）公路设施满意度。

表 4-5　　　　　　　　受访者对县域公路设施满意度评价分布

公路设施	很满意	满意	一般	不满意	很不满意
数量（人）	15	76	145	53	4
比例（%）	5.12	25.94	49.49	18.09	1.37

由县域公路设施的满意度调查表中可得表 4-5，近半数受访者对当地的公路设施满意度为一般，满意和很满意的人数分别为 76 人和 15 人，表明近 1/3 人数认为当地的公路建设程度较为优秀。选择不满意和很不满意的人数分别为 53 人和 4 人，总共占比近 20%。从以上结果可以看出，群众对我国各县域的公路建设和公共交通服务提供的满意程度相似，都为近一半人表示一般的态度，说明部分县域公路设施仍有待进一步完善。

（3）教育设施满意度。

表4-6　　　　　　　　受访者对县域教育设施满意度评价分布

教育设施	很满意	满意	一般	不满意	很不满意
数量（人）	14	63	155	56	5
比例（%）	4.78	21.5	52.9	19.11	1.71

如表4-6所示，对于县域教育设施很满意的人数占比为4.78%，满意为21.5%，整体满意度占总数的1/4左右。认为教育资源一般的人数超过1/2，占比为52.9%，不满意和很不满意占比分别为19.11%和1.71%，整体不满意度占总人数的1/5左右。由统计数据可见，各地县域的教育设施水平总体良好，其中的部分差异可能是因为东中西部经济发展水平不同，导致部分西部地区的教育设施较为落后，群众满意度较低，城市发展活力不足。

（4）医疗设施满意度。

表4-7　　　　　　　　受访者对县域医疗设施满意度评价分布

医疗设施	很满意	满意	一般	不满意	很不满意
数量（人）	10	54	153	67	9
比例（%）	3.41	18.43	52.22	22.87	3.07

由表4-7可知，在我国县域医疗设施满意度调查中，受访者表示很满意和很不满意的人数相差不大，分别占比3.41%和3.07%。满意人数为54人，表示一般的人数为153人，表示不满意的人数为67人。由调查数据可得，对县域医疗设施的不满意程度约占1/4，表明居民对我国县域的医疗设施整体满意度不高，可能是因为西部落后地区的县域医疗水平不高，不同地区的县域医疗发展也存在较大的差别。

（5）娱乐设施满意度。

表4-8　　　　　　　　受访者对县域娱乐设施满意度评价分布

娱乐设施	很满意	满意	一般	不满意	很不满意
数量（人）	12	52	140	80	9
比例（%）	4.1	17.75	47.78	27.3	3.07

对于县域娱乐设施满意度调查的结果由表 4-8 显示，表示很满意和很不满意的人数基本持平，分别为 12 人和 9 人，满意人数占比 17.75%。对所在县域娱乐设施表示一般和不满意的人数占比分别为 47.78% 和 27.3%。由调查数据可以判断我国县域的娱乐设施建设整体偏弱，数据结果也和我国发展现状一致。由于县域经济大部分体量不大，因此娱乐设施相比城市较为落后。

（6）绿化设施满意度。

表 4-9　　　　　　　　受访者对县域绿化设施满意度评价分布

绿化设施	很满意	满意	一般	不满意	很不满意
数量（人）	21	88	143	40	1
比例（%）	7.17	30.03	48.81	13.65	0.34

从表 4-9 可以看到，受访者对于县域绿化设施的满意度整体较高，选择很满意的人数占比为 7.17%，满意人数占比 30.03%，一般人数占比为 48.81%，而选择不满意和很不满意的人数占比分别为 13.65% 和 0.34%。不难看出，无论来自哪个地区，受访者对于所处县域的绿化程度评价较好，仅有不到 15% 的人表示不满。

（7）卫生环境满意度。

表 4-10　　　　　　　　受访者对县域卫生环境满意度评价分布

卫生环境	很满意	满意	一般	不满意	很不满意
数量（人）	10	68	153	58	4
比例（%）	3.41	23.21	52.22	19.79	1.37

对于县域卫生环境调查的结果显示（见表 4-10），有 10 人表示很满意，68 人表示满意，153 人认为一般，58 人不满意，4 人表示很不满意。整体上来看，我国县域的卫生环境尚可，居民的环境保护意识也逐渐增强，但是满意及以上的总人数不及 1/3，说明县域环境方面仍需不断改善。

（8）治安环境满意度。

表4-11　　　　　　　　受访者对县域治安环境满意度评价分布

治安环境	很满意	满意	一般	不满意	很不满意
数量（人）	16	63	158	53	3
比例（%）	5.46	21.51	53.91	18.09	1.02

从表4-11的调查数据可以看到，对于所处县域的治安环境表示很满意和满意的人数分别为16人和63人，分别占比5.46%和21.51%，总计占比约1/4。表示一般的人数超过了50%，不满意人数占比18.09%，很不满意人数占比1.02%。不难看出，有超过70%的受访者对于所处县域的治安环境不信任。

（三）基于县域产业发展的满意度调查分析

（1）技术密集型产业发展。

表4-12　　　　　　　县域技术密集型产业发展满意度评价分布

技术密集型产业	很满意	满意	一般	不满意	很不满意
数量（人）	15	33	138	91	16
比例（%）	5.12	11.26	47.1	31.06	5.46

从表4-12可以看到，对于所在县域的技术密集型产业发展表示很满意和很不满意两种极端评价的人数基本持平，分别为15人和16人。表示满意的人数有33人，表示不满意的人数是其近三倍为91人，剩余近1/2人数对此类产业发展表示满意度一般。由此可见，高端装备制造业在我国县域产业发展中较为一般。

（2）劳动密集型产业发展。

表4-13　　　　　　　县域劳动密集型产业发展满意度评价分布

劳动密集型产业	很满意	满意	一般	不满意	很不满意
数量（人）	13	57	149	69	5
比例（%）	4.44	19.45	50.85	23.55	1.71

表 4-13 显示，对于劳动密集型产业表示很满意的占比为 4.44%，表示满意的为 19.45%，表示一般的为 50.85%，表示不满意和很不满意的分别为 23.55% 和 1.71%。从数据结果可知，劳动密集型产业在县域产业发展中也较为一般，但是优于技术产业。

（3）资本密集型产业发展。

表 4-14　　　　　　　县域资本密集型产业发展满意度评价分布

资本密集型产业	很满意	满意	一般	不满意	很不满意
数量（人）	11	31	145	92	14
比例（%）	3.75	10.58	49.49	31.4	4.78

表 4-14 显示，对于资本密集型产业，如金融债券等行业，11 人表示很满意，31 人表示满意，145 人表示一般，92 人表示不满意，14 人表示很不满意。这与我国县域经济发展方向一致，大部分县域地区的金融等行业发展较为落后，尤其是西部县域地区。

（4）产业园发展。

表 4-15　　　　　　　县域产业园满意度评价分布

产业园	很满意	满意	一般	不满意	很不满意
数量（人）	12	48	159	69	5
比例（%）	4.1	16.38	54.27	23.54	1.71

关于县域产业园的满意度调查结果显示（见表 4-15），4.1% 的受访者表示对其发展很满意，16.38% 表示满意，54.27% 认为其发展一般。剩余 69 人对此不满意，5 人表示很不满意。由此可见，产业园在我国县域发展程度较为一般，还有约 1/4 的人对其表示不满意，说明县域应持续关注本区域产业园发展。

（5）产业园生活区配套。

表 4-16　　　　　　　县域产业园生活区配套满意度评价分布

产业园生活区配套	很满意	满意	一般	不满意	很不满意
数量（人）	13	43	168	65	4
比例（%）	4.44	14.68	57.33	22.18	1.37

表 4-16 结果显示，受访者对于所在地区产业园周边的生活配套表示很满意和满意的人数占比分别为 4.44% 和 14.68%，占总人数的 1/5。认为配套程度一般的人数接近 60%，不满意配套的人数占 22.18%，很不满意的占 1.37%。说明目前县域在发展产业时，对园区周边的生活配套打造得还不够完善，产业先行的同时没有同步周边的生活区域。

（6）政府办事效率。

表 4-17　　　　县域政府办事效率满意度评价分布

政府办事效率	很满意	满意	一般	不满意	很不满意
数量（人）	11	44	164	70	4
比例（%）	3.75	15.02	55.97	23.89	1.37

有关政府办事效率满意度结果表 4-17 显示，11 人表示很满意，44 人表示满意，超过一半表示政府效率一般，70 人认为不满意，4 人认为很不满意。从调查数据可以看出，居民对县域政府的办事效率满意程度不高，我国县域政府办事效率还有待提高。

（7）人才引进保障政策。

表 4-18　　　　县域人才引进保障政策满意度评价分布

人才引进	很满意	满意	一般	不满意	很不满意
数量（人）	11	46	163	68	5
比例（%）	3.75	15.7	55.63	23.21	1.71

从表 4-18 结果可以看到，受访者对于当地人才引进保障政策满意度也不高，仅有不到 1/5 的受访者认可。超过的 1/2 受访者认为所在县域对于人才引进保障政策一般，其余对此表示不满意和很不满意。县域产城融合发展离不开人才，因此需要制定更多保障政策来吸引各地人才。

（8）创业环境及氛围。

表 4-19　　　　县域创业环境及氛围满意度评价分布

创业	很满意	满意	一般	不满意	很不满意
数量（人）	14	39	156	75	9
比例（%）	4.78	13.31	53.24	25.6	3.07

表4-19展示了县域创业环境及氛围的调查结果,近1/5的受访者对所属县域的创业环境表示认可,53.24%的受访者认为创业环境一般,约1/4的受访者表示对此不满意,剩余9人认为很不满意。创业环境对于县域产业发展至关重要,为创业者营造良好的氛围有利于县域产业发展。

(9)县域房价。

表4-20　　　　　　　　　　县域房价满意度评价分布

房价	很满意	满意	一般	不满意	很不满意
数量(人)	9	36	130	102	16
比例(%)	3.07	12.29	44.37	34.81	5.46

统计结果显示,仅有15%的人对于所在县域的房价表示满意及以上,对房价满意度表示一般的人数占比44.37%,不满意和很不满意分别占比34.81%和5.46%,总共占比超过40%。由此可见,我国县域的房价问题仍然不容忽视,这也与我国居高不下的房价形势相吻合。

(四)满意度结果统计

表4-21　　　　　　　　　　满意度统计结果

	Q4	Q5	Q6	Q7	Q8	Q9	Q10	Q11	Q12	Q13	Q14	Q15	Q16	Q17	Q18	Q19	Q20
N 有效	293	293	293	293	293	293	293	293	293	293	293	293	293	293	293	293	293
均值	2.82	2.85	2.91	3.04	3.08	2.70	2.92	2.88	3.20	2.99	3.23	3.02	3.01	3.04	3.03	3.09	3.27
中值	3.00	3.00	3.00	3.00	3.00	3.00	3.00	3.00	3.00	3.00	3.00	3.00	3.00	3.00	3.00	3.00	3.00
标准差	0.844	0.824	0.813	0.821	0.857	0.806	0.786	0.801	0.898	0.823	0.843	0.796	0.776	0.771	0.780	0.835	0.860

将问卷满意度进行赋值量化,很满意=5,满意=4,一般=3,不满意=2,很不满意=1。从统计量结果可以看出(见表4-21),受访者对于所在县域的产城融合水平评价总体满意度较为一般。在17个评价问题当中,满意度均值最高的为Q20,达到了3.27分,最低的为Q9,均值仅有2.7分。每个题目的得分波动不大,总体得分较为平均,从均分来看,目前我国县域的产城融合发展水平整体一般。

三 实证分析

（一）KMO 和巴特利特球形检验

表 4-22　　　　　　　　　KMO 和 Bartlett 球形检验

取样足够度的 Kaiser-Meyer-Olkin 度量		0.926
Bartlett's 球形检验	近似卡方	4480.352
	df	190
	Sig.	0.000

由表 4-22 可知，KMO 度量值为 0.926，大于 0.8，说明此次县域产城融合调查得到的数据非常适合进行因子分析。巴特利特球形检验近似卡方值为 4480.352，自由度为 190Sig.（即 P 值），通过了显著水平为 1% 的检验。由此可见，再一次说明此次数据非常适合进行因子分析。

1. 主成分提取

表 4-23　　　　　　　　　　解释的总方差

成分	初始特征值			提取平方和载入			旋转平方和载入		
	合计	方差百分比（%）	累计（%）	合计	方差百分比（%）	累计（%）	合计	方差百分比（%）	累计（%）
1	10.296	51.480	51.480	10.296	51.480	51.480	6.202	31.008	31.008
2	1.866	9.330	60.810	1.866	9.330	60.810	5.049	25.245	56.253
3	1.273	6.367	67.177	1.273	6.367	67.177	2.185	10.923	67.177
4	0.964	4.820	71.996						
5	0.720	3.598	75.594						
6	0.685	3.426	79.020						
7	0.528	2.638	81.659						
8	0.480	2.400	84.058						
9	0.462	2.310	86.369						
10	0.434	2.171	88.540						
11	0.333	1.663	90.203						
12	0.322	1.610	91.812						
13	0.301	1.506	93.318						

续表

成分	初始特征值			提取平方和载入			旋转平方和载入		
	合计	方差百分比（%）	累计（%）	合计	方差百分比（%）	累计（%）	合计	方差百分比（%）	累计（%）
14	0.258	1.289	94.607						
15	0.242	1.211	95.818						
16	0.212	1.059	96.877						
17	0.181	0.906	97.783						
18	0.169	0.845	98.628						
19	0.145	0.725	99.353						
20	0.129	0.647	100.000						

提取方法：主成分分析

由县域产城融合问卷20个题目的主成分提取统计表可知（见表4-23），初始特征值大于1的因子一共有三个，累计解释方差变异为67.177%，说明20个题目提取的三个因子对于原始数据的解释度较为理想。其中因子1的特征值为10.296，解释方差百分比为51.480%；因子2的特征值为1.866，解释方差百分比为9.330%；因子3的特征值为1.273，解释方差百分比为6.367%。

2. 旋转成分矩阵

表4-24 旋转成分矩阵

	成分		
	1	2	3
14. 您对所在县域资本密集型产业（如金融行业等）发展如何评价	0.813		
19. 您对所在县域的创业环境以及氛围如何评价	0.807		
15. 您对所在县域产业园发展如何评价	0.804		
12. 您对所在县域技术密集型产业（如高端装备制造业）发展如何评价	0.787		
16. 您对所在县域产业园生活区配套如何评价	0.745		
13. 您对所在县域劳动密集型产业（如纺织、服装等）发展如何评价	0.731		
18. 您对所在县域的人才引进保障政策如何评价	0.722		
17. 您对所在县域的政府办事效率如何评价	0.637		
20. 您对所在县域的房价如何评价	0.615		

续表

	成分		
	1	2	3
5. 您对所在县域的公路设施如何评价		0.834	
4. 您对所在县域的公共交通设施如何评价		0.789	
9. 您对所在县域的绿化如何评价		0.701	
11. 您对所在县域的治安环境如何评价		0.685	
10. 您对所在县域的卫生环境如何评价		0.677	
8. 您对所在县域的娱乐设施如何评价		0.652	
7. 您对所在县域的医疗设施如何评价		0.615	
6. 您对所在县域的教育设施如何评价		0.601	
2. 您的年龄			0.844
3. 您的学历			−0.830
1. 您来自的地区			0.719

提取方法：主成分分析

旋转法：具有 Kaiser 标准化的正交旋转法

a. 旋转在 5 次迭代后收敛

根据旋转成分矩阵可以判断其各个题目的因子归属，对各因子进行命名。其中 Q12—Q20 题目归属于因子 1（Factor 1），其因子荷载均大于 0.6，该因子体现的是县域产业发展情况以及环境，因此将其命名为"产业"（贡献率 51.48%；累计贡献率 51.48%）；其中 Q4—Q11 题目归属于因子 2（Factor 2），其因子荷载均大于 0.6，该因子体现的是县域城市基础建设及环境，因此将其命名为"城市"（贡献率 9.330%，累计贡献率 60.81%）；其中 Q1—Q4 题目属于因子 3（Factor 3），其因子荷载均大于 0.7，该因子体现的是县域居民基本特征及信息，因此将其命名为"居民"（贡献率 6.367%，累计贡献率 67.177%）。

3. 成分得分系数矩阵

表 4-25　　　　　　　　成分得分系数矩阵

得分	主要问题	成分		
		1	2	3
1. 您来自的地区		−0.035	−0.028	0.362

续表

主要问题	成分		
得分	1	2	3
2. 您的年龄	−0.010	−0.067	0.423
3. 您的学历	0.090	−0.010	−0.426
4. 您对所在县域的公共交通设施如何评价	−0.155	0.294	−0.028
5. 您对所在县域的公路设施如何评价	−0.180	0.324	−0.029
6. 您对所在县域的教育设施如何评价	−0.007	0.126	−0.008
7. 您对所在县域的医疗设施如何评价	−0.016	0.130	0.025
8. 您对所在县域的娱乐设施如何评价	−0.022	0.152	−0.019
9. 您对所在县域的绿化如何评价	−0.131	0.244	0.031
10. 您对所在县域的卫生环境如何评价	−0.075	0.211	−0.061
11. 您对所在县域的治安环境如何评价	−0.106	0.223	0.015
12. 您对所在县域技术密集型产业（如高端装备制造业）发展如何评价	0.234	−0.141	−0.045
13. 您对所在县域劳动密集型产业（如纺织、服装等）发展如何评价	0.176	−0.094	0.036
14. 您对所在县域资本密集型产业（如金融行业等）发展如何评价	0.243	−0.160	−0.001
15. 您对所在县域产业园发展如何评价	0.210	−0.122	0.023
16. 您对所在县域产业园生活区配套如何评价	0.152	−0.053	0.024
17. 您对所在县域的政府办事效率如何评价	0.095	0.011	−0.002
18. 您对所在县域的人才引进保障政策如何评价	0.146	−0.041	−0.005
19. 您对所在县域的创业环境以及氛围如何评价	0.211	−0.102	−0.050
20. 您对所在县域的房价如何评价	0.139	−0.024	−.0117

提取方法：主成分分析
旋转法：具有 Kaiser 标准化的正交旋转法

根据成分得分系数矩阵图可以得到函数：

$F_1 = -0.035X_1 - 0.01X_2 + 0.09X_3 - 0.155X_4 - 0.18X_5 - 0.007X_6 - 0.016X_7 - 0.022X_8 - 0.131X_9 - 0.075X_{10} - 0.106X_{11} + 0.234X_{12} + 0.176X_{13} + 0.243X_{14} + 0.21X_{15} + 0.152X_{16} + 0.095X_{17} + 0.146X_{18} + 0.211X_{19} + 0.139X_{20}$

$F_2 = -0.028X_1 - 0.067X_2 - 0.01X_3 + 0.294X_4 + 0.324X_5 + 0.126X_6 + 0.13X_7 + 0.152X_8 + 0.244X_9 + 0.211X_{10} + 0.223X_{11} - 0.141X_{12} - 0.094X_{13} - 0.16X_{14} - 0.122X_{15} - 0.053X_{16} + 0.011X_{17} - 0.041X_{18} - 0.102X_{19} - 0.024X_{20}$

$$F_3=0.362X_1+0.423X_2-0.426X_3-0.028X_4-0.029X_5-0.008X_6+0.025X_7-0.019X_8+0.031X_9-0.061X_{10}+0.015X_{11}-0.045X_{12}+0.036X_{13}-0.001X_{14}+0.023X_{15}+0.024X_{16}-0.002X_{17}-0.005X_{18}-0.05X_{19}-0.117X_{20}$$

（二）综合评价

基于以上分析可以看出，产业发展对于县域产城融合的贡献最大，且比重远远超过其他两个因子。产业的存在是城市得以立足的基础和前提，产业的发展是支撑新型城镇化建设的基石。就推动力看，产业是新型城镇化发展的基本动力，产业发展能加速新型城镇化进程。其次是因子2的城市基础建设发展对于县域的产城融合发展具有一定的影响，在发展产业的同时若没有相应的城市配套将无法扩大升级其规模，造成产业"空转"现象，使产业结构优化受阻，缺乏相应依托平台。因子3比重相对较小，但是县域产城融合发展也离不开人才的培养，需要不断吸引外来人口和留住本地居民加快产城融合发展。

此次问卷结果可以看到，我国目前县域产城融合水平较为一般。数据结果显示，受访者对于县域产城融合发展水平的评分均值在3分上下小范围浮动，意味着各方面的发展处于一般水平。相较而言，县域产业发展评分整体略高于城市发展，可见在县域发展产业的同时其周边配套较之比城市稍弱。产城融合城镇化需要在现有的基础上进行升级，打破固有的传统发展模式，不能单一地在自我管辖区域闭门造车。在这个共生共享的新时代，我国县域需要打破行政壁垒进行跨域合作，共享资源协同发展，并且全面践行绿色生态理念，平衡产业与城市之间的相互关系，实现居民、产业和城市的有效融合，从而达到人、产、城三者共生。

第三节 我国百强县产城融合水平测度分析

县域经济是国民经济的重要基础，而积极发展新兴产业、加快产业转型升级是我国县域经济发展的重要路径。基于前文对现有的产城融合相关研究可以发现，诸多学者的研究角度都侧重于城市群或者经济带，而较少学者有以县域为角度进行研究，其研究的县域数量少或是限于某几个有代表性特色的县域。在产城融合的研究中，需要我们从省域的宏观视角转化为县域视角，从个别典型的县域扩大到覆盖全国范围的县域。

全国百强县的增长动能逐步从资源驱动、投资驱动向科技创新驱动、绿色驱动有序转换。2017年，全国百强县全社会R&D支出占GDP比重为2.42%，超过2.1%的全国平均水平。百强县所拥有的国家"千人计划"、"万人计划"、院士工作站、博士后工作站等创新驱动载体数量，远远超过一般县市。[①] 从百强县的上榜名单可以看出，东、中、西部地区均有县域上榜，覆盖范围广，且每一个县域都有自己独特的产业发展模式，其产业发展水平很大程度上契合了中国县域经济总体发展现状。因此，本节以2018年中小城市经济发展委员会、中小城市发展战略研究院等机构评出的百强县为研究对象进行研究，对我国县域的产业发展进行测度，进而对我国县域产城融合水平有更为清晰的认识。

根据产城融合的概念特点和发展研究，本节选用层次型测度指标体系，遵循测度指标的可行性和科学性，构建了三个大类指标进行研究，分别是：人口发展、产业发展和县域功能发展。其中人口发展指标包括人口密度、第二产业从业人员和第三产业从业人员，选择这些指标可以了解县域吸纳就业的能力，产业结构和就业结构的协调度。产业发展指标包括地区生产总值、第一产业增加值、第二产业增加值、公共财政收入，选取这些指标可以了解县域基础经济数值和产业发展之间的关联度。县域功能发展指标包括在校学生人数、医疗机构床位数、各种社会福利收养性单位床位数，这些指标可以了解县域的基础设施情况和教育情况对产业发展的影响。基于以上指标，本节采用《中国县域统计年鉴》中2014—2017年的数据，运用SPSS17.0软件对十个指标的数据进行主成分分析。

一 计量模型

主成分分析设定，主成分分析也称主分量分析，旨在通过降维的思想把多个指标转化为少数几个综合指标（即主成分），其中每个主成分都能够反映原始变量的大部分信息，且所含信息互不重复。主成分分析法在引

---

① 姬少宇、曹方：《处于工业化后期百强县如何探索经济转型升级之路》，《科技中国》2019年第10期。

进多方面变量的同时将复杂因素归结为几个主成分,使问题简单化,同时得到更加科学有效的数据信息。其测算过程如下:

(1)为了消除数据之间在无量纲化和数量级上的差别,对指标数据进行标准化,得到标准化矩阵。

(2)根据标准化数据矩阵建立协方差矩阵 R。

$$R = \begin{bmatrix} r_{11} & r_{12} & \cdots & r_{1p} \\ r_{21} & r_{22} & \cdots & r_{2p} \\ \vdots & \vdots & \ddots & \vdots \\ r_{p1} & r_{p2} & \cdots & r_{pp} \end{bmatrix}$$

其中 r_{ij} ($i, j = 1, 2, \cdots, p$) 为原始变量 X_i 与 Y_j 的相关系数,其中 $r_{ij} = r_{ji}$。其计算公式为 $r_{ij} = \dfrac{\sum_{k=1}^{n}(x_{ki}-\bar{x}_i)(x_{kj}-\bar{x}_j)}{\sqrt{\sum_{k=1}^{n}(x_{ki}-\bar{x}_i)^2 \sum_{k=1}^{n}(x_{kj}-\bar{x}_j)^2}}$。

(3)根据协方差矩阵 R 求出特征值和特征向量。

根据特征方程 $|\lambda_i - R| = 0$,求出矩阵的特征值,并把特征值按从大到小的顺序排列 $\lambda_1 \geq \lambda_2 \geq \cdots \geq \lambda_p$;再求出与特征值对应的特征向量 e_i ($i = 1, 2, \cdots, p$)。

(4)确定主成分函数的表达式 $F_j = \dfrac{e_i}{\sqrt{\lambda_j}} \times [zx_1, zx_2, \cdots, zx_p]$ ($i = 1, 2, \cdots, p; j = 1, 2, \cdots, m$),其中 $zx_1, zx_2, \cdots, zx_p$ 为标准化后的数据。

(5)根据主成分函数确定产城融合水平综合函数 $F = \sum_{1}^{m} \dfrac{\alpha_j \times F_j}{\sum_{1}^{m} \alpha_j}$ ($j = 1, 2, \cdots, m; m \leq p$)。

(6)根据产城融合水平综合函数计算县域产城融合水平。

二 样本选取和数据来源

本节以 2018 年中国百强县域为样本,此样本名单是由中小城市经济发展委员会、中小城市发展战略研究院等机构评出,本节所采用的数据主要来源于 2014—2017 年的《中国县域统计年鉴》,但是由于部分县域指标数据缺失,去除数据缺失县域(安徽省宁国市、江苏省沭阳县、山西省孝义市),最后选取 97 个县域各 10 个指标。且本节以 2017 年数据为参照,对产城融合水平的测算方法进行解释说明。

三 指标的构建

现有的文献是通过构建指标体系计算县域的产城融合水平，从而对县域的产城融合水平进行评价（王霞等，2014；杨惠等，2016）。因此本节根据已有的研究测算各县域的产城融合水平。关于县域产城融合水平的测算，现阶段，国内学者对城市产城融合水平的测算主要有因子分析法、主成分分析法、熵值法、物元可拓模型、AHP法等其他方法。因此本节采用主成分分析法来对县域的产城融合水平进行测算，主要从人口发展、产业发展和县域功能发展三个方面选取指标进行测算分析，最终确定1个一级指标、3个二级指标和10个三级指标（见表4-26）。

表4-26　　　　　　　　产城融合评价指标体系

一级指标	二级指标	三级指标
产城融合水平	人口发展	人口密度（人/平方千米）
		第二产业从业人数（人）
		第三产业从业人数（人）
	产业发展	地区生产总值（万元）
		第一产业增加值（万元）
		第二产业增加值（万元）
		公共财政收入（万元）
	县域功能发展	在校学生数（人）
		医疗机构床位数（床）
		各种社会福利收养性单位床位数（床）

注：在校学生数 = 普通中学在校学生数 + 中等职业教育学校在校学生数 + 小学在校学生数

四 产城融合水平的测算与分析

依据县域产城融合指标评价体系的框架，在一系列的数据整理和标准化后，最终确定10个指标运用SPSS17.0软件进行主成分分析。把数据导入SPSS17.0软件中，进行主成分分析。根据SPSS17.0软件的输出结果，提取特征值大于1的因子，共三个因子特征值大于1，故10个指标降维到

3个公共因子，分别是人口发展、产业发展、基础设施。三个公共因子与指标体系框架相比，有所变动，但三个公共因子的内容几乎涵盖了指标体系的各个方面，说明指标体系的设计基本符合实证的研究结果，因此共提取三个主成分（见表4-27）。

表4-27　　　　　　　主成分提出分析表（2017年数据）

成分	方差贡献率		
	特征值	方差贡献率（%）	累计方差贡献率（%）
1	5.400	54.003	54.003
2	1.484	14.843	68.846
3	1.013	10.130	78.975

表4-28　　　　　　　初始因子载荷矩阵（2017年数据）

	Component		
	1	2	3
X_1	0.104	0.032	−0.586
X_2	0.151	−0.060	−0.147
X_3	0.147	0.221	−0.179
X_4	0.167	−0.234	0.127
X_5	0.049	0.490	0.431
X_6	0.157	−0.281	0.081
X_7	0.158	−0.279	0.119
X_8	0.127	0.337	−0.323
X_9	0.136	0.235	0.106
X_{10}	0.125	0.015	0.502

利用SPSS17.0软件得到初始因子载荷矩阵（见表4-28），然后利用初始因子载荷矩阵中的数据除以主成分相对应的特征值开平方得到主成分中每个指标所对应的系数，3个主成分表达式如下所示：

$$F_1 = 0.045ZX_1 + 0.065ZX_2 + 0.063ZX_3 + 0.072ZX_4 + 0.021ZX_5 + 0.068ZX_6 + 0.068ZX_7 + 0.055ZX_8 + 0.059ZX_9 + 0.054ZX_{10}$$

$$F_2 = 0.026ZX_1 - 0.049ZX_2 + 0.181ZX_3 - 0.192ZX_4 + 0.402ZX_5 - 0.231ZX_6 - 0.229ZX_7 + 0.277ZX_8 + 0.193ZX_9 + 0.012ZX_{10}$$

$$F_3 = -0.582ZX_1 - 0.146ZX_2 - 0.178ZX_3 + 0.126ZX_4 + 0.428ZX_5 + 0.080ZX_6 + 0.118ZX_7 - 0.321ZX_8 + 0.105ZX_9 + 0.499ZX_{10}$$

其中，ZX_i（i=1，2，…，17）为 X_i 分别对应变量的标准化形式。再以每个主成分所对应的特征值占所提取主成分总的特征值之和的比例作为权重计算主成分综合模型：

$$F = 0.096ZX_1 + 0.208ZX_2 + 0.261ZX_3 + 0.227ZX_4 + 0.245ZX_5 + 0.196ZX_6 + 0.202ZX_7 + 0.238ZX_8 + 0.283ZX_9 + 0.266ZX_{10}$$

根据综合模型计算出每个县域的产城融合水平（见表4-29），再计算县域产城融合水平的平均值，并进行降序排列，把县域分为三个梯队。第一梯队代表产城融合水平较好，第二梯队代表产城融合水平一般，第三梯队代表产城融合水平较差。

第一梯队：江苏省昆山市、江苏省江阴市、江苏省常熟市、江苏省张家港市、福建省晋江市、山东省滕州市、浙江省温岭市、江苏省邳州市、江苏省宜兴市、浙江省慈溪市。其中，江苏省昆山市、江苏省江阴市、江苏省常熟市三个县域产城融合水平综合得分最高，平均产城融合水平得分分别达到6.862、6.437、5.210，这几个县域都位于江苏省长三角一带，地理位置比较优越，交通发达，是人才聚集地，城市人口密度高，承接上海市的辐射和产业转移，因此产业发展迅速，其经济规模也是毋庸置疑的。此外，这几个县域附近知名高校云集，而且我国较好的医疗单位也在此聚集，其在文化教育和卫生方面也拥有得天独厚的优势。县域的公共服务和基础设施比其他县域更加齐全和完善，县域的产业主要集中在第二、第三产业，在就业结构和产业结构方面也具有优势。

第二梯队：浙江省诸暨市、浙江省瑞安市、山东省新泰市、浙江省义乌市、河南省永城市、江苏省如皋市、福建省南安市、江西省南昌县、湖北省仙桃市、湖南省长沙县、福建省福清市、辽宁省瓦房店市、江苏省沛县、浙江省余姚市、江苏省丹阳市。这些县域的产城融合水平综合得分处于中间水平，在这一梯队当中，从空间范围来看，也多集中在浙江省和江苏省，这些县域附近也是人才聚集地，聚集了区域内的优秀人才，且各区域最好的高校以及综合能力最强的医院都坐落于此，这都有利于提高县域的产城融合水平。就业结构和产业结构和第一梯队的县域相比还有一定的差距，但是相比第三梯队县域更合理。在人才和产业的作用下，促进经济增长，扩大经济规模。虽然基础设施相对于一线县域较薄弱，但大部分县域的基础设施还是较齐全和完善，在一定程度上能够提高县域功能。

第三梯队：江苏省海门市、山东省荣成市、山东省莱州市、江苏省太仓市、江苏省启东市、江苏省海安市、浙江省海宁市、江苏省如东县、河北省迁安市、湖北省大冶市、辽宁省海城市、山东省龙口市、江苏省新沂市、山东省青州市、河南省禹州市、山东省肥城市、贵州省盘州市直到宁夏灵武市，共计72个县市。这一梯队县域的产城融合水平综合得分普遍较低。部分县域发展较落后，导致经济规模小。在文化教育和卫生方面，和第一梯队、第二梯队的县域相比，多数县域高校密度低且缺乏综合实力雄厚的高校；医疗配置落后、资源匮乏、技术人员短缺。产业主要集中在第一、第二产业，从事第一、第二产业的就业人员占比高，在人才和产业方面缺乏优势，经济得不到发展。公共基础设施相对于第一梯队和第二梯队的县域而言比较落后，致使县域功能不完善。

表4-29　　　　　　　　2014—2017年县域产城融合水平得分

百强县 \ 年份 产城融合水平	2014	2015	2016	2017	平均值
江苏昆山市	5.362	14.223	2.194	5.669	6.862
江苏江阴市	5.262	13.196	2.116	5.176	6.437
江苏常熟市	4.172	10.462	1.796	4.410	5.210
江苏张家港市	3.842	9.884	1.681	4.081	4.872
福建晋江市	3.299	9.458	1.231	3.351	4.335
山东滕州市	2.843	6.642	1.377	2.538	3.350
浙江温岭市	2.887	5.249	0.981	2.347	2.866
江苏邳州市	2.065	4.447	1.460	2.957	2.732
江苏宜兴市	1.962	4.807	0.851	2.082	2.425
浙江慈溪市	1.711	4.352	0.707	2.027	2.199
浙江诸暨市	1.670	3.866	0.820	1.244	1.900
浙江瑞安市	1.593	4.936	0.646	0.356	1.883
山东新泰市	1.766	3.547	0.693	1.364	1.842
浙江义乌市	1.399	3.765	0.547	1.498	1.802

续表

百强县\产城融合水平\年份	2014	2015	2016	2017	平均值
河南永城市	1.363	2.799	0.476	2.518	1.789
江苏如皋市	1.329	3.217	1.030	1.442	1.755
福建南安市	1.582	3.553	0.401	1.172	1.677
江西南昌县	1.577	2.881	0.507	1.579	1.636
湖北仙桃市	1.489	2.464	0.661	1.467	1.520
湖南长沙县	1.381	2.586	0.517	1.363	1.462
福建福清市	1.368	2.307	0.611	0.776	1.266
辽宁瓦房店市	1.691	2.321	0.606	0.415	1.258
江苏沛县	1.023	1.936	0.709	1.090	1.189
浙江余姚市	0.707	2.000	0.343	1.073	1.031
江苏丹阳市	0.782	2.173	0.284	0.766	1.001
江苏海门市	0.564	1.887	0.599	0.810	0.965
山东荣成市	0.643	1.649	0.574	0.490	0.839
山东莱州市	0.856	1.362	0.461	0.431	0.778
江苏太仓市	0.497	1.659	0.202	0.554	0.728
江苏启东市	0.565	1.128	0.511	0.698	0.726
江苏海安市	0.290	0.816	0.490	0.495	0.523
浙江海宁市	0.324	1.250	0.007	0.373	0.489
江苏如东县	0.175	0.178	0.462	0.482	0.324
河北迁安市	0.334	0.615	0.066	0.191	0.302
湖北大冶市	0.291	0.430	0.035	−0.067	0.172
辽宁海城市	0.511	0.508	−0.108	−0.342	0.142
山东龙口市	−0.030	0.511	0.064	0.008	0.138
江苏新沂市	0.022	−0.187	0.319	0.364	0.130
山东青州市	0.129	0.076	0.134	0.178	0.129
河南禹州市	0.452	0.034	0.029	−0.136	0.095
山东肥城市	0.224	0.219	0.019	−0.122	0.085
贵州盘州市	−0.135	−0.401	0.256	0.410	0.033
江苏东海县	0.070	−0.204	0.098	0.153	0.029

续表

百强县＼产城融合水平＼年份	2014	2015	2016	2017	平均值
湖南醴陵市	−0.174	−0.333	0.140	0.203	−0.041
江苏溧阳市	0.010	−0.054	0.027	−0.164	−0.045
福建惠安县	−0.317	−0.093	−0.100	0.193	−0.079
安徽肥东县	−0.046	−0.441	−0.035	−0.134	−0.164
河南新郑市	−0.502	−1.056	−0.271	0.440	−0.347
四川西昌市	−0.217	−1.052	−0.054	−0.471	−0.448
安徽肥西县	−0.416	−0.975	−0.206	−0.221	−0.455
河北任丘市	−0.541	−0.934	−0.221	−0.407	−0.526
山东莱西市	−0.288	−1.421	−0.111	−0.675	−0.624
江苏高邮市	−0.505	−1.468	−0.046	−0.677	−0.674
江苏建湖县	−0.505	−1.152	−0.290	−0.803	−0.688
福建石狮市	−0.655	−0.905	−0.540	−0.828	−0.732
河南长葛市	−0.559	−1.233	−0.606	−0.620	−0.754
安徽长丰县	−0.493	−1.730	−0.361	−0.472	−0.764
浙江长兴县	−0.779	−1.594	−0.323	−0.515	−0.803
浙江象山县	−0.802	−2.149	0.250	−0.660	−0.840
山东广饶县	−0.588	−1.580	−0.388	−0.819	−0.844
福建安溪县	−0.736	−1.838	−0.262	−0.632	−0.867
浙江宁海县	−0.811	−1.898	−0.304	−0.553	−0.891
浙江平湖市	−0.871	−1.546	−0.484	−0.786	−0.922
河南巩义市	−0.806	−1.618	−0.486	−0.799	−0.927
河南荥阳市	−1.154	−1.515	−0.409	−0.723	−0.950
浙江玉环市	−0.766	−1.912	−0.510	−0.837	−1.006
山东桓台县	−0.993	−1.917	−0.500	−1.044	−1.113
山东招远市	−1.021	−2.642	−0.463	−1.025	−1.288
新疆库尔勒市	−0.801	−2.569	−0.445	−1.441	−1.314
安徽天长市	−1.086	−2.530	−0.574	−1.080	−1.318
浙江嘉善县	−1.187	−2.361	−0.639	−1.096	−1.321
河北辛集市	−1.049	−2.589	−0.496	−1.166	−1.325

续表

百强县＼产城融合水平＼年份	2014	2015	2016	2017	平均值
江苏句容市	−1.180	−2.717	−0.512	−1.084	−1.373
吉林延吉市	−1.112	−2.553	−0.524	−1.336	−1.381
山东茌平县	−1.160	−2.528	−0.498	−1.354	−1.385
江苏仪征市	−1.273	−2.802	−0.592	−1.063	−1.432
江西樟树市	−1.291	−2.884	−0.498	−1.094	−1.442
贵州仁怀市	−1.486	−2.932	−0.574	−1.059	−1.513
内蒙古准格尔旗	−1.197	−2.612	−0.659	−1.747	−1.554
广东四会市	−1.272	−3.084	−0.597	−1.420	−1.593
湖北宜都市	−1.301	−3.076	−0.525	−1.481	−1.596
山东齐河县	−1.351	−3.254	−0.582	−1.406	−1.648
陕西神木市	−1.441	−3.654	−0.761	−1.176	−1.758
浙江德清县	−1.602	−3.381	−0.744	−1.390	−1.779
山东昌邑市	−1.553	−3.717	−0.697	−1.417	−1.846
安徽当涂县	−1.721	−4.168	−0.822	−0.757	−1.867
江西贵溪市	−1.558	−3.679	−0.801	−1.542	−1.895
海南琼海市	−1.519	−4.333	−0.548	−1.586	−1.996
吉林梅河口市	−1.725	−4.298	−0.806	−2.000	−2.207
山东禹城市	−1.790	−4.355	−0.836	−1.850	−2.208
江苏扬中市	−1.977	−4.086	−0.965	−1.877	−2.226
云南安宁市	−1.980	−4.656	−0.883	−2.083	−2.400
陕西韩城市	−1.942	−4.687	−0.926	−2.085	−2.410
河北香河县	−2.215	4.698	−0.973	−2.039	−2.481
广西平果县	−2.389	−5.427	−1.008	−2.198	−2.756
陕西府谷县	−2.505	−5.833	−1.203	−2.515	−3.014
宁夏灵武市	−2.710	−6.082	−1.221	−2.357	−3.093

第四节　我国县域产城融合新路径分析

一　现有产城融合路径解决县域产城融合的局限性分析

（一）难以解决县域间的产城融合问题

县域经济作为我国国民经济的最基本单元，承担了孕育孵化市场经济，为城市经济发展供血，支持县域社会发展的重要作用。然而，发展到今天，县域经济发展开始暴露出其存在的一系列问题，如果这些问题无法解决，则会成为泛县域产城融合的制约因素。

1.县域自身基础建设能力不足

县是我国最基础的经济单位，这就意味着如果在县域内实行产城融合，建设产业新城，能够极大地提升国家整体经济发展水平。然而，建设产业新城需要各种基础资源以及资金、人才等优势资源。县域本身经济基础相对薄弱，对于人才的吸引力也不足，因此往往会出现城市规划因缺乏资金和人才支撑而无法实现的情况。这些问题如果不解决，产城融合就永远只能停留在纸面上，无法实际进行。

2.县域生产与消费结构不匹配

同样，也是因为以县域为发展单位，在产城融合的过程中，生产与消费结构的问题被凸显出来。一个产业园区想要健康发展，要有自身的产业循环和与之相匹配的消费能力。然而，现阶段我国县域的经济水准普遍不高，人民消费水平与消费意识还处在存款、建房和养老的阶段，人民对于生活日用品的需求远高于对于生活质量改善的需求。这样的发展最终形成的只是产业集聚化，并不能达到产城融合以及生活与产业相结合的效果。

3.容易产生发展死角

现阶段的县域产城融合，大部分的计划都是集中力量发展县域经济中心或者优势资源地区。这样的发展虽然能够集中力量发挥优势，但是也容易产生发展死角。例如某些县域交界处，无论是行政还是经济都处于边缘地位，这就让这些地区容易成为县域发展的牺牲品。一些与现阶段发展理念不符合的重污染、高危险企业无法在新规划的产业城区发展，就退而求其次转移到这些边缘地区，因为这些地区不但对于各项指标的监管没有那么严格，也急需能够创造收入的产业入驻。这样的县域产城融合，虽然发展了核心地区，但是对于发展死角所造成的不良影响是无法估量的。

4. 行政权力影响过大

因为与省市级行政中心存在一定的距离以及其他历史遗留问题，所以县及以下单位的行政权力影响比城市大。虽然这对各种政策的执行有很大帮助，但也容易成为产城融合健康发展的阻力。无论是经济的发展，还是人口的迁移，都有其自身规律的，过分的行政干预都会对其产生不良影响，如同揠苗助长。过多的政治任务会让产业失去本身的发展节奏，陷入盲目扩张或者无序发展的困境，而非自发性的人口迁移，不但会增加人民生活成本，还容易造成耕地荒废与环境污染。因此，如何让行政权力正确地发挥其作用，也是亟待解决的问题。

（二）难以实现产城融合的可持续问题

产城融合虽然是最理想的城市化途径，但是在县域经济的大环境下却出现了一些问题，这些问题并非个例，而是在县域这个大环境下带来的普遍问题，这些问题如果不解决，则会对我国的产城融合进程产生严重的阻碍。

1. 对资源的依赖度太高且使用粗放

在县域进行产业新城的建设时，绝大部分都是依托当地的特有自然资源进行的，这也是县域产城融合的一大优势。然而，由于缺少科学的规划与过度追求经济利益，导致对于资源的使用出现了依赖程度高，使用效率低的问题。一些依托自然资源建设的所谓产业新城，只是单纯的产业集聚，对于自然资源的开采方式粗暴，进行基础的加工后就进行出售，并没有形成完整的产业链，也没有进行基础设施建设。虽然在短时间内能够带来可观的经济利益，可是一旦资源开采殆尽，开发者纷纷撤离，其问题就开始不断暴露——被破坏的环境、废弃的加工厂、失去资源的县域。这样的发展除了能够贡献短时间的经济增长外一无是处，甚至从长远的可持续角度来看，就是一场灾难。

2. 过度依赖他组织力量驱动

我国现阶段的县域产城融合，主要是受外力驱动居多，即政府出于发展的全局考虑，进行硬性政策规定实现产城融合。这样的结果就容易导致产城融合对于政策与政府支持过度依赖，没有自身发展的意愿，不能形成自己的产业循环，一旦政府的优惠政策与扶持结束，一旦失效产业就像失去养分的庄稼，将最后一点资源吸干后就会迅速消亡。因此只有形成自组织力量驱动，让各个县域在实现产城融合过程中意识到自身能力的不足，看到各个县域进行合作来共创产城融合的益处所在，形成自己的产业循环，才能够让整个产城融合不只是融合，还能够共生发展。

3. 容易忽视基层乡村的存续发展

现阶段的县域产城融合，大多存在从各个乡村抽掉资源和人力，集中发展优势地区的现象，这虽然能在短时间内促进产城融合的发展，却会让乡村失去活力，进而导致基层村镇逐渐消失，这不但会使县域失去其最基本的生产单元，还会造成大量的土地资源浪费，非常不利于可持续发展。

二 我国县域产城融合新路径分析

综上分析，我们不难得出，我国现阶段县域产城融合的问题主要分为两个方面：一是单个县域的区域限制所带来的一系列问题，二是产业的非可持续发展所带来的问题。所以我们提出了以下的新路径以求解决所遭遇的问题。

（一）县域产城融合要向泛县域产城融合发展

我国县域产城融合发展到现在，对于其发展过程中遇到难以解决的问题前面已经进行简略的阐述，其中很大的程度都是由其发展的承载体"县域"导致的，单个的县域无论是从经济基础、人才资源、消费水准还是资源分配上都是有所欠缺的。针对这点，我们提出了泛县域产城融合的概念来解决这些问题。通过将发展载体从单个县域拓展到泛县域，来增加产城融合发展的基础厚度，将多个县域的同质优势资源集中在各县域的交界地区进行发展，能够同时吸引多地的资金、人才等资源，提高生产与消费能力，将优势资源辐射得更广，也填补现阶段县域中心发展四周空置的现象，同时，多个县域共同发展，形成权力制衡，也在最大限度上降低了行政权力对于发展的不良影响。

（二）县域产城融合要向产城融合共生发展

可持续发展是我国一直坚持的战略思想,将这种战略思想贯彻到产城融合之中,能够解决现阶段遇到的产城融合缺少内在动力与后劲的问题。

在发展过程中,县域间要根据优势资源进行产业化设计,仅是单纯的生产计划,而是对于符合生态化发展的优势资源进行筛选以及选择能够形成整个产业链的资源,让产业能够为自身输血,形成内在动力,产生更高的价值。县域在开发和利用这些资源时,必须站在资源的整体角度进行生态化开发和利用,县域间对于产业的发展不能只追求经济利益,而是更应该注重整个产业链的延伸潜力,选择深加工、高附加值的产业,形成原材料粗加工、深加工、销售一体的产业链条,这不但能够提高整个产业的活力,还能够创造更多的就业机会,让资源发挥出最大的价值。

（三）泛县域产城融合共生新路径

泛县域产城融合是一个系统工程,它需要在泛县域领域内遵循优势资源开发、生态产业化、产业园区化、园区景观化、景观城区化的共生路径,从而实现产在城中、城在景中、产城融合的共生目标。

1. 要实现泛县域优势资源生态化

泛县域优势资源主要包括县际间共同拥有的自然资源、产业资源、文化资源、渠道资源、区位资源等。县域在开发和利用这些资源时,必须站在资源的整体角度进行生态化开发和利用,因此,县域间首先要做的就是遴选好优势资源,并对生态化开发和利用进行科学和严谨的第三方评估,在评估后该开发的开发,不该开发的就不要开发,条件不成熟的等以后再开发。同时,如果涉及几个县域共同拥有的资源就应该站在资源的整体角度进行共同开发,实现泛县域优势资源的生态化利用。

2. 要做好泛县域优势资源的产业化

县域间需要对选择好的泛县域优势资源进行生态化综合开发和利用,即优势资源的产业化过程。在产业化过程中一定要保证资源的生态性,在保护中进行产业化开发和利用。为此,县域间要共同成立优势资源产业化的组织机构,对优势资源的产业化进行前期的产业设计,并进行招商引资，构建定期磋商机制，共同解决产业化过程中的问题。

3. 要实现泛县域产业园区化

在产业设计过程中应当规划好跨县域产业园区或者具有跨县域功能的产业园区，使企业在园区内聚集，进入园区的企业具有产业链的互补功能，利用"互联网+"实现企业间的数据交换和资源互补，形成具有循环功能的零污染、零排放生态产业园区。

4. 要实现泛县域园区景观化

产业园区生态化标准只是对园区本身的要求，而能够把产业园区有机地融入到周边环境中，这是园区景观化的规划要求。产业园区不是孤立存在的，而是为自然环境起到锦上添花的作用。这就要求前期对产业园区建设必须进行严格的论证，并进行生态化评估。

5. 要实现泛县域景观城区化

产业园区不仅要融于景中，而且应该是开放式的，通过在周边配置完善和系统的生活配套设施，并对这些设施进行生态化设计和建设，从而使产业园区得到拓展和延伸，形成融产业、生活和休闲于一体的泛县域城区。

6. 要实现泛县域城区智慧化

未来城市的发展方向一定是智慧化，智慧新城市是城市发展的新方向和新路径。通过物联网、云计算、大数据等技术手段，实现万物互联和产业创新，创造新的城市服务新功能，进而使产业、生态、城市、人口智慧融合，实现产城融合共生走向产城融合智慧共生。

通过以上路径，能够实现泛县域居民、产业、城市、生态的智慧化组合，可以促进城区共生化，形成产城融合共生体。

CHAPTER 5
第五章

泛县域视角下产城融合共生路径的概念模型

本章首先阐述了县域经济的绿色发展、融合发展、共生发展、特色发展、智慧发展演化逻辑，并在此基础上提出产城融合如何向泛县域产城融合、产城融合如何向产城融合共生演进。然后对泛县域产城融合共生路径的基本内涵进行界定，提出其本质属性包括共生主体、共有资源和共生价值，而这三个指标也是泛县域视角下产城融合共生路径的实现标志。同时，从城市化、开发区、产业园区、城市新区、泛县域产城融合共生研究视角对产城融合概念进行辨析，以表明本章相较于其他文章的独特之处为"共生"和"泛县域"两个理念，符合当代绿色、生态、可持续发展趋势。

第一节 县域经济的演化逻辑

一 县域经济的绿色演化逻辑

以往县域经济的发展偏重于传统产业，另外，在一些欠发达地区也会依靠发达地区转移或者逐步淘汰的产业作为经济发展的支撑点，但是，这些产业往往重短期经济效益而忽视可持续的绿色发展。而现如今，绿色发展已经成为世界经济未来发展的方向，县域经济产城融合共生能够有效地推动县域经济向绿色发展的转型升级，这正适应经济发展现阶段的潮流。纵观西方发达国家的城市发展史，虽然它们以往为了发展经济对环境造成了一定程度的破坏，但是当经济发展到达一定水平后，便进行了改革创新，融入了绿色发展理念。例如，应用绿色经济发展理念最广的欧洲各国将治理污染与发展环保产业有机融合，促进新能源的开发与利用，在整体推进过程中，强调多领域、多范围、多维度的协调、平衡发展，实现产城融合共生，其中具有代表性的诸如德国实行的"务实循环经济模式"以及法国实行的"绿色新政"等，都取得了较好成果。因此，不难看出，泛县域经济产城融合共生能够从根本上推动县域经济进行绿色转型，它能够理顺"生态、经济、人"之间的共生关系，构建三者间的良性循环。县域经济无论是对已有传统产业进行改造升级，对经济效益差、工业技术落后、污染环境严重的产业的整改以及对资源枯竭型企业的淘汰，还是对生态友好型企业的发展、对具有生态特色产业的培育都要以绿色经济逻辑为指引逐步开展。但是现阶段要完全以绿色发展理念指导县域经济发展还存在一些阻力，例如，很难将绿色发展作为衡量县域内三大产业发展的标准。因为县级行政区相较于市级甚至更高的行政区域而言，其发展水平较低，经济发展多依赖于技术比较落后的固有产业；同时为了追求更高的经济收益，县级政府也会引进一些在大中城市不能容纳或是已经淘汰的企业，而这些企业的生产经营往往会导致较大的资源消耗，甚至造成一定程度的环境污染。所以，从现在开始，县域经济需要通过产城融合共生这个过程来治疗身上已有的"环境创伤"。只有治愈好县域经济的"生态伤口"，才能保证国家整体经济的绿色健康。

二 县域经济的融合发展演化逻辑

以往县域经济的发展中，注重的仅仅是本辖区内的经济发展，县际之间鲜有合作，更有甚者为了本辖区的"漂亮的经济数据"进行恶性竞争，以邻为壑，将本县产生的污染物沿着水源等多种途径排放到外县，形成了环境污染死循环。另外，由于县际间合作理念不强，因此在各自产业发展的过程中缺乏产业协同性，都是大力发展经济贡献大、效益好的产业，出现了比较严重的同质化现象；同时受到各种因素的制约，县域内也很难引进一些生态资源融合性好的企业，在这样的大背景下，要实现毗邻县域之间的产业融合还有很长的一段发展路程要走。但是，随着现代社会科学技术的迅猛发展，以互联网技术为基础已经延伸演化出了诸如"大数据""智能化""移动互联网""云计算"（简称"大智移云"）等高端科技产品。在全球经济发展格局中也越来越频繁地使用到了"大智移云"等科技产品，美国提出的"智慧城市"建设就是融合发展最好的佐证。荷兰首都阿姆斯特丹在建造"智慧城市"之后，鼓励中央政府与州政府、企业、公众之间进行良好合作，政府不仅充分利用了云计算、大数据等技术得出数据信息，而且无偿地把这些数据信息提供给各主体开发使用，进而帮助城市提高了大厦能源利用率，缓解了交通拥堵造成的温室气体排放过量问题，优化了城市资源配置，真正达成了节能减排的效果，帮助阿姆斯特丹市减少了大量的二氧化碳排放，明显改善了城市生态状况。因此，不难得出经济最优发展路径是融合发展，一方面能够推动经济发展与生态保护有机融合；另一方面也能够帮助不同领域的不同发展主体进行精准定位，促进其在该领域中更好更快发展。因此，由"互联网+""智能+""大数据"等衍生的高新技术在经济融合发展方面正在扮演着越来越重要的角色。县域经济的发展需要融合新时代的科技，它能够帮助各共生主体发展内外部经济，并可以从多维度、多视角、全方位进行更加合理的系统性分析，更加综合、全面、立体地辅助决策者选择县域经济发展的最优路径，以实现县域经济各主体均衡发展的目标。综上所述，经济融合发展之路能够促进县级政府调和发展经济与保护环境之间的冲突，能够辅助企业缓解追求经济效益与治理污染之间的矛盾，县域经济发展与生态环境保护有机融合有望在融合发展理念的指引下得以实现。

三 县域经济共生发展演化逻辑

现如今，我国已经度过了农耕经济时代以及工业经济时代，进入了生态经济时代。就生态经济本身而言，其囊括的范围更加广泛，同时具有更大的研究价值，涉及的经济发展问题可以从宏观经济层面延伸至微观经济层面。那么，在生态经济时代应该如何科学选择合适的经济发展模式，进而形成新型、稳定、高效的经济发展体系是至关重要的战略问题。只有选择好正确的发展路径才能保证中国能够在生态经济时代继续全方位地稳定发展。而共生发展理念正适用于生态文明框架内的生态经济时代，其能够体现出在经济与社会协调发展的体系内，生态经济发展范围广、包容性强的特质，完美契合生态经济发展内涵。正如同丹麦推行的"绿色经济管理系统"，其充分调动政府、企业以及公众的力量与智慧，结合本国自然地理与资源特点，通过系统性城市布局设计与规划，达到生态环境与经济发展融合共生的目的，且效果显著。而我国所提出的"创新、协调、绿色、开放、共享"发展理念，同样包含了共生发展逻辑。共生发展对于县域经济发展而言，其重要性更加凸显。因为县域内拥有大量原生态的自然资源，但是，以往县域经济的发展通常对于资源索取严重，势必会对原生态的自然资源造成损害，导致水土流失、水源污染、森林蓄积量下降等问题。所以，在生态经济时代县域经济发展选择共生发展路径，不仅能够有效保障县域内自然资源的完整性，而且能够有效缓解发展经济与保护生态环境之间的矛盾关系，推动县域经济发展实现"绿水青山"与"金山银山"的有机融合共生。

四 县域经济特色发展演化逻辑

长期以来，我国县域经济发展都未能实现自身固有的独特优势，往往走大众化发展路线，未能将产业发展与地域特色融合，由此也就导致了县域经济发展极端化、同质化，究其原因，一方面是由于县域经济发展对于短期内经济效益好、收入高的产业趋之若鹜；另一方面是由于县域经济发展对于需要长期投入、投入产出比较低的产业置若罔闻。这也就是逐步形成县域经济重叠发展现象症结所在，同时也反映出了县级政府间缺乏合作意识及特色发展理念，县与县之间产业结构大同小异，所以在这样的现存背景下对县际间产业进行协同化、链条化整合发展难度巨大。这种现象也直接导致了县域经济非均衡发展的状况，使出产于各县的产品可替代性强，进而造成产品供应大于市场需求，经济利润锐减的结果。

县域经济特色发展就是既要实现本县产业链的协同化发展，同时也能够打破县际间产业结构雷同的现实情况，形成县域特色产品竞争力，以此获得经济利益的全新增长极，推动县域经济发展重新回到均衡发展的轨道上来。近年来，县域经济特色发展备受关注，各地县域先后根据资源禀赋条件、地理区位、历史文化、经济发展水平的特点，形成一批具有鲜明特色和优势的产业发展模式，比如，新苏南模式、顺德模式、温州模式、晋江模式等。2016年3月17日我国在《"十三五"规划纲要》中明确提出"培育发展充满活力、特色化、专业化的县域经济"，帮助县域经济发展冲破传统思维的束缚，因地制宜，结合本县优势，发展出一批特色产业，培育县域经济发展的新动能。

五 县域经济智慧发展演化逻辑

智慧经济是创新性知识在知识中占主导、创意产业成为龙头产业的知识经济形态,是完整的、真正意义上的知识经济形态(陈世清,2016)。党的十九大报告提到,要推动互联网、大数据、人工智能和实体经济深度融合,并提出"智慧社会"这一概念,为未来经济发展指明方向。

传统上县域经济的发展方向多是依靠人为的理论分析,进而进行综合判断后确定的。这种发展模式虽然在科技欠发达之时被视为一种有效的判断方式,但是其中确实也存在许多问题。而现如今随着科学技术的不断进步,以大数据、智能化为代表的科技含量高的产品的出现,能够对县域经济发展方向的确立进行科学模拟,通过对历史数据的综合分析,对相关变量进行横向与纵向、多维度与多主体的全方位比较,进而得出一系列参考信息,帮助决策人因地制宜,做出更加准确的发展决策,进而促进县域经济高质量、高水平稳步发展。西方国家在经济发展过程中同样十分重视智慧发展,例如美国在2009年就提出建造"智慧城市",他们在城市建设方面充分运用信息化、数字化、智能化等先进技术,不仅在城市区域规划等大方向上运用数据分析,选择最优路径,而且在城市能源使用、交通服务等具体问题上运用信息化技术进行大数据分析,进而实现科学配置资源,达到节能减排、保护生态环境的功效。因此,县域经济要突破传统发展模式的束缚,实现产城融合共生,走向智慧化是发展的现实逻辑,在智慧发展逻辑下能够将生态、产业、人有机统筹起来,站在更加科学、系统、全面的维度进行整体性分析,推动县域经济在内部产城融合共生发展的同时,充分发挥优势,培育经济增长新动能,以智慧经济带动县域步入高质量发展轨道。

第二节 产城融合的概念演进

随着经济社会发展,资源共享的发展理念必然要求产城融合区域突破限制,即促使县域产城融合向泛县域产城融合方向发展;另外,产业和城市发展与生态环境、人文环境等之间的关系,也使产城融合必然向产城融合共生方向演化。

一 县域产城融合向泛县域产城融合演进

近年来，城市产城融合向县域产城融合的发展过程中，破除了产城分离的壁垒，极大地解决了我国城镇建设中出现的"空城""睡城"现象。但也存在一定的局限性。在发展县域经济中，基于我国的行政体制，许多县域在政府"一把手"的领导下囿于自己的行政区划，故步自封，有的县域为了 GDP 的增长甚至在城区引进污染严重的"优质企业"。同时，资源的过度开发和利用除了影响本县域，也影响到了其他县域毗连资源的生命力，以致资源的可持续性不断降低；县域经济各发展主体也处在矛盾之中，县级政府既要发展经济又要保护生态环境，企业既想追求利润又要治理污染。以上的这些困境和难题逼迫着县域经济发展转型。随着交通等基础设施和信息技术的发展，传统县域经济发展模式正在不断受到冲击，通过多年的摸索，发掘出了走县域之间融合发展之路，而县域经济的行政区划特征不断被打破，更加加快了县域产城融合向泛县域产城融合演进的步伐。

当前，新农村建设正在融合到新型城镇化的建设大潮中，县域经济发展变得更加开放，开放型县域经济正在实现内部开放和外部开放的态势。但是由于我国大部分乡镇处于发展薄弱环节，直接进行跨县域产城融合显得不太现实。张雨朦和邓想（2018）认为城镇和乡镇应当寻找特色小镇建设机会，实现"产镇融合"，乡村应当在乡村振兴战略引导下走复兴乡村道路实现"产村融合"。郑军（2016）则积极倡导大力发展生态农业产业集群以支撑产城融合和产村融合的新型城镇化。通过县域产城融合的成功经验来"辐射"产镇融合与产村融合，从而带动产镇融合发展，反过来，产镇融合又促进县域经济实现跨越式发展，最终形成一种良性互动格局。王振宇、运迎霞（2015）研究认为县域产城融合是县域产业发展的重要方向，能实现产业与城镇及城镇化的良性互动，肯定了县域产城融合对产镇融合的"辐射效应"。除此之外，研究还就县域产城一体布局模式提出县域产城融合和产镇融合互动的规划，可以概括为"三个一体"，即功能一体为从县域产城融合到产镇融合实践指明了方向。紧接着，通过充分发挥乡镇政府的引导作用，加强农村高素质人才队伍建设，结合当地实际情况，挖掘特色农业，走出一条"一村一产业"或"多村多产业"的产村融合发展之路，实现产镇融合到产村融合的跨越。最后，通过跨县域间形成的产镇和产村融合实现县域产城融合到泛县域产城融合的演进。

二 产城融合向产城融合共生演进

当前，全球信息化已初具规模，全球经济正在通过大数据进行重新构架，经济融合或者融合经济成为新的经济增长点，"互联网+"的经济融合效应将更加凸显。正是在这样的背景下，产城融合更要适应这种趋势和潮流，充分利用信息化做好经济融合，跳出县域的思维来适应融合共生的观念。

从城市产城融合到县域产城融合，研究者发现产业必须依托城市作为载体，否则即便再高端的产业，不能凝聚人气，就无法拓展城市功能，其产业注定也是不能得到可持续发展的。何磊和陈春良（2015）指出在新城建设、工业园区建设、城镇化进程中必须树立产城共生共荣的理念。即城市发展必须与产业发展相呼应，在产业发展的同时，布局好城市发展规划，做到城市与产业同步。当前无数成功的案例证明，对于县域经济发展而言，产城融合是非常适用的，但产城融合后下一步的发展方向是什么呢？随着县域内产城融合的发展，一个或多个区域经济的发展能为另外一个或多个县域经济的发展提供产业或者城市居住的功能。陈运平、黄小勇（2016）认为应当在跨县域资源的边界点构建跨县域产城融合示范区，打造城市宜产、人民宜居、产业适合的生态共生体。即引进生态要素，打造生态产业园，可以有效地促进县际结合部的发展，并以此为模式向周边扩散和辐射，能带动多个县域连片式的产城融合共生，这种更大范围的产城融合共生即为泛县域产城融合共生。

第三节 泛县域视角下产城融合共生路径的基本内涵

一 内涵界定

县域经济产城融合共生的基本思想和理念源自县域经济发展与产城融合在共生视角下的交融。随着泛县域经济产城融合共生越来越符合县域经济发展的现实情况与内在要求，同时能够有效地突破县域经济发展的"瓶颈"，妥善解决发展过程中所遇到的难题，所以，对于县域经济发展的研究也逐步向县域经济产城融合共生方向开始倾斜。它能够很大程度推动县域经济进行绿色转型、构建县域经济产城融合的智慧化体系、形成与时代潮流相适应的新型经济体系，进一步推动县域经济的可持续发展。

泛县域经济产城融合共生指的就是以各个县级行政区域作为共生主体，推动它们在泛县域的基础上进行系统性、整体性、科学性的开发，共同合理利用共有资源，并且在共生视域下实现人与城市、人与产业、城市与产业的有机融合；以高标准、严要求、大平台为基础建立泛县域生态共生产业园区，着力打造出县域经济生态共生体。这就是泛县域经济产城融合的基本内涵，其很好地体现了要发展好县域经济不能够只囿于单个的县级主体，而是要突破县域的束缚来发展县域经济，要突破县域的束缚来实现融合共生发展，以县域经济这个国家最小的经济细胞为着力点，打造泛县域经济共生主体生态圈，推动县域经济在更大的平台上合理利用共有资源，使其更好、更快、更有效地融入到更大的经济圈中。

目前，我国许多地区多是以追求更好经济效益的思想为指引发展产业，这是不够严谨的，缺乏科学性、整体性以及可持续性等多方面的周全考虑。产业的发展应该与城市功能的完善有机整合，在共生的基础上构成生态共同体，产业发展不仅能够帮助城市功能得到进一步完善，而且能够促使城市在发展过程中进行绿色转型升级，融入"自然生态为本"理念。产城融合并不是一个城市的发展结果，准确地说它涵盖了产业发展与城市功能完善的全过程，从城市规划为开端，以共生的标准将城市功能科学布局与建设，树立以自然生态为本的指导思想，在充分尊重自然环境的前提下，实现城市中"产业＋生态"协同化发展，打造出一座"宜居、宜业、宜产"的生态城市。

二 本质属性

泛县域产城融合共生发展的本质是要将各共生主体的产业、生态资源等进行系统性整合，再对各县域的共有资源进行合理布局进而增加各共生主体的共生价值，共生价值也是共生效应的量化和价值衡量标准。在县域经济的发展过程中不难看出，县域经济的发展往往很难实现均衡发展目标，并且在很长的一段时期内都处于非均衡发展的状态之中。为了改变非均衡发展的现实状态就必须要增进毗邻县域甚至是跨地区的不同县域之间进行协调与合作，而在生态与经济融合发展的前提下，选择共生发展路径成为县域经济发展的新趋势，整合好、运用好各共生主体间的资源，稳步增加县域经济发展的共生价值，这是各县域间在进行协调、合作时需要确立的方向所在。共生利益—共有资源—共生价值是泛县域产城融合共生发展的本质属性，通过这一逻辑顺序可以展现出泛县域经济产城融合共生路径的发展理论本质。

（一）共生利益推动县域经济向泛县域产城融合共生路径发展

泛县域产城融合共生发展应该是在考虑了发展、代际、生态、制度和区际等方面后构建各主体间的共生利益，将经济发展与生态保护有机融合，以绿色发展理念为指导发展县域经济，实现经济与生态融合发展下的利益共享（见图5-1）。

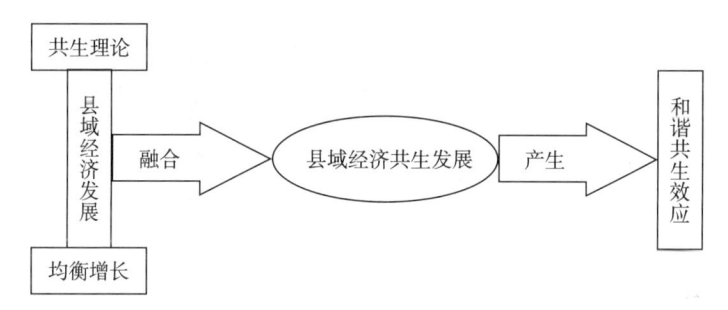

图5-1 理论逻辑

随着国家经济飞速发展，县域经济作为国家经济体系中最小的单元同样也发展到了高级阶段，县域经济各主体之间的联系也越来越频繁、越来越紧密，可谓是脉脉相通，这种紧密的联系在同区域内的各县域经济主体之间更加显著。从此不难看出，共生利益在实际情况中是真实存在的。从理论的角度出发，这种紧密的关系同样能够得到体现。亚当·斯密经济人假设作为最传统的经济理论，其认为利益主体会更加关注自身的利益目标，但是对于其他方的利益目标却没有过多的关注，在这种假设下，封锁式发展的区域自然不需要经济共生利益的存在。然而，在以绿色发展理念为指引发展经济的情况下，即使是鲁滨逊式的状态也需要保证共生利益的存在，否则当其赖以生存的生态环境遭到严重破坏，就势必会造成鲁滨逊无法在孤岛继续生存，这无异于慢性自杀。在我国的各个县域中政治、经济、文化深入地交融在一起的情况下，各县域拥有这种共生利益将是普遍的，而且在县域经济的未来发展的许多领域中是可以造就的。共生利益的存在自然就会催生不同经济主体形成共生的意愿，从共生利益的需求出发达成共生意愿，并促成各共生主体间的共生行为。县域经济产城融合共生发展从需求出发，最终构建了共生利益—共生意愿—共生行为的本质关系。

（二）共有资源促进县域经济向泛县域产城融合共生路径发展

共有资源可谓是泛县域产城融合共生发展的源泉。从整体角度来看，各县域单元间的资源是不够充沛的，但如果从个体角度来看，各县域单元间拥有的资源确实又是存在优劣势和互补现象的。由于国家明确各行政区域管辖范围的需要，对于地理区域进行人为划分，资源也因此被切割成了不同的区块，这一举措虽然明确了管辖权限，但在一定程度上确实阻断了资源的共生本性，而县域经济发展选择泛县域产城融合共生发展路径就是为了恢复资源的共生本性。同时为了更好地对共有资源进行科学、合理地布局，最大限度贴近原本的自然规律和生态本性，将资源使用与生态环境统筹起来，进而实现共生。

共有资源的合理利用需要各县域间跳出传统的独立发展思维，同时不再以邻为壑、恶性竞争，而是从如何整体性、科学性地使用资源角度出发，突破行政区划的束缚，与周边兄弟县域通力协作，以更加开放的态度将各类资源进行有效融合。在这种良性的泛县域产城融合共生模式下，资源能够不再受到原本行政区划的影响，将重新作为一个整体进行统筹布局，进而能够合理地开发和利用，同时也可以将生态环境保护很好地融入进来，这样不仅能够将资源运用好，产生最大的效益，而且也可以使生态环境共享其益。县域间要做到合理运用共有资源，需要进行不断的技术创新以及获得"互联网""大数据""智能化"等先进科技的支持，以有效解决因行政区划造成的资源分离现象并将这些资源有机融合，形成共有资源。共有资源是泛县域产城融合共生发展的基础，也是创造共生价值的先决条件。如果各县域间都能在共生维度下将辖区内所有资源进行综合考虑，再进行有机组合并优化配置，打造出自组织的融合体，这样从自组织内部产生的强大发展动力就能够减少内耗，实现资源的价值最大化。

（三）共生价值引导县域经济向泛县域产城融合共生路径发展

县域经济产城融合共生发展的目标是实现共生价值，但是这需要各县域以共生利益为起点，在将生态与经济有机融合的基础上，整体化、科学化、合理化利用共有资源进而达成目标。共生价值是因为共有资源使用而产生的价值增值，是消除了资源独享主义以及资源机械拼接与整合的结果。对比县域经济自我发展、个体发展、排他性发展的效果，县域经济产城融合共生发展能够给县域经济协同发展、融合发展，综合共生发展的各共生主体带来更多的优势，同时也会产生更客观的经济效益（见图5-2）。

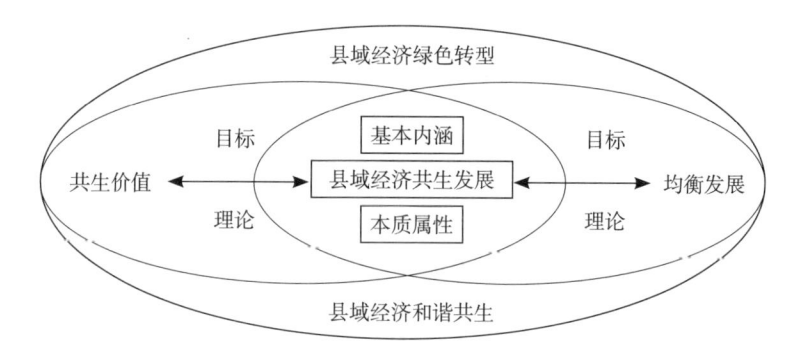

图5-2 县域经济产城融合共生发展的结构逻辑

共生价值来自资源共生体产生的资源内外部经济，体现了资源内外部正效应或者正能量的价值。所涉及的各共生主体首先需要以开放、包容的共生意愿为指引，秉承合作共赢、共建共享理念，以共生策略为基础，推动各共生主体均衡发展，以达到共生崛起；其次，唯有在资源的利用过程中始终注重资源的共生性，才能创造出共生价值，这就需要县域经济各单元的政府、企业、产业等相关利益主体进行密切沟通，合理布局，在使用共有资源到产生共生价值的过程中发挥效用，保证资源的共生本性，在将共有资源合理利用创造更优质的经济价值时，也能够创造出更优质的生态价值，实现共生价值。综上所述，不难做出判断，共生价值是泛县域产城融合共生发展最本质的属性，它也是县域经济选择走泛县域产城融合共生路径的支撑核心。县域经济各主体之间以往在资源使用上不开放、不合理、不科学等问题能够运用共生价值有效解决，进而促成县域经济发展实现资源共享，也可以形成各县域经济产城融合共生发展的以价值为导向的发展目标，同时也能够摒弃县域经济传统发展模式的许多顽疾，以原生态形式维护其保持原有自然风貌，实现生态保护与经济发展的价值融合。

第四节　泛县域视角下产城融合共生路径的实现标志

评定泛县域产城融合共生是否实现的标志，主要是看在泛县域发展过程中，是否形成了共生载体和共生主体，共生主体在共生载体的基础上是否保护了县域间共有资源的完整性，从而达到泛县域产城融合共生发展。

一　共生主体

泛县域产城融合共生发展中存在的主体主要有政府、企业和消费者，泛县域产城融合共生是否形成共生主体主要是看县域政府、企业、消费者能否分别转变为服务共生体、产出共生体和低碳共生体。县域政府更好地引导、监督县域生态共生体的发展，同时也成为县域生态共生体的服务者。企业在追求利益的过程中要以社会共生价值为本，利用绿色技术和生态化的生产方式生产出绿色、环保的产品，为消费者提供健康的消费品。而消费者也要能够做到节约资源、保护环境和低碳消费，在生态消费和绿色消费的过程中，逐渐成为消费共生体。只有这些主体自我转型为共生主体，在通过帮助别人实现共生发展的过程中达到自身的共生发展，才能达到真正的泛县域产城融合共生（见图5-3）。

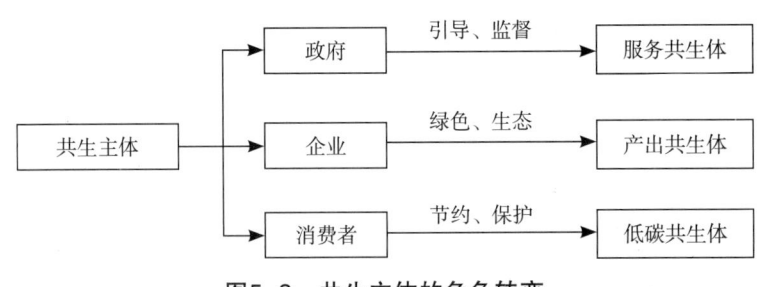

图5-3　共生主体的角色转变

二 共有资源

泛县域产城融合发展配置的资源是县域间共有的资源，但是由于共有资源是分布于两个或两个以上行政区域边界或因县域行政区域的分割而分化，不同县域之间的目标或利益不同从而导致资源的整体开发受到了诸多限制。在资源的开发过程中保存资源的完整性只有在泛县域共生发展中才能做到，只有把县域发展融合到泛县域产城融合共生发展中才能实现资源的共享。在对共有资源开发和利用时，政府要充分考虑共有资源的共生本性和其所属关系的性质，尽可能实现跨县域合作，且在一定程度上舍小利为大益以实现县域间深度合作，尽最大努力保证资源的完整性和共生性，做到生态优先、兼顾效益。而企业在对资源进行开发时，要在不破坏生态的前提下对资源进行综合利用和开发，充分尊重资源的完整性和共生性特点，共有资源的形成是实现泛县域产城融合共生的重要标志（见图5-4）。

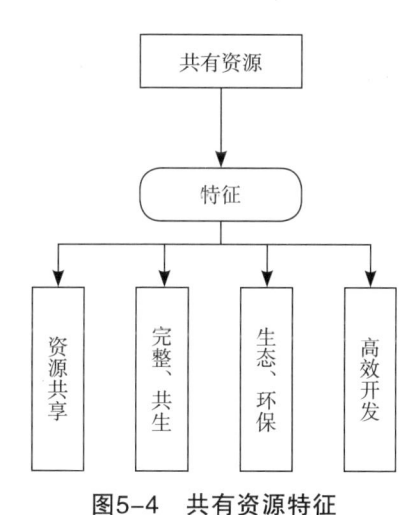

```
           共有资源
              ↓
            特征
    ┌─────┬─────┬─────┬─────┐
  资源   完整、  生态、  高效
  共享   共生    环保    开发
```

图5-4 共有资源特征

三 共生价值

泛县域产城融合共生主要发展方向是打造城市宜产、人民宜居、产业适合的生态共生主体，实现在配置共有资源时所要达到的最高目标，即共生价值。当前，城市生态共生主体做得比较好的是生态产业园区，通过将其与县域接壤重镇或重村之处的经济建设结合起来，就可以由生态产业园区发展壮大为生态共生园区。如果接壤间的各县域政府能够把各自拥有的产业都与城市功能结合起来形成相应的生态共生园区,就可以形成以这些生态共生园区为主体的生态共生体。这些共生主体能保护资源的共生性并形成一定的共生价值,便意味着泛县域产城融合共生的诞生。

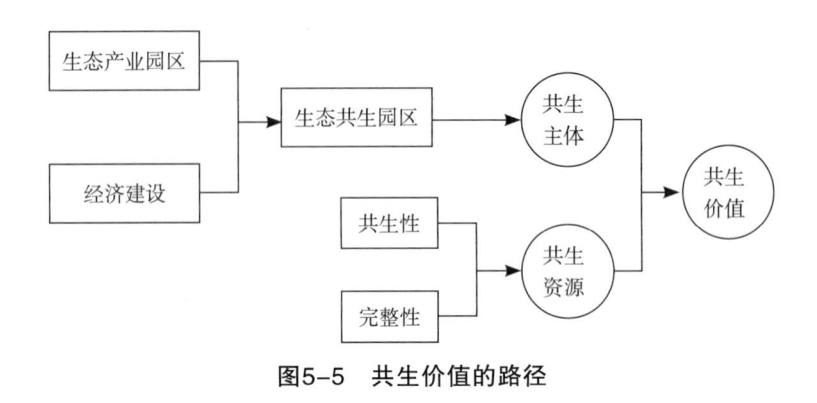

图5-5　共生价值的路径

第五节　泛县域视角下产城融合共生路径的概念辨析

一　概念辨析

有关实现产城融合共生路径的研究,国内外不同的学者有着不同的研究视角、研究对象以及研究背景。目前研究产城融合的相关文献不少,但是大部分文献通常是从城镇化、开发区、产业园区、城市新区的角度进行分析研究,而本书则是从"泛县域视角"来研究产城融合问题。

(1)实际上城镇化背景下的产城融合指的是产、城、人的融合发展。概而论之,要想使产业与城镇的发展更加长久稳定,需要以人为本作为导向,再以城镇为基础,强化产业经济,推动城镇完成配套服务的革新与完善,最终使产业、城市、人三者之间相互融合并协调发展。

(2)站在开发区角度研究产城融合要将就业结构与人口结构的匹配视为重心。因为要想达到真正的产城融合,必须使就业结构、产业结构、消费结构之间互相匹配。针对地方社会网络的构建和社会资本创造来说,开发区城市功能的优化具有重要意义,同时也能为开发区产业的转型升级营造良好环境。树立正确的产城融合理念,大力发展本地优势特色产业,采取科技创新、管理创新等手段来有效强化开发区的产业竞争力，从而加快完成开发区转型升级的战略思路。

（3）当从产业园区角度提出产城融合的基本战略时，在产业等级已提升的前提下，此时的产城融合实际上是产业园区转型升级的一个过程。针对就业人口结构，对产业园区公共服务设施配套进行完善，实现产业优化升级、人居环境配套和社会服务保障的高度统一，是城市空间载体的一种发展思路。产业是城镇发展的基本动力，城镇是产业发展的中枢部分，城镇与产业应当相伴而生，齐头并进。

（4）通过城市新区的角度，要将产业区转变为产城融合的城市新区需要一定的实施路径，同时还要结合城市新区的特点，先将产业置于首位，其次为产业人员配套居住、社区级公共服务设施，最终在产业区实力提升的进程中，在城市等地区打造新区中心。随着各步骤有条不紊地实施，完成产城融合。

（5）本章研究的泛县域产城融合共生主体是涉及不同县域产城融合的主体，在泛县域的基础上合理共享与开发共有资源，实施县际间产业的合作计划。在融合发展过程中，人、产业和城市实现共生，而县域在共生基础上达到适合生产和适宜居住的融合。对泛县域共有资源的共生研究，主要是为铸造一个得以体现县际优势资源的跨县域产业园。为了达到泛县域生态共生体的目标，应将高标准的原则全面贯彻在打造循环产业园和生态共生区的过程中，大力发展成产业、生态、人口、城市、互联网共生发展的智慧产城融合共生区。

以上的产城融合路径的概念辨析可以通过表格的形式呈现，如表5-1所示。

表5-1　　　　　　　　　不同研究视角下产城融合的概念辨析

产城融合研究视角	融合对象	研究重心	预期结果
城镇化视角	产业、城市、人	人本为导向，城镇为基础，强化产业经济	产、城、人三者之间的融合发展
开发区视角	就业结构、产业结构、消费结构	就业结构与人口结构的匹配	加快完成开发区转型升级
产业园区视角	产业、城市	针对就业人口结构	产业优化升级、人居环境配套和社会服务保障的高度统一

续表

产城融合研究视角	融合对象	研究重心	预期结果
城市新区视角	产业区、城市新区	结合城市新区的特点,将产业置于首位	产业区实力提升,并在城市等地区打造新区中心
泛县域产城融合共生	产业、城市、生态	各县域之间合理开发和利用共有资源,并将生态列入共同融合发展对象	大力发展成产业、生态、人口、城市、互联网共生发展的智慧产城融合共生区

二 概念特性

从产城融合研究认知视角看,不同的学者有着不同的理念和看法。主要是因为学者研究的具体对象和自身立场之间的差异,这种差异让我们认识到要想完整并系统地认识产城融合内涵,需要我们对研究进行拓展与延伸。

产业是发展经济的根本动力,城市则是产业日益壮大的牢固载体,合理规划和部署产业和城市的内在结构,两者共同致使整个经济社会的高效发展。然而,在我国的产业发展和城市建设中暴露出了许多问题,比如一些化工产业为了谋求更高的经济利益,全然不在乎工厂所带来的环境污染问题和乱占用耕地问题等。这样的产城融合是实现不了可持续发展的,是缺乏对产城融合共生内涵的系统研究而造成的严重后果。

而本章站在泛县域产城融合共生这个认知角度,把重点放在"共生"和"泛县域"两个理念上。这两点也是泛县域产城融合共生路径相较于其他产城融合路径的独特之处。

一是以往的产城融合大多指的是产业与城市相互融合、共同发展,而本章的产城融合共生除了前面两者的结合还将生态也植入了产城融合研究中。从产城融合到产城融合共生,可以说是将产城融合研究进行了升级强化,符合当代绿色、生态、人文的发展趋势。

二是本章的泛县域产城融合共生不再是只在单一的县域进行产城融合,而是涵盖多个县域,在各个县域之间实施和推进产城融合。而从单一县域产城融合到泛县域产城融合,可以做到更大范围的资源配置,实现共有资源的共生使用,确保在资源的开采和使用过程中保持整个资源的生态性。

CHAPTER 6
第六章

泛县域视角下产城融合共生路径的系统构建

本章首先通过对泛县域产城融合共生发展的影响因子进行文献判断和实证调查，发现泛县域产城融合共生路径的影响因子较为重要的有七个，分别是共有资源、共生开发、县际园区、循环园区、生态共生社区、产城融合示范区、产城融合辐射区，并在此基础上构建共生发展、绿色发展、融合发展和共享发展四个维度的泛县域产城融合共生发展评价指标体系；然后从七个影响因子出发，阐述了产城融合共生的作用机理；最后，本章通过 Vensim 仿真软件，系统构建泛县域视角下产城融合共生路径，以更加直观的方式展示了泛县域优势资源培育、优势资源共生开发、产业合作与跨区域工业园区、循环园区、生态共生区、产城融合共生区和产城融合辐射区形成路径和因果关系。

第一节 泛县域视角下产城融合共生路径影响因子的基本判断和实证调查

影响泛县域产城融合共生发展的因子较多，但是各因子在进一步的分析过程中存在重复性，因此有必要对这些影响因子进行基本判断。主要采用探索性因子分析法，从而找到泛县域产城融合共生发展的影响因子。

一 基本判断

（一）共有资源

共有资源是指有竞争性和非排他性的资源。泛县域之间的资源正是这样的特征，不同县域之间的居民有同等的权利通过利用当地某种资源或物品以获得自身利益。主要包括自然资源、物流资源、信息资源三个主要方面。第一个是自然资源，指泛县域间的各种天然形成的资源，它们大都分布在县域交界边缘，为多个县域所使用。第二个是物流资源，它包括物流基础设施建设、分销体系设立、信息与网络技术等方面。虽然泛县域内各县域区域区位、环境、自然资源都处于相似水平，但与产业转移相配套的物流服务业却与各自行政区域的发展相关。可见，泛县域内物流资源是影响共有资源的关键因素之一。第三个是信息资源。与自然资源和物流资源所不同的是，信息资源的共享程度很高，是很典型的共有资源。泛县域内的信息资源对当地的资源使用者而言是平等的，个人获取的资源限度都是一样的。因此，值得关注的是信息资源使用者对该种资源的使用方式与效率。

公有资源有竞争性和非排他性的特征，其在城市发展和产城融合的过程中，对区域内产业与城市等发展的贡献程度不尽相同。陈纪（2019）从政治、经济、社会与文化四个角度分析了共有资源是如何影响区域发展的：以京津冀地区为例，制度、政策和法律性资源较充分；但是从经济资源的角度来看，民族企业之间的生产要素资源分布不均；站在社会资源的角度，京津冀地区的少数民族民生资源占有量相对较少；最后是文化资源的角度，京津冀区域的共有文化资源尚待发展，共享建设也有待加强。[1]而徐龙（2012）站在经济学角度分析时却认为，某些区域内的行政部门对公共资源拥有产权，而资源受益者有时存在拥有使用权但不拥有产权的问题，所以使用者会尽可能频繁地使用共有资源来获取自身效用最大化，且

---

[1] 陈纪：《铸牢中华民族共同体意识：基于京津冀各民族共有资源建设的调查分析》，《西南民族大学学报》（人文社科版）2019年第5期。

不考虑成本问题，进一步造成"公地悲剧"。① 由此可以看出，公共资源在一定程度上会影响区域发展。公共资源是居民进行生产、生活的基本条件，当公共资源供给不足时，人们对公共资源的争夺就可能会导致人们之间的不信任程度加剧；一旦共有资源出现短缺，再加上不合理分配机制的干涉，区域居民社会信任水平也随之受到影响（史宇鹏、李新荣，2016）。②

（二）共生开发

共生是生物学领域提出的概念，旨在说明不同物种间所构成的互惠关系。共生开发就是指在项目资源合作、综合开发与利用这三个方面，泛县域间的各行政区域要跳出县域来开发项目资源，要注重合作，积极融入更大的经济圈，形成泛县域项目合作与资源整合利用体系，从而在更大的范围内配置资源，以实现资源的共生开发使用。

最初提出共生概念，是德国科学家安东·德巴里（Anton De Bary）为了解释生物学界不同物质间产生联系并共同享受资源的现象。之后，这一概念逐渐衍生到城市规划领域，许多学者将共生开发思想运用到城市发展中去。其中，功能秩序的共生开发可以从多角度帮助泛县域促进产城融合。李爵（2015）首先分析发现，在珠三角地区的共生开发包括共生单元、共生环境以及共生模式三种，并分析得出了珠三角山地城市开发的规律。他认为珠三角将规划手法、规划方案与共生理论较好地结合在一起，从而形成了共生开发并发展的模式。③ 同时他还提出要重视机制的作用，从共生环境的视角进行分析，确保珠三角山地城市的开发模式得以切实落实到空间，得以开展与实施，使其具有普及价值。

（三）产业化发展

产业化发展也可以称作产业共生发展，可以将其理解为是对共有资源整合，或是对共有资源进行共生开发，最终形成产业链条化、规模化的

---

① 徐龙：《经济学视角下高校公共资源沦为"公地悲剧"治理研究——以高校免费公用小黄车为例》，《商品与质量》2012年第S6期。

② 史宇鹏、李新荣：《公共资源与社会信任：以义务教育为例》，《经济研究》2016年第5期。

③ 李爵：《共生理论下的珠三角山地城市开发研究——以粤桂合作区广东片拓展区为例》，《科技创新与应用》2015年第16期。

发展模式。产业化发展更关注的是现有资源的聚集程度、集群效应。产业化发展并不刻意要求资源或开发主体在同一行政区域内，它更强调产业间的协同发展，这能较为直接地推动泛县域间的产城融合共生发展。产业化发展要求资源集中开发、统一管理、联动发展，带动片区的整体进步。泛县域倡导产业化发展，可以从三大产业着手，形成各自较为完整的产业集群，加强产业之间的联系与合作。

产业化发展可以理解为是搭建产业链条的发展过程，产业化发展的最佳效果即为形成完整高效的产业链。如需要建立某一区域的产业链，就需要打通基本产业的链接点，同时还要发展衍生产业，将上述二者串联起来。龚勤林（2004）认为，建构三次产业的产业链，可以沟通两区地域，整合两地经济资源，打破两套封闭体系各自运行的居民，主要体现在经济发展要素交流将更具活力、就业岗位将陆续增加、经济效益将持续向好；接通、修补并延长产业链，可以创造性地形成若干新产业部门，并着力成为新的经济增长点，最终达到区域经济增长的效果。① 随着产业化发展的极化效应和涓滴效应的提出（刘贵富，2006），产业链通过吸引资本、技术、劳动力等生产要素向产业聚集地流动，从而推动所在区域经济发展路径逐渐清晰，另外，产业链对周边地区经济增长又具有明显的辐射和带动作用。产业化发展所在产业既是区域产业的重要组成部分，又是该地的支柱产业，支柱产业率先带领区域产业升级，帮助区域经济向好。同时，产业链在不断完善健全，形成产业化发展的同时，必将促进区域教育、文化、社会的发展；而区域教育、文化、社会的发展又将反作用于整体产业集群，为区域内的产业化发展提供良好的外部环境。②

（四）县际园区

县际园区是指多个县域之间共同建立的园区，它大致可以分为自然资源密集型园区、技术密集型园区和物流园区。泛县域间可以依托原有丰富的自然资源，围绕各类产业基地资源需求，逐渐壮大发展成为自然资源密集型园区。而技术密集型园区，它是相对于自然资源密集型而言的，依赖

---

① 龚勤林：《论产业链构建与城乡统筹发展》，《经济学家》2004年第3期。
② 刘贵富：《产业链基本理论研究》，博士学位论文，吉林大学，2006年。

于雄厚的科学技术力量、完备的协作配套条件以及快速的信息传播渠道。技术密集型园区具有高成长性和高贡献值的特点,使其在县际园区中占有重要的地位。而物流园区则是将多个县域内的众多物流企业聚集在一起,对整个园区进行专业化和规模化的经营。发挥集群优势,提升物流技术和服务水平,共享相关设施,降低运营成本,实现规模效益最大化。作为泛县域物流园区,至少应涵盖物流中心、配送中心、运输枢纽设施、运输组织及管理中心和物流信息管理中心等适应泛县域物流所需的基础设施。

目前,学术界并没有针对"县际园区"这一概念进行详细定义。但县际园区的本质其实是园区跨区域发展,因此站在跨区域园区的角度来看,王兴平、赵立元等(2017)认为,区域与城市园区密集分布存在的冲突和矛盾,通过统筹与整合加以引导和协调可以在一定程度上消除;同时,提出了应从三个视角和四个层次发展和引导跨区域产业园区的想法。[①]这对于县际园区的发展也有一定的借鉴意义,泛县域间产城融合的发展离不开县际园区的配合与帮助。此外,对京冀—曹妃甸协同发展成果的深入调查之后,可以发现曹妃甸多个园区精准发力、精准对接、产业协同已经取得一批阶段性成果,成效初显。从韩梦娟等(2016)总结出的实践经验来看,可以总结为以下五点:第一是政策先行,形成多重合力;第二是创新机制,实现共建与管理的一体化;第三是打造"一区六基地"新模式,促进园区"港产城教"一体化;第四是分工精细化,实现联动发展;第五是发挥区位优势,构建内外协同的大格局。[②]可以看出,县际园区的跨区域产城融合的重要发展手段之一,在国家政策与三地地方政府和社会的多方协作下,河北省一些跨区域园区的模型初显,可以做到为各自行政区域提供经济增长极,为县际园区的产城融合共生发展带去更深入的思考。

(五)循环化发展

循环化发展的思路是以"减量化、再利用、资源化"为原则,按照自然生态系统物质循环和能量流动方式运行的经济模式。推动泛县域整体从

[①] 王兴平、赵立元、赵铁政、徐嘉勃、顾惠:《区域产业园区群统筹整合规划方法探索》,《规划师》2017年第8期。
[②] 韩梦娟、白翠芳:《跨区域共建唐山曹妃甸园区的实践与建议》,《中国国情国力》2016年第12期。

"资源—产品—废弃物"的线性流程向"资源—产品—废弃物—再生资源"的闭环流程的转变。循环化发展,首先,要将泛县域间的各产业进行聚集。然后在泛县域内聚集的产业园区内,减少生产、流通多个过程中的资源消耗以及废物产生,达到资源减量化发展目标。然后资源的再利用,将泛县域内产生的废物,统一归集处理,将其直接作为产品,或是进行一定程度不等的修复、翻新以及再制造,继续将其作为产品或是其他产品的零部件予以使用。循环化发展的最后一步,就是资源的再循环,就是系统整体的再一次循环,这种"循环"的思想不能局限在一个县域,需要扩大运用范围,重视泛县域的循环系统。

在大多数发达国家或是先进地区,循环经济已经形成一股新浪潮。而循环经济,正是循环化发展的最好体现。循环化发展经济是实现可持续发展的一个重要途径,同时也是保护环境和削减污染的根本手段。王金南(2002)提出发展循环经济就是保护环境[①],主要原则即为3R原则——"减量化、再使用、再循环"为社会经济活动的行为准则。减量化原则(Reduce)力求用较少的原料和能源投入来达到既定的生产目的或消费目的,在经济活动的源头就注意节约资源和减少污染。再使用原则(Reuse)主张多次使用,而不是用完就丢弃。这也提醒了公众对一次性产品应当持怀疑甚至抵制态度。最后是再循环原则(Recycle),也就是说生产的产品不仅要能完成制造者对它设定的既定任务,还需要达到可再生的标准。我们可以通过实施再使用和再循环这两大原则,利用反作用,完善减量化原则的实施效果。不仅如此,还应从源头上保障经济与环境的协调发展,并健全管理调控机制,进一步理顺环境资源管理体制,建立综合权威性的协调机构,合理划分并相对集中相关部门管理权限,形成统一高效的管理运行机制,提高政府政策的一致性和协调性(李兆前,2002)。[②]

(六)循环园区

循环园区是依据循环经济理论和工业生态学原理建立的一种新兴工

---

① 王金南:《发展循环经济是21世纪环境保护的战略选择》,《环境科学研究》2002年第3期。
② 李兆前:《发展循环经济是实现区域可持续发展的战略选择》,《中国人口·资源与环境》2002年第4期。

业组织形态，通过模拟自然生态系统中的"生产者—消费者—分解者"的循环途径改造产业系统，以实现物质闭路循环和梯级利用；通过建立产业系统的"产业链"形成工业共生网络，以实现对物质和能量等资源的最优利用，最终建立可持续的经济系统。对于泛县域间的园区而言，发展生态园区和低碳园区是对循环园区的最好路径。从产业生态系统的视角完善产业园区，将产业园区进一步重构成生态园区。产业园区重构的目标就是要实现产业园区经济效益和生态效益的"双赢"，实现产业生态系统的优化。低碳园区，是顺应低碳经济的发展而兴起的一种园区类型。它的管理集中在统筹兼顾碳排放与可持续发展；积极采用清洁生产技术。不同的是，低碳园区以温室气体排放强度和总量为核心管理目标，而生态园区侧重于能源多极利用和废物最小化的目标。

泛县域产城融合的循环发展，势必带动各园区的循环和可持续发展，从而形成"循环园区"。徐凌星等（2019）站在生态与经济的视角，利用物质流、生态网络等方法研究了福建省蛟洋循环经济示范园区。他们认为园区生产的副产品的再利用效率会影响园区的循环经济水平，不仅如此，园区关键节点企业在循环经济效益方面带动能力也会影响园区循环经济发展。[1] 循环园区，要从产品、企业、区域和区际四个层面来搭建循环链。此外，当地的自然资源、社会经济和科技发展状况，都是影响循环园区设计落地的重要因素。另外还要评估生态系统的环境容载能力、自然生态景观、水文地理环境，力求将人工产业系统和生态环境系统和谐统一，同时也不能忽视园区的运作管理，要建立起系统化、绿色化、规范化和社会化的管理制度（谢家平、孔令丞，2005）。[2] 一旦循环园区发展形成规模，带动泛县域产城融合发展也指日可待。

（七）生态共生

生态共生，是指把资源和人们的需求按照某种机制相互依存和相互作

---

[1] 徐凌星、杨德伟、高雪莉：《工业园区循环经济关联与生态效率评价——以福建省蛟洋循环经济示范园区为例》，《生态学报》2019年第12期，http://kns.cnki.net/kcms/detail/11.2031.Q.20190401.0913.028.html。

[2] 谢家平、孔令丞：《基于循环经济的工业园区生态化研究》，《中国工业经济》2005年第4期。

用整合到一起,形成共同生存、相互受益、协同发展的系统。产业共生关系的形成,能实现能源和物质消耗最小化,废物排放通过产业内循环最小化,体现生态规律,保护生态环境。泛县域间的生态共生系统,主要由人口聚集、经济发展、社会发展、政治发展与文化发展五个维度组成。泛县域之间的人口聚集程度的差异,以及经济、政治和文化多方面的不同,直接影响了泛县域生态共生是否平衡,最终会影响到泛县域产城融合的共生。

泛县域从行政属地的角度看是相分离的,但从人口聚集的角度看,有时泛县域又是相对集中的。李晓峰(1998)将生态的适应与共生发展定义为"可控的聚落持续发展模式",如果能充分发挥人的主观能动作用,就可以实现聚落与传统文化的共生,与地方环境特色的共生,从而提高聚落的适应能力,开启生态系统的良性运转。[①]当聚落发展到一定水平时,产业集群的出现势必会推动泛县域生态共生进入一个新阶段。南昌高新技术产业开发区经过科学规划与设计,并经过多年的打磨,已经成为一个较为成熟的生态工业园区。通过分析"以江铜—耶兹为中心的企业共生关系",吴志军(2010)发现南昌高新技术产业开发区内的企业之间形成了以江铜为中心的相互合作的共生关系,通过废弃物将上下游联系了起来,逐渐形成了生态共生的良好氛围,这也成为推动南昌高新区经济发展的重要力量。[②]由此可以看出,生态共生不仅不会成为泛县域产城融合发展的束缚,反而能够帮助其达到更高质量的融合。

(八)生态共生社区

生态共生社区是在生态共生系统建立的基础上,更进一步发展的社区平台。它可以分为产业共生社区、经济高效社区、良性生态循环社区、和谐社区。产业共生社区内的关系较为复杂,该社区的连接纽带是传统意义上的废弃物,只有传统意义上的废弃物被有效回收、处理和作为资源利用,才是真正意义上的产业共生。因此,产业共生社区既具有经济特征,又具有生态特征。而经济高效社区是指重点发展新兴企业的产业聚集地。良性生态循环社区综合了社会、经济和自然生态系统,通过维持原有的社

---

① 李晓峰:《适应与共生——传统聚落之生态发展》,《华中建筑》1998年第2期。
② 吴志军:《生态工业园区产业共生关系分析——以南昌高新技术产业开发区为例》,《经济地理》2010年第7期。

区生态系统平衡，实现资源高效循环利用，减少废物排放。和谐社区不仅指多个县域间常住人员的和谐，还有居民与整体环境的和谐，居民与经济发展、环境与经济发展等多方位的和谐。

生态共生社区的概念目前还较为新颖，学术界关于这一概念的研讨基本还都是站在工业园区的角度看待生态共生问题。张琳琳等（2013）认为生态共生园区的共生关系主要体现在产业之间的共生、产业与城市之间的共生、产业与自然之间的共生——产业发展应当更加注重对可再生资源的利用，城市建设方面则应更加关注功能的多元混合以及职住平衡问题。[①] 通过共生机制搭建生态共生社区，可以提升区域内社区产业发展能力，丰富城市基本职能，维护生态环境，促进泛县域长期稳定发展。

（九）产城融合发展

"产城融合发展"是指产业与城市融合发展，以城市为基础，承载产业空间和发展产业经济，以产业为保障，驱动城市更新和完善服务配套，进一步提升土地价值，以达到产业、城市、人之间有活力、持续向上发展的模式。泛县域间的产城融合发展，其空间布局的演变往往伴随着城市功能的拓展与升级，与周边区域经济社会发展融为一体，实现"产城融合"，并对所在城市的空间格局调整和城市功能建设产生重要的影响。主要通过产业与城市之间的功能融合、空间整合以及融合共生等方式实现。这有助于协调泛县域间城镇化与工业化的关系。

"产城融合发展"是我国产业发展的必经之路，它是为了缓解产业与城市相背离发展而提出的一种发展思路。产城融合要求产业与城市在功能上融合、在空间上整合，达到"以产促城、以城兴产、产城融合"的最终目的。李文彬和陈浩（2012）针对产城融合发展，提出了寻求区域合作发展的规划建议，他们认为在区域一体化发展的背景下，开发区更应该与相邻地区形成共享服务圈。这与泛县域产城融合发展的思路不谋而合。[②] 而李光辉（2014）也构建出"一平台、两主体、三目标、四系统"——产城融合发展的实现路径，即通过市场与政府的协作，促使产、城、人三者相

---

① 张琳琳、李守旭、陈阳、郭琪：《"共生社区"：构建生态型园区的规划探索》，《住宅产业》2013 年第 8 期。

② 李文彬、陈浩：《产城融合内涵解析与规划建议》，《城市规划学刊》2012 年第 S1 期。

互融合，不断完善城市建设运营、功能、公共服务和城市要素这四个系统，以形成产城融合发展为总目标的产城融合区域。① 即使目前许多研究都是以行政区域内的某一中心城市展开的，但究其根本，发展路径对于泛县域产城融合而言也同样有重要借鉴意义。

（十）智慧化发展

泛县域产城融合路径中，智慧化发展是十分重要的一环。它包括了产业智慧化、社区智慧化、生态智慧化。产业智慧化是指某个产业中的企业生产经营自动化、智能化程度普遍大幅提高。产业智慧化是产业发展的高级阶段。包括农业、工业、交通、物流、旅游等行业。社区智慧化是以通信网络建设为基础，利用物联网、云计算、互联网等新一代信息技术的集成应用，为社区居民提供一个安全、舒适、便利的智慧化生活环境，形成基于信息化、智能化社会管理与服务的一种新型社区管理形态。生态智慧化主要是指生态环境，而目前我国生态环境建设进入高速发展的关键节点。物联网、云计算、大数据、人工智能等技术的普及应用为生态智慧化建设带来了强大的助力，使生态智慧化的建设能够真正落地，造福于民。

在"互联网+"技术不断进步的当下，智慧化发展已经不再是陌生的概念，它正在潜移默化地改变着世界。在城市公共服务方面，赵勇、张浩和吴玉玲等（2015）认为，智慧化发展可以运用在交通出行、空气环境、食品安全、医疗教育以及社会保障等多个方面。② 公共服务的智慧化发展要求其顶层设计与公众的现实需求紧密联系起来，要深入基层进行调查，要掌握翔实数据并对其真正的需求进行分析。同时要打破公共服务的信息资源整合在部分分割管理间的壁垒，让整个泛县域深入智慧化发展。不仅如此，产业园区也可以大力发展智慧化。艾达、刘延鹏和杨杰（2016）指出通过云平台的整合，可以实现园区IT资源、政务办公、业务信息的高效共享；可以实现园区信息化建设的统一部署、IT资源的统一管理，降低企业进驻园区的门槛；高效率的信息传播还有助于促进政府与园区内企业的沟通，提升企业甚至整个园区的竞争力，从而为区域产业发展提供坚实

---

① 李光辉：《我国产城融合发展路径研究》，硕士学位论文，安徽大学，2014年。
② 赵勇、张浩、吴玉玲、刘洋：《面向智慧城市建设的居民公共服务需求研究——以河北省石家庄市为例》，《地理科学进展》2015年第4期。

力量。①但当前泛县域的智慧化发展还需再进一步，泛县域内的产业园区，或是城市的智慧化可以更好地促进产城融合共生。

（十一）产城融合示范区

产城融合示范区是指依托现有产业园区，按照产城融合发展的理念，加快产业园区从单一的生产型园区经济向综合型城市经济转型，逐步发展成为产业发展基础较好、城市服务功能完善、边界相对明晰的城市综合功能区。泛县域间的产城融合示范区大致可以分为现代产业示范区、生态保护示范区、智慧示范区三大类示范区。泛县域内的经济社会发展水平，在成立示范区显著提升，现代产业体系加快形成，城镇综合服务功能不断完善，生态环境将进一步优化，居民生活质量明显提高，力争将其打造成为全省乃至全国知名的经济社会全面发展、产业和城市深度融合、城乡环境优美、居民生活更加富裕的新型城区，为其他县域与非泛县域区域的产城融合提供示范。

虽然产城融合的概念很早就已提出，但2014年苏南国家自主创新示范区的成立是对产城融合更深一层的思考与发展。黄顺江（2017）认为产城融合示范区的发展与规划，开展产城融合示范区建设，是探索产业与城市协调发展的有效举措，也是新形势下推动各地经济转型升级、培育增长新动能的重大战略；同时，该学者也提出了新城需要独立发展：在行政上一直隶属于中心城市，因此单独发展壮大存在困难，势必出现产城失调等现象。而我们也不能忽略新城如要独立发展，就会和中心城市出现竞争关系。搭建与中心城市的联结平台就十分有必要，新城应更自觉地采取与中心城市在产业和城市功能上错位发展的策略，尽快走出独立的发展道路。②因为只有新城也最终发展成其他小区域的中心时，才能认为产城融合是真正实现了。宋明印和雷欧阳（2016）站在智慧低碳的角度，提出了在智慧方面，产城融合示范应打造"智慧企业庭院总部经济"产业、"智慧农业"和"智慧服务业"；在低碳方面，主要发展现代农业、战略性新兴产业、商贸旅游业，并禁止高能耗、高污染、排放量大的工业企业进入产城融合

---

① 艾达、刘延鹏、杨杰：《智慧园区建设方案研究》，《现代电子技术》2016年第2期。
② 黄顺江：《石化园区产城融合策略探讨——以福建省泉港产城融合示范区为例》，《城市》2017年第11期。

示范区。① 在一定程度上，产城融合示范区将中心城市的发展又推向了一个更高的水平。泛县域产城融合共生正是需要建立这样的经验先行区，激发泛县域经济活力。

（十二）辐射发展

辐射发展又可称为辐射带动，通常是指泛县域区域为经济发展的基点，通过其较强的经济、文化、科技、教育、人才等资源优势，带动周围各自行政属地的经济、文化、教育、科技的发展。它是以中心力量发挥作用为根本，通过向外围和周边扩散影响，逐步实现整体进步。泛县域区域的辐射发展主要体现在三大块，分别是产业辐射、生态辐射、智慧辐射。产业辐射作用于泛县域区域内的产业结构调整或者产业升级，进而影响各自属地的经济。从区域创新的角度来看，实力相对较弱的区域为使辐射作用发生，进而享受新兴产业给区域创新带来的重大影响，就必须重视区域资源的有效配置。而生态与智慧辐射也是同等概念，只是辐射源由产业变为生态环境和智慧技术。

本章辐射带动主要是从经济学的角度讨论，辐射发展又可以称作辐射带动。它主要是指区位优势明显的单一区域或集群，将自身优势要素转移到周边相对劣势的区域，帮助其更好地发展。以天津自贸区为例，韦颜秋和邱立成（2015）依据辐射效应理论，认为自贸区辐射作用将沿着自贸区——京津冀腹地的路径进行：可以带动关联产业的高速创新发展，并推动区域产业增长快速形成；同时自贸区还能以扩大投资开放为动力带动区域产业结构调整，并通过转型贸易模式加速商贸要素流动。② 包群和张扬等（2015）论证了大力发展开发区对周边地区的辐射作用，无论是本省外市开发区建设还是相邻城市开发区建设，都能够显著地促进周边地区城市的经济增长、外商投资和就业水平；另外，他们发现，拥有较丰裕的人力资本和较完善的基础设施的城市吸收能力越强，周边地区开发区对当地经

---

① 宋明印、雷欧阳：《智慧低碳型发展区规划研究初探——以浏阳河智慧低碳产城融合示范区为例》，《中外建筑》2016 年第 8 期。

② 韦颜秋、邱立成：《自贸区建设对母城及区域发展的辐射效应——以天津自贸区为例》，《城市发展研究》2015 年第 9 期。

济发展的辐射作用越显著。① 这对于泛县域融合发展是一个很好的"教材"。

（十三）产城融合辐射区

在产城融合示范区成熟之后，通过自身的辐射发展可以促使泛县域之间形成一定规模的产城融合辐射区。它主要包括产业联动发展区、生态发展区、城市共生区、居民共享区等。首先，产业联动发展区，是将具有相似特征的泛县域间的经济组织结合成经济合作区，其目的是实现辐射区域内整体产业的优势互补与协同发展，从而优化该区域产业结构，增强区域产业竞争力。生态发展区是在泛县域区域辐射区内，大力发展生态农业、生态旅游业等生态友好型产业，积极引入各自行政属地的经济及高端产业发展，推动城市公用设施和服务向生态涵养发展区延伸，促进生态特色城镇和新农村建设。而城市共生区和居民共享区都是从生活的角度，对产城融合辐射区提出的发展要求。

我国产城融合正处于发展阶段，产城融合辐射区尚未形成较大规模。而钟顺昌、李坚等（2014）提出了城市新区、老城区需要积极开展城市基础设施资产经营，调整土地利用结构和制定土地管制的有效政策，加快调整新老城区的用地结构，合理分配土地使用途径，制定有效的土地管制政策，加强土地的利用效率，提高产城融合发展的水平。由此加速产城融合辐射区的形成。② 而金花（2017）也针对青岛的县域产业园区缺乏核心辐射源这一问题进行了分析：中心城区与县域经济发展水平呈现较大差异；另外，县域城镇体系不完善；加之，区域资源同质性，产业优势不突出，辐射带动能力弱。③ 因此，泛县域产城融合的发展，还需要加强泛县域内的核心辐射源，形成产城融合辐射区。

二 实证调查

根据探索性因子分析法，泛县域产城融合共生路径影响因子已经初步

---

① 包群、张扬、唐诗：《经济开发区、辐射效应与周边地区的经济发展》，《国际商务研究》2015 年第 6 期。
② 钟顺昌、李坚、简光华：《产城融合视角下城镇化发展的新思考》，《商业时代》2014 年第 17 期。
③ 金花：《振兴民营实体经济实现产业优化升级》，《青岛日报》2017 年 9 月 23 日第 5 版。

确定为十三项，但由于确定过程具有一定的主观性，缺乏实证检验，可能导致结果存在偏差和重复交叉。所以本部分以共生理论为理论出发点，设计泛县域产城融合共生路径影响因子量表，在此基础上通过问卷调查和因子分析方法对泛县域产城融合共生路径的影响因子进行实证检验和识别，并通过调查问卷的结果对影响因子进行相应的分析和筛选。

（一）量表开发与问卷调查

1. 量表开发

泛县域产城融合共生发展本质体现在绿色发展、融合发展、共生发展、共享发展四个方面。绿色发展是通过把绿色融入生产、生活和城市建设中，实现经济社会的转型升级，主要体现在循环发展和循环园区两个方面；融合发展是指县域间打破行政壁垒，主动协调，实现人、产、城的有效融合，主要体现在产城融合发展、智慧发展和产城融合示范区三个方面；共生发展是在居民、产业与城市的基础上引入生态要素，利用生态方式，构建居民、产业与生活的健康生态链，主要体现在共有资源、共生开发、产业化发展、县际园区、生态共生、生态共生社区六个方面；共享发展是产城融合共生价值的分享，它是产城融合共生的价值增值，主要体现在辐射发展和产城融合辐射区两个方面。

根据相关影响因子的基本内涵和泛县域产城融合共生发展顺序，构建量表，如表6-1所示。对十三项影响因子进一步地取舍，需要借助问卷调查的方法进行分析。

表6-1　　　　　　　泛县域产城融合共生路径影响因子量表

本质层	相关变量	发展顺序
绿色发展	循环发展	共有资源
	循环园区	共生开发
融合发展	产城融合发展	产业化发展
	智慧发展	县际园区
	产城融合示范区	循环化发展

续表

本质层	相关变量	发展顺序
共生发展	共有资源	循环园区
	共生开发	生态共生
	产业化发展	生态共生社区
	县际园区	产城融合发展
	生态共生	智慧化发展
	生态共生社区	产城融合示范区
共享发展	辐射发展	辐射发展
	产城融合辐射区	产城融合辐射区

2. 问卷设计与调查

（1）设计目的。

为了进一步论证泛县域产城融合共生路径影响因子的科学性和客观性，笔者通过调查问卷的方式，邀请相关领域的专家对其重要性进行打分评定，从而确定这些因子的重要性顺序。为泛县域产城融合共生路径影响因子的稳定性识别提供实证依据，为泛县域产城融合共生路径的探索性分析提供实证数据。

（2）设计原则。

调查问卷在设计时遵循以下原则：

目的性：泛县域产城融合共生路径影响因子已确定十三项，本次问卷的主要目的是确定十三项影响因子的重要性顺位，同时为后文的探索性分析提供数据基础。

逻辑性：调研问卷的问题排序是根据泛县域产城融合共生路径的内在逻辑进行排序，从易到难，符合被调查者的思维逻辑。

明确性：问卷内容能够明确界定十三项泛县域产城融合共生路径影响因子的基本内涵，做到通俗易懂、简明扼要，能够让被调查者清楚明白问题内容。

合理性：调查问卷的问题设置在十三道题内，保证了被调查者有耐心答完问卷，同时被调查者是具有相关专业知识的专家、学生和社会人士，保证了被调查者能够充分认识调查问题的含义以及能够认真完成调查问卷。

便于处理性：问卷是通过"问卷网"制作，通过微信平台线上发布，被调查者对每道题的打分情况、做题所需时间、做题的移动设备等信息都可以被完整地获取，能够方便调查者对所采集的信息数据进行及时核查，以判断其真实性和实用性。同时方便调查者进行相关数据处理。

（3）设计方法。

根据以上设计原则，调查问卷主要采用文献分析法进行。文献分析法主要是对国内外有关泛县域产城融合共生路径方面的期刊、论文、论著等进行收集汇总，对现有文献成果进行整理归类，从中找到影响泛县域产城融合共生路径的因子，从而为问卷设计提供影响因子及其内涵界定。

（4）问卷表。

根据以上设计目的、设计原则、设计方法，设计了泛县域产城融合共生路径影响因子的调查问卷，如表6-2所示。

表6-2　　　　　　　　　调查问卷

请您对下列选项进行重要性打分		1	2	3	4	5
共有资源	打破资源行政区划壁垒、实现资源共有					
共生开发	项目资源合作、资源综合开发、保护环境					
产业化发展	企业规模化发展、资源产业化发展、产业园区化发展					
县际园区	产业聚集发展、产业调整升级、推动产业集群形成					
循环化发展	按循环经济理念发展；产业链合理延伸并循环链接					
循环园区	各产业间资源循环利用；形成闭环生态系统					
生态共生	产业与产业共生、产业与城市共生、产业与自然共生					
生态共生社区	社区和谐、经济高效、生态良性循环的社区					
产城融合发展	产城功能融合、空间整合、融合共生					
智慧化发展	产业智慧化、社区智慧化、生态智慧化					
产城融合示范区	产业发展基础较好、城市服务功能完善、边界相对明晰的城市综合功能区；发挥先行先试和示范带动作用					
辐射发展	产业辐射、生态辐射、智慧辐射					
产城融合辐射区	向周边城市辐射发展，带动周边城市产业、生态、城市联动发展，打造经济共同体					

注：以上表格是根据量表设计的调查问卷，请按照您认为的重要性程度在相应分值空格内打"√"（说明：1=非常不重要，2=不重要，3=无所谓，4=重要，5=非常重要）。

(5)问卷调研对象。

由于调研涉及的专业知识较强,采取随机调研的方式获取的数据不具有可研究性,因此,必须选择具有产城融合相关知识的学者进行问卷调查。同时,因为全国研究该领域的学者相对较多,针对所有学者进行问卷调查也不具有可操作性。为了提高问卷的回收质量,本书采取"就近原则",调研对象来源包括高等院校产城融合研究领域专家学者、地方政府政策研究室、行业协会。通过"问卷网"设计问卷,形成二维码,通过微信平台进行发放,供被调查者填写问卷。

(二)问卷初步分析

问卷的设计和回收后,对收集的信息数据进行一个初步分析和处理,对泛县域产城融合共生路径影响因子的识别做一个初步判断,为探索性因子的分析提供设计思路。

1. 问卷数据分析

(1)问卷回收分析。

问卷调查时间为2019年6—7月,共发放问卷350份,收回327份,有效问卷318份,问卷有效回收率为90.86%。样本分布的具体情况见表6-3。

表6-3　　　　　　　　　　样本分布具体情况

名称	频数	频率(%)
高等院校产城融合研究领域专家学者	187	55.68
地方政府政策研究室	42	20.17
行业协会	89	24.15
合计	318	100.00

从收回的有效问卷来看,高等院校产城融合研究领域专家学者的有效问卷超过半数,基本能够代表相关领域专家学者的观点。而地方政府政策研究室和行业协会占比接近半数,基本能够反映泛县域产城融合的现实情况。

(2)问卷数据分析。

根据问卷调查的样本数据,把数据导入SPSS17.0软件,可以计算出各个因子的期望值、方差、最大值、最小值。具体情况如表6-4所示。

表 6-4　　　　泛县域产城融合共生路径的各影响因子统计情况

影响因子名称	期望值	方差	最大值	最小值
共有资源	4.63	0.359	5	3
共生开发	4.79	0.293	5	2
产业化发展	3.76	1.797	5	1
县际园区	4.73	0.458	5	3
循环化发展	3.84	1.529	5	1
循环园区	4.68	0.736	5	1
生态共生	3.37	2.182	5	1
生态共生社区	4.01	1.274	5	1
产城融合发展	3.81	1.605	5	1
智慧化发展	3.81	1.647	5	1
产城融合示范区	4.05	1.061	5	1
辐射发展	3.84	1.555	5	1
产城融合辐射区	4.92	0.075	5	4

根据表 6-4 可以得出：一是从期望值来看，共有资源、共生开发、产业化发展、县际园区、循环化发展、循环园区、生态共生、生态共生社区、产城融合发展、智慧化发展、产城融合示范区、辐射发展、产城融合辐射区的期望值分别是 4.63、4.79、3.76、4.73、3.84、4.68、3.37、4.01、3.81、3.81、4.05、3.84、4.92。期望值中最大的是产城融合辐射区，期望值是 4.92，最小的是生态共生，期望值是 3.37。期望值大于 4 的有 7 个影响因子，分别是共有资源、共生开发、县际园区、循环园区、生态共生社区、产城融合示范区、产城融合辐射区，其余的因子期望值都低于 4。二是从方差来看，共有资源、共生开发、产业化发展、县际园区、循环化发展、循环园区、生态共生、生态共生社区、产城融合发展、智慧化发展、产城融合示范区、辐射发展、产城融合辐射区的方差分别是 0.359、0.293、1.797、0.458、1.529、0.736、2.182、1.274、1.605、1.647、1.061、1.555、0.075。各因子中方差小于 1 的有共有资源、共生开发、县际园区、循环园区、产城融合辐射区；方差大于 1 但小于 1.5 的是生态共生社区、产城融合示范区；方差大于 1.5 的是产业化发展、循环化发展、生态共生、产城融合发展、智慧化发展、辐射发展。三是从最值来看，各个因子的最大值

都是 5；而各个因子的最小值却存在较大差异，其中最小值为 1 的因子有 9 个，最小值为 2 的因子有 1 个，最小值为 3 的因子有 2 个，最小值为 4 的因子有 1 个。

2. 问卷分析结论

经过对调查问卷的初步分析，可以基本确定各个因子的重要性程度顺序和稳定性情况。

从期望值来看，泛县域产城融合共生路径影响因子的重要性依次是产城融合辐射区、共生开发、县际园区、循环园区、共有资源、产城融合示范区、生态共生社区、辐射发展、循环化发展、产城融合发展、智慧化发展、产业化发展、生态共生。同时根据调查问卷的设计"1 = 非常不重要，2 = 不重要，3 = 无所谓，4 = 重要，5 = 非常重要"，可以确定共有资源、共生开发、县际园区、循环园区、生态共生社区、产城融合示范区、产城融合辐射区这七个因子的重要性介于"重要"与"非常重要"之间，而其他因子重要性介于"无所谓"与"重要"之间。

从方差来看，泛县域产城融合共生路径影响因子的波动性顺序为产城融合辐射区、共生开发、共有资源、县际园区、循环园区、产城融合示范区、生态共生社区、循环化发展、辐射发展、产城融合发展、智慧化发展、产业化发展、生态共生，各个因子的波动性逐渐加强，同时反映了其稳定性问题。说明各个因子对泛县域产城融合共生的影响在逐渐减弱，并且稳定性也在逐渐降低。另外，从最值分析也可以看出，这些因子对泛县域产城融合共生的影响也是逐渐减弱的。

因此，通过对上述各个因子的期望值、方差、最值进行综合分析，可以认定泛县域产城融合共生路径的影响因子较为重要的有 7 个，分别是共有资源、共生开发、县际园区、循环园区、生态共生社区、产城融合示范区、产城融合辐射区。

第二节　泛县域视角下产城融合共生路径影响因子的探索性分析

虽然对县域产城融合共生发展影响因子进行了初步排名，但是分析过于单一，需要对其进行进一步探索性分析。

一　信度和效度检验

依据研究方法，在进行问卷实证分析之前必须对问卷的信度和效度进行检验，其目的是检验内部一致性和稳定性以及测量结果的有效性。

（一）信度检验

问卷的信度也就是问卷的可靠性，指采用同样的方法对同一对象重复测量时所得结果的一致性程度，也就是反映实际情况的程度。信度指标多以相关系数表示，大致可分为稳定系数（跨时间的一致性）、等值系数（跨形式的一致性）和内在一致性系数（跨项目的一致性）三类。信度分析的方法主要有重测信度法、复本信度法、分半信度法、α 系数（Alpha 系数）和评分者信度五种方法。克伦巴赫 α 系数是目前最常用的信度系数，其评价的是问卷各题项得分的一致性，属于内在一致性系数。这种方法适用于态度、意见式问卷（量表）的信度分析。该系数被看作相关系数，即该量表与所有含有其他可能项目数的量表之间的相关系数。其大小可以反映量表随机误差影响的程度，反映测试的可靠程度。系数值越大，则量表受随机误差的影响较小，越可靠。本章所涉及问卷正是专家学者对泛县域产城融合共生发展影响因子量表进行选择，并表达其意见或态度，因此适用于克伦巴赫 α 系数信度系数法。根据所收集和整理的问卷数据，利用 SPSS17.0 软件进行了克伦巴赫 α 系数的计算。结果显示，泛县域产城融合共生发展影响因素总体量表的克伦巴赫 α 系数值为 0.871，因子量表的克伦巴赫 α 系数超过了 0.70，可见泛县域产城融合共生发展影响因子问卷具有良好的内部一致信度。

（二）效度检验

本章在进行问卷设计时，其影响因子是在大量文献阅读的基础上形成的，同时经过专家学者的访谈和预测试等阶段完成，其问卷设置经过了严格的逻辑过程的修改，并最终确定下来。同时本章的调查对象为高等院校、研究所等县域经济和产城融合方面的专家学者，能够充分保证问卷数据的科学性，且具有较强的科学性。因此可以认为泛县域产城融合共生发展影响因子问卷具有较高的内容效度,能够从问卷设计逻辑的科学性方面通过效度检验。

二 因子分析

根据调查问卷所包含的十三大因素进行总体分析,在此称为总体因子分析,就是从总体方面对因子进行分析,看是否符合因子分析,以及从总体方面是否提取相应的公共因子,从而实现减少因子的目的,以利于研究分析。

(一)KMO 和 Bartlett 检验

在研究过程中,我们将采取探索性因子分析法把泛县域产城融合共生发展影响因子提炼成少数几个关键因子。在进行因子分析之前,需要借助 KMO 样本充足度测度和巴特利特(Bartlett)球形检验,来确定潜在的影响因素是否适合进行探索性因子分析。为此,对影响因素的 13 个影响因子进行因子分析,首先要经过 KMO 和 Bartlett 检验以决定数据是否适合进行因子分析。经过 SPSS17.0 软件的分析,KMO 和 Bartlett 检验结果如表 6-5 所示。

表 6-5　　KMO 和 Bartlett's 检验值(KMO and Bartlett's Test)

KMO 全样本测度		0.835
Bartlett's 球形检验	近似卡方值	5.202E3
	df	78
	Sig.	0.000

表 6-5 是共生发展的 KMO 和 Bartlett's 检验值。对影响因子的 13 个题项进行因子分析。一是确定各变量调查数据能否进行因子分析。因为表 6-5 中第一行为检验变量间偏相关性的 KMO 统计量,它比较的是各变量之间的简单相关和偏相关的大小,根据统计学知识,取值在 0—1,大于 0.7,效果较好。本书所分析的 KMO 数值为 0.835,大于 0.7,因此适合进行探索性因子分析。二是确定各变量是否相互独立。表 6-5 中显示,检验的显著性概率为 0.000,根据统计学知识,该数据小于 0.05 时,拒绝统计量相关矩阵为单位矩阵的假设,各因子具备相互独立性,因此本章认为泛县域产城融合共生发展的 13 个因子适合做探索性因子分析,因子分析在此能

够适用。

（二）变量共同性分析

对某一个原变量来说，其在所有因子上的载荷的平方和就叫作该变量的共同度。它反映了所有公共因子对该原变量的方差的解释程度。如果因子分析结果中大部分变量的共同度高于0.8，说明提取的公共因子已经基本反映了原变量80%以上的信息，因子分析效果较好。变量的共同度是衡量因子分析效果的常用指标。从数学逻辑角度来看，共同度其实也称公共方差，反映全部公共因子变量对原有变量 x_i 的总方差解释说明的比例。原有变量 x_i 的方差可以表示成两部分：h_i^2 和 ε_i^2。第一部分 h_i^2 反映公共因子对原有变量的方差解释比例。第二部分 ε_i^2 反映原有变量的方差中无法被公共因子表示的部分。因此，第一部分越接近1，说明公共因子解释原有变量越多的信息，其中 $h_i^2 = \sum_{i=1}^{m} \alpha_{ij}^2$。根据解释，利用SPSS17.0软件对调研数据进行变量的共同度分析，其结果如表6-6所示。

表6-6　　　　　　　　变量的共同度（Communalities）

指标	初始值	提取值
Q1 共有资源	1.000	0.785
Q2 共生开发	1.000	0.968
Q3 产业化发展	1.000	0.943
Q4 县际园区	1.000	0.970
Q5 循环化发展	1.000	0.989
Q6 循环园区	1.000	0.944
Q7 生态共生	1.000	0.914
Q8 生态共生社区	1.000	0.886
Q9 产城融合发展	1.000	0.890
Q10 智慧化发展	1.000	0.985
Q11 产城融合示范区	1.000	0.915
Q12 辐射发展	1.000	0.986
Q13 产城融合辐射区	1.000	1.000

Extraction Method: Principal Component Analysis.

表6-6显示的是因子分析的初始解，显示了所有变量的共同度数据。其中，第一列为原变量名，第二列是因子分析初始解的变量共同度，它表明对13个变量如果采取主成分分析方法提取左右特征值，那么原有变量的所有方差都可以被解释，变量的共同度均为1。实际因子个数小于原有变量的个数才是因子分析的目标，所以不可提取全部特征值。第三列是在按指定提取条件提取特征根时的共同度。从第三列数据来看，如果数据越大，或接近于1，说明因子提取改变量的信息越多，丢失的信息越少。具体来看，提取值超过0.9的指标有共生开发、产业化发展、县际园区、循环化发展、循环园区、生态共生、智慧化发展、产城融合示范区、辐射发展和产城融合辐射区。

（三）主成分、公共因子的特征值和方差贡献分析

主成分分析是设法将原来众多具有一定相关性的指标重新组合成一组新的互相无关的综合指标来代替原来的指标。主成分分析是考察多个变量间相关性的一种多元统计方法，研究如果通过少数几个主成分来揭示多个变量间的内部结构，即从原始变量中导出少数几个主要成分，使它们尽可能多地保留原始变量的信息，且彼此间互不相关。通常数学上的处理就是将原来P指标做线性组合，作为新的综合指标。利用SPSS17.0软件对调研数据进行变量的共同度分析，其结果如表6-7所示。

表6-7　　　　　　　　公共因子的特征值和方差贡献

因子	初始特征值			提取平方和载入			旋转平方和载入		
	因子解	变量差异(%)	累加值(%)	因子解	变量差异(%)	累加值(%)	因子解	变量差异(%)	累加值(%)
1	5.526	42.507	42.507	5.526	42.507	42.507	4.783	36.792	36.792
2	2.475	19.037	61.544	2.475	19.037	61.544	1.820	13.998	50.790
3	1.201	9.237	70.781	1.201	9.237	70.781	1.358	10.446	61.235
4	0.938	7.213	77.995	0.938	7.213	77.995	1.212	9.327	70.562
5	0.852	6.556	84.551	0.852	6.556	84.551	1.042	8.014	78.576
6	0.737	5.671	90.222	0.737	5.671	90.222	1.004	7.721	86.296
7	0.447	3.439	93.661	0.447	3.439	93.661	0.957	7.365	93.661
8	0.422	3.242	96.903						

续表

因子	初始特征值			提取平方和载入			旋转平方和载入		
	因子解	变量差异(%)	累加值(%)	因子解	变量差异(%)	累加值(%)	因子解	变量差异(%)	累加值(%)
9	0.213	1.642	98.545						
10	0.121	0.933	99.478						
11	0.058	0.448	99.927						
12	0.007	0.050	99.977						
13	0.003	0.023	100.000						

根据前面的分析，一共提取 7 个公共因子。第一个因子解的特征值为 5.526，其方差贡献度达到 42.507%，是方差贡献最大的一个主成分，它解释了所有 13 个变量变异信息总量中的 42.507%，所以其是第一主成分。同理，第二个因子解释了所有变量变异信息总量中的 19.037%，第三个因子解释了 9.237%，第四个因子解释了 7.213%，第五个因子解释了 6.556%，第六个因子解释了 5.671%，第七个因子解释了 3.439%。第二部分是提取 7 个公共因子后的特征值、方差贡献率、累计方差贡献率。第三部分是旋转后因子的特征值、方差贡献率和累计方差贡献率。从这里可以看出前 7 个因子解作为公共因子是比较好的。

（四）未经旋转的因子载荷矩阵

因子载荷矩阵表示的是每一个原变量与各个公共因子之间的相关性，体现了其对各变量的贡献。因子分析模型中载荷矩阵 A 中的元素（a_{ij}）为因子载荷。因子载荷 a_{ij} 是 X_i 与 F_j 的协方差，也是 X_i 与 F_j 的相关系数，它表示 X_i 依赖 F_j 的程度。可以将 a_{ij} 看作第 i 个变量在第 j 个公共因子上的权，a_{ij} 的绝对值越大，表明 X_i 和 F_j 的相依程度越大，或称公共因子 F_j 对于 X_i 的载荷量越大。在此，利用 SPSS17.0 软件对调查数据进行统计分析，可以得出影响因子负荷矩阵，如表 6-8 所示。

表 6-8　未经旋转的因子负荷矩阵（Component Matrixa）

	各因子得分						
	1	2	3	4	5	6	7
Q3 产业化发展	0.942	−0.232	0.036	0.028	0.000	0.022	0.023

续表

	各因子得分						
	1	2	3	4	5	6	7
Q10 智慧化发展	0.929	−0.344	0.008	−0.041	0.035	−0.013	0.0002
Q5 循环化发展	0.927	−0.358	0.017	−0.030	0.006	0.024	−0.012
Q1 辐射发展	0.921	−0.367	0.004	−0.040	0.016	0.006	−0.026
Q8 生态共生社区	0.847	−0.410	0.020	−0.012	0.006	0.003	−0.029
Q9 产城融合发展	0.554	0.587	0.380	−0.157	−0.131	−0.224	0.046
Q11 产城融合示范区	0.380	0.581	0.535	−0.146	−0.254	−0.242	−0.061
Q4 县际园区	0.478	0.570	−0.131	0.328	0.105	0.143	−0.511
Q1 共有资源	0.365	0.563	−0.401	−0.317	0.219	0.154	−0.036
Q13 产城融合辐射区	−0.173	−0.040	0.691	−0.014	0.619	0.325	0.024
Q2 共生开发	0.387	0.340	0.044	0.774	−0.102	0.123	0.276
Q6 循环园区	0.410	0.425	−0.308	0.020	0.525	−0.422	0.214
Q7 生态共生	0.437	0.500	−0.124	−0.282	−0.200	0.534	0.231

从表6-8中可以发现，有6个变量在第1个公共因子的载荷较高，分别是产业化发展、智慧化发展、循环化发展、辐射发展、生态共生社区、产城融合发展，分别达到了0.942、0.929、0.927、0.921、0.847、0.554，都大于0.5；有4个变量在第2个公共因子的载荷较高，分别是产城融合发展、产城融合示范区、县际园区、共有资源，分别为0.587、0.581、0.570、0.563；产城融合辐射区在第3个公共因子的载荷为0.691，共生开发在第4个公共因子的载荷为0.774，循环园区在第5个公共因子的载荷为0.525，生态共生在第6个公共因子的载荷为0.534。

（五）旋转后的因子载荷矩阵

根据未经旋转后的因子载荷矩阵显示，产城融合发展因子在第1个公共因子和第2个公共因子的载荷都超过了0.5；生态共生在第2个公共因子和第6个公共因子的载荷也都超过了0.5；产城融合示范区在第2个公共因子和第3个公共因子的载荷超过了0.5；产城融合辐射区在第3个和第5个公共因子的载荷超过了0.5。因此可以考虑进行因子旋转。采用方差极大化方法进行因子旋转，旋转后得到的因子载荷矩阵如表 6-9 所示。

表 6-9　　　　　　　　　影响因子旋转因子载荷矩阵

	各因子得分						
	1	2	3	4	5	6	7
Q5 循环化发展	0.984	0.078	0.076	0.047	0.050	−0.033	0.050
Q12 辐射发展	0.984	0.070	0.062	0.060	0.029	−0.041	0.055
Q10 智慧化发展	0.980	0.088	0.067	0.096	0.041	−0.033	0.040
Q8 生态共生社区	0.939	0.034	0.009	0.017	0.031	0.032	0.032
Q3 产业化发展	0.933	0.152	0.114	0.090	0.145	−0.030	0.081
Q11 产城融合示范区	0.061	0.939	0.102	0.018	0.068	0.030	0.116
Q9 产城融合发展	0.206	0.855	0.219	0.211	0.111	0.012	0.106
Q7 生态共生	0.144	0.236	0.900	−0.007	0.143	−0.048	0.067
Q1 共有资源	0.052	0.110	0.635	0.482	−0.127	−0.096	0.330
Q6 循环园区	0.140	0.146	0.077	0.932	0.116	−0.041	0.115
Q2 共生开发	0.137	0.142	0.071	0.088	0.938	−0.030	0.190
Q13 产城融合辐射区	−0.083	0.037	−0.074	−0.052	−0.028	0.991	−0.033
Q4 县际园区	0.139	0.228	0.205	0.182	0.260	−0.038	0.869

Extraction Method: Principal Component Analysis.Rotation Method:Varimax with Kaiser Normalization.a. Rotation converged in 9 iterations.

旋转后，载荷大小进一步分化，变量与因子的对应关系更加清晰，可以清楚地识别出各个因子所影响的主要变量。公共因子 1 影响的变量为循环化发展、辐射发展、智慧化发展、生态共生社区、产业化发展。生态共生社区由共有资源经过产业化发展和循环化发展而来，且其通过智慧化发展和辐射化发展演化成产城融合辐射区，因此把公共因子 1 命名为生态共生社区。公共因子 2 影响的变量为产城融合发展和产城融合示范区，考虑产城融合示范区的发展包含了产城融合发展，因此把公共因子 2 命名为产城融合示范区。生态共生和共有资源受公共因子 3 影响，由于共有资源是泛县域产城融合共生发展的关键，所以把公共因子 3 命名为共有资源。公共因子 4、公共因子 5、公共因子 6 以及公共因子 7 都只影响一个变量，变量分别为循环园区、共生开发、产城融合辐射区、县际园区，故可以把公共因子 4、公共因子 5、公共因子 6 以及公共因子 7 分别命名为循环园区、共生开发、产城融合辐射区、县际园区。

至此，提取的公共因子分别是共有资源、共生开发、县际园区、循环园区、生态共生社区、产城融合示范区、产城融合辐射区，分别用F_1、F_2、F_3、F_4、F_5、F_6、F_7来表示，从表6-9影响因子旋转因子载荷矩阵，可知因子分析模型：

$$\begin{cases} X_1 = 0.984F_1 + 0.078F_2 + 0.076F_3 + 0.047F_4 + 0.050F_5 - 0.033F_6 + 0.050F_7 \\ X_2 = 0.984F_1 + 0.070F_2 + 0.062F_3 + 0.060F_4 + 0.029F_5 - 0.041F_6 + 0.055F_7 \\ \cdots \\ X_{13} = 0.139F_1 + 0.228F_2 + 0.205F_3 + 0.182F_4 + 0.260F_5 - 0.038F_6 + 0.869F_7 \end{cases}$$

同时提取这7大因子进行协方差分析，分析结果如表6-10所示。从表中可以看出，7个因子变量之间是不相关的，可以把这7大因子作为泛县域产城融合共生发展的核心因子，并进一步在这些因子的基础上进行拓展和延伸，从而构建泛县域产城融合共生发展的评价体系。

表6-10　　主因子变量的协方差矩阵（Component Score Covariance Matrix）

Component	1	2	3	4	5	6	7
1	1.000	0.000	0.000	0.000	0.000	0.000	0.000
2	0.000	1.000	0.000	0.000	0.000	0.000	0.000
3	0.000	0.000	1.000	0.000	0.000	0.000	0.000
4	0.000	0.000	0.000	1.000	0.000	0.000	0.000
5	0.000	0.000	0.000	0.000	1.000	0.000	0.000
6	0.000	0.000	0.000	0.000	0.000	1.000	0.000
7	0.000	0.000	0.000	0.000	0.000	0.000	1.000

Extraction Method: Principal Component Analysis. Rotation Method: Varimax with Kaiser Normalization. Component Scores.

（六）公共因子得分

因子分析模型建立后，还有一个重要的作用是应用因子分析模型去评价每个样本在整个模型中的地位，即进行综合评价。设公共因子F由变量x表示的线性组合为：

$$F_j = u_{j1}x_{j1} + u_{j2}x_{j2} + \cdots, u_{jp}x_{jp}(j = 1, 2, \cdots, m)$$

该式称为因子得分函数，由它来计算每个样本的公共因子得分。在此，

取 $m=7$，则将每个样本的 p 个变量代入上式即可算出每个样本的因子 F_1、F_2、F_3、F_4、F_5、F_6、F_7，在此，主要利用 SPSS17.0 软件进行统计分析，从而求得各因子的得分矩阵，如表 6-11 所示。

表 6-11　各因子的得分矩阵（Component Score Coefficient Matrix）

	各因子得分						
	1	2	3	4	5	6	7
Q1 共有资源	−0.038	−0.142	0.434	0.272	−0.278	0.025	0.190
Q2 共生开发	−0.050	−0.093	0.013	0.016	1.038	0.014	−0.200
Q3 产业化发展	0.193	−0.002	0.011	−0.011	0.061	0.023	−0.034
Q4 县际园区	−0.021	−0.064	−0.182	−0.199	−0.122	0.022	1.210
Q5 循环化发展	0.220	−0.028	−0.002	−0.037	−0.037	0.018	−0.002
Q6 循环园区	−0.034	−0.036	−0.161	0.962	0.087	0.040	−0.275
Q7 生态共生	−0.024	−0.077	0.898	−0.222	0.161	0.063	−0.321
Q8 生态共生社区	0.217	−0.035	−0.051	−0.047	−0.048	0.009	0.019
Q9 产城融合发展	−0.024	0.535	−0.050	0.066	−0.037	−0.026	−0.159
Q10 智慧化发展	0.217	−0.020	−0.020	0.021	−0.044	0.018	−0.032
Q11 产城融合示范区	−0.045	0.659	−0.164	−0.135	−0.112	−0.057	−0.013
Q12 辐射发展	0.221	−0.029	−0.022	−0.023	−0.066	0.008	0.018
Q13 产城融合辐射区	0.030	−0.055	0.074	0.048	0.010	1.022	0.033

Extraction Method: Principal Component Analysis. Rotation Method: Varimax with Kaiser Normalization. Component Scores.

从表中各因子的得分矩阵可知因子得分函数：

$$\begin{cases} F_1 = -0.0381X_1 - 0.050X_2 + 0.193X_3 - 0.021X_4 + 0.220X_5 - 0.034X_6 - 0.024X_7 + \\ \qquad 0.217X_8 - 0.024X_9 + 0.217X_{10} - 0.045X_{11} + 0.221X_{12} + 0.030X_{13} \\ F_2 = -0.142X_1 - 0.093X_2 - 0.002X_3 - 0.064X_4 - 0.028X_5 - 0.036X_6 - 0.077X_7 - \\ \qquad 0.035X_8 + 0.535X_9 - 0.020X_{10} + 0.659X_{11} - 0.029X_{12} - 0.055X_{13} \\ \cdots \\ F_7 = 0.190X_1 - 0.200X_2 - 0.034X_3 + 1.210X_4 - 0.002X_5 - 0.275X_6 - 0.321X_7 + \\ \qquad 0.019X_8 - 0.159X_9 - 0.032X_{10} - 0.013X_{11} + 0.018X_{12} + 0.033X_{13} \end{cases}$$

三 分析结论

通过文献综述和初始资料的收集和整理，泛县域产城融合共生发展的影响因子主要有共有资源、共生开发、产业化发展、县际园区、循环化发展、循环园区、生态共生发展、生态共生社区、产城融合发展、智慧化发展、产城融合示范区、辐射发展、产城融合辐射区13个因素；通过对泛县域产城融合共生发展的13个影响因子进行实证调查，并通过初步统计分析，根据各因子的期望值、方差值、最值的综合分析，可以认为对泛县域产城融合共生发展影响最大的因子主要有7个，它们分别是共有资源、共生开发、县际园区、循环园区、生态共生社区、产城融合示范区、产城融合辐射区，通过实证调研得出了影响泛县域产城融合共生发展核心影响因子的初步判断。这一判断是否合理有效，本章根据调研的数据进行了进一步的分析，利用影响因子探索性分析法对13个因子进行了探索性分析，得出结论，影响泛县域产城融合共生发展的变量经过分析提取了7个主因素，7个主因素分别定义为共有资源、共生开发、县际园区、循环园区、生态共生社区、产城融合示范区、产城融合辐射区，且7个因子变量之间是不相关的。提取7个公共因子，共解释了所有变量信息总量中的93.661%，超过了80%，可以说是原信息的大部分，因此达到了比较好的水平。根据实证分析结果，可以编制泛县域产城融合共生发展的核心影响因子量表，如表6-12所示。

表6-12　　　　　　泛县域产城融合共生发展潜在因子量表

本质层	核心变量
共生发展	共有资源
	共生开发
	县际园区
绿色发展	循环园区
	生态共生社区
融合发展	产城融合示范区
共享发展	产城融合辐射区

实证调研和探索性分析，是泛县域产城融合共生发展评价体系的第一步，是寻找核心影响因子的过程，在后续的研究中还必须对泛县域产城融

合共生发展核心影响因子的影响机理、核心影响因子指标的延伸和演化进行研究，以构建完整的泛县域产城融合共生发展评价指标体系，对泛县域产城融合共生发展水平进行综合评价和动态监测。

第三节 泛县域视角下产城融合共生路径影响因子的作用机理

泛县域视角下产城融合共生路径影响因子的作用机理是指在推动县域产城融合共生发展的过程中，各种因素影响下驱动产业和县域发展的运作原理，本节构建了产城融合共生路径影响因子的作用机理图，如图6-1所示。

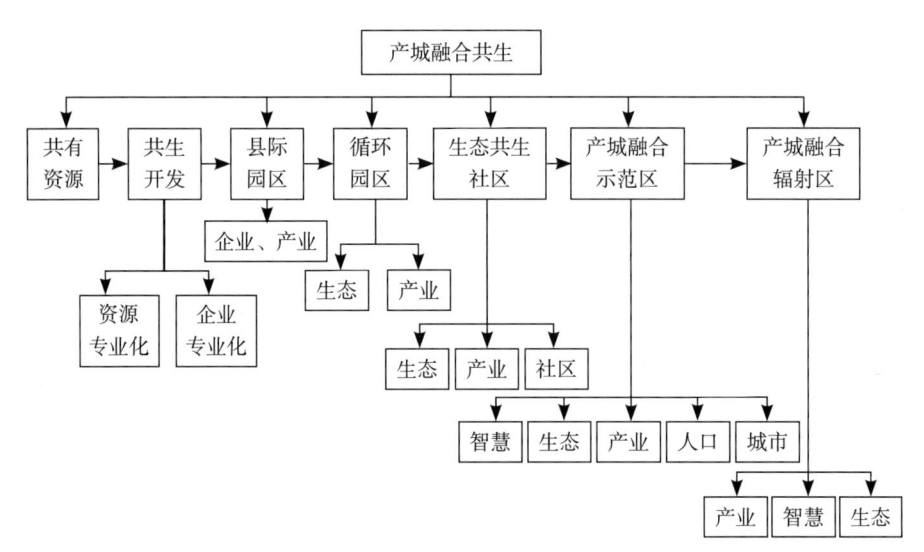

图6-1 产城融合共生路径影响因子作用机理

产城融合共生路径影响因子的作用机理表现为各要素发展对产城融合共生的影响，由产城融合共生路径影响因子的作用机理图可知，共有资源、共生开发、县际园区、循环园区、生态共生社区和产城融合示范区都会对产城融合共生产生影响，并且产城融合共生也会对所有因素发展产生影响。我们从图中可以知道，对共有资源进行共生开发，促进县域发展成县际园区；县际园区产业集聚，产业资源循环使用，形成循环园区；循环园区内产业集群发展成生态共生社区；随着产业发展和扩大，社区扩大，更多人口流入社区，社区发展为城市，生态共生社区发展成产城融合示范区；产城融合示范区进一步发展，形成产城融合辐射区，通过向周边区域产生产业辐射、智慧辐射和生态辐射，从而带动周边城市产业、生态、区域发展。

一 共有资源对产城融合共生的作用机理

共有资源对泛县域产城融合共生的作用机理主要是通过生产投入要素作用于县域产城融合共生发展领域，达到提升共有资源价值，促进泛县域产城融合共生发展的目的（如图6-2所示）。

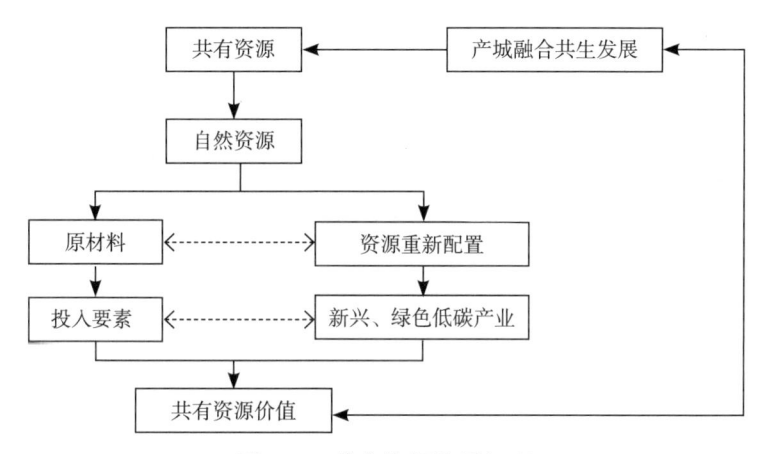

图6-2 共有资源作用机理

共有资源主要是指共有的自然资源，自然资源为产业生产提供了原材料，是企业生产过程中所需要的投入要素，企业生产产品离不开投入要素。当资源变少时，县域资源会发生重新配置，影响企业生产投入要素。资源的重新配置促使更多的资源流向高新技术产业、新兴产业和绿色低碳产业，高污染、高耗能的产业会因为资源重新配置而慢慢淘汰，进而促进县域和产业绿色、可持续发展。

二 共生开发对产城融合共生的作用机理

共生开发对泛县域产城融合共生的作用机理主要是通过对资源的共生开发作用于县域产城融合共生发展领域，以达到提升共生开发价值、促进泛县域产城融合共生发展的目的（如图6-3所示）。

```
                    ┌──────────┐           ┌──────────────────┐
                    │  共生开发  │ ←─────── │  产城融合共生发展  │
                    └──────────┘           └──────────────────┘
          ┌─────────────┼─────────────┬────────────┐                ↑
          ↓             ↓             ↓            ↓                │
    ┌──────────┐  ┌──────────┐  ┌──────────┐  ┌──────────┐          │
    │ 资源完整性 │‥→│  保护生态  │  │ 资源专业化 │  │ 产业合作化 │          │
    └──────────┘  └──────────┘  └──────────┘  └──────────┘          │
                                     ↓            ↓                 │
                                ┌──────────┐ ┌──────────┐           │
                                │  产业集聚  │ │ 生产力发展 │           │
                                └──────────┘ └──────────┘           │
                                     ↓                              │
                                ┌──────────┐                        │
                                │ 共生开发价值│────────────────────────┘
                                └──────────┘
```

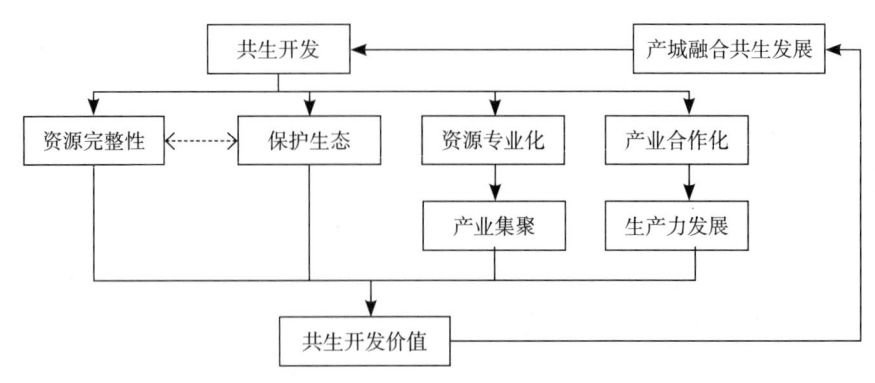

图6-3　共生开发作用机理

共生开发打破县域各自管理资源的局面，促使县域可以共同管理和开发资源，保护共有资源完整性，且防止由于县域各自开发资源对资源或产业造成破坏和浪费，有利于保护生态环境。共生开发能够促进资源专业化和产业合作化，资源专业化可以推进产业集聚，产业合作化会促进生产力发展。

三　县际园区对产城融合共生的作用机理

县际园区对泛县域产城融合共生的作用机理主要是通过产业集聚作用于县域产城融合共生发展领域，促进产业要素集聚、增强产业竞争力、提高生产效率，以达到提升县际园区共生价值、促进泛县域产城融合共生发展的目的（如图6-4所示）。

```
              ┌──────────┐           ┌──────────────────┐
              │  县际园区  │ ←─────── │  产城融合共生发展  │
              └──────────┘           └──────────────────┘
                    ↓                                      ↑
              ┌──────────┐                                 │
              │  产业集聚  │                                 │
              └──────────┘                                 │
          ┌───────┼────────┐                               │
          ↓       ↓        ↓                               │
    ┌────────┐┌────────┐┌──────────┐                       │
    │ 要素集聚 │‥→│竞争力增强│‥→│ 生产效率提高│                 │
    └────────┘└────────┘└──────────┘                       │
                    ↓                                      │
              ┌──────────────┐                             │
              │  县际园区共生价值 │────────────────────────────┘
              └──────────────┘
```

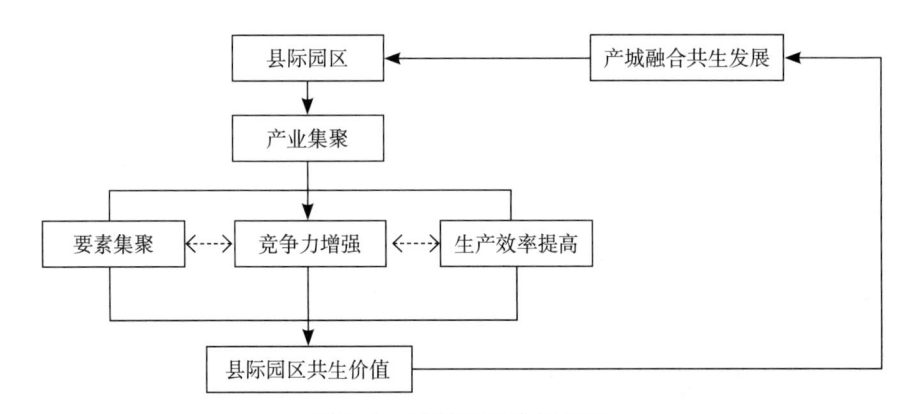

图6-4　县际园区作用机理

县际园区产业发展集聚，促进产业发展。产业集聚有利于促进专业知识、专业人才、资本等要素的集聚；要素集聚，能够吸引更多的企业和资金流入园区。产业集聚会带来竞争,加剧同行业企业之间的竞争,优胜劣汰,留下竞争力强的企业,形成龙头企业。更多的生产要素会流向龙头产业,进一步促进龙头产业发展,从而推动园区内其他产业的发展,增强园区内产业竞争力。产业集聚提高园区内生产效率,同一行业的企业需要的生产要素大致相同,这使企业能够更快、更准确地得到生产要素厂商的服务,可以更快地知道与本行业相关的消息并更容易得到产业相关配套的产品和服务,能够让园区企业以更高的效率生产产品和提供服务。产业集聚极大地提升产业竞争力,促进县域产业和经济的快速发展。

四 循环园区对产城融合共生的作用机理

循环园区对泛县域产城融合共生的作用机理主要是通过产业和生态作用于县域产城融合共生发展领域,降低成本、延长产业链、减少污染、促进人口集聚,以达到提升循环园区价值、促进泛县域产城融合共生发展的目的(如图6-5所示)。

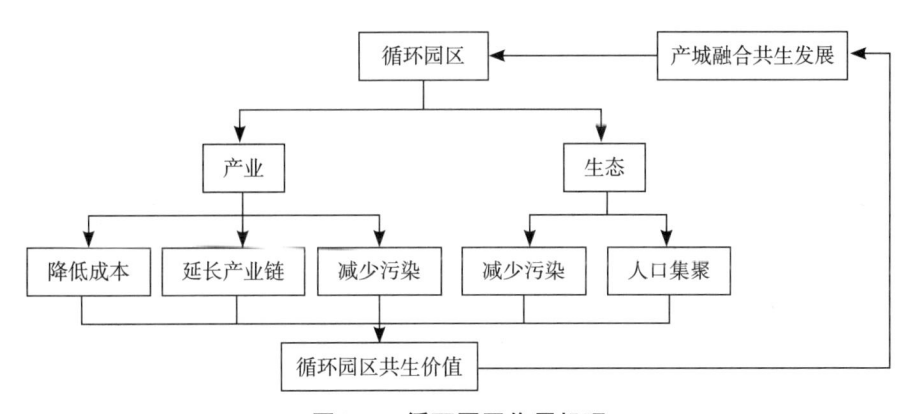

图6-5 循环园区作用机理

循环园区内资源可以循环利用,低端企业的产品作为高端企业所需的原材料,减少企业的交易费用和运输费用,同时延长循环园区产业链,加强企业之间的相互联系。循环产业中,上游企业生产过程中的废料能够作为下游企业的生产原料,企业间的资源得到最佳利用,同时减少污染物的排放,使环境能健康、绿色、可持续发展。循环产业的循环特征能够让企业在生产过程中要素投入最少,减少资源的使用,降低生产成本。循环园区产业资源循环利用,减少污染物排放,保护环境,促进生态和产业共生发展。

生态环境是产城融合的必要保证，绿色、健康的生态环境能够促进企业对生态环境的重视，减少有害污染物的排放，使产业朝着绿色、健康的方向发展，同时能够使企业意识到环境的重要性，减少资源的消耗和浪费。绿色、健康的生态环境会吸引更多人口入住园区，使人口集聚园区，促进园区发展。

五　生态共生社区对产城融合共生的作用机理

生态共生社区对泛县域产城融合共生的作用机理主要是通过生态共生、产业集群和社区基础设施、公共服务作用于县域产城融合共生发展领域，产生生态效应、获得成本优势、提高产业生产率、完善基础设施、提升公共服务，达到生态共生社区价值、促进泛县域产城融合共生发展的目的（如图6-6所示）。

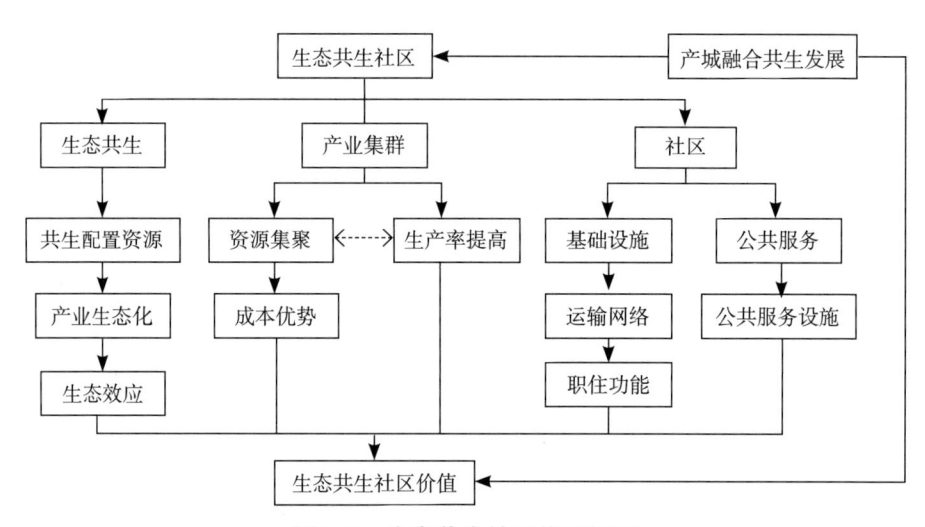

图6-6　生态共生社区作用机理

生态共生社区内生态共生可以使县际共生配置生态资源，打破县域各自管理共有资源的局面，使资源的生态完整性不被破坏，综合开发和利用共有资源。生态共生促进企业改变产业的生产方式、生产条件和生产环境，使这三者向绿色、可持续方向发展，形成生态化产业。生态产业的发展，带动其他产业朝着生态化发展，逐渐使其他产业发展成生态产业，产生生态效应。

生态共生社区内产业经过集聚和循环发展，形成产业集群。产业集群具有资源集聚效应，吸引资本、技术、人才流入集群，壮大集群，同时与产业有关的企业也会被吸引进集群，丰富集群内诸如技术、信息等资源。集群内企业生产链分工细化，有利于提高企业的劳动生产率，获得生产优势。集群内企业间中间品的交易集中，会减少企业之间的交易成本和物流成本，降低企业生产成本，获得成本优势，从而提高产业竞争优势。

社区对产城融合共生的影响是通过基础设施和公共服务作用于产城融合共生发展。加强社区综合交通运输网络的建设，完善运输网络体系，促进资源要素在社区内快速流动和合理配置，提高运输效率和降低运输成本。加强社区居住职能建设，把在社区外工作和居住的人吸引进社区，增强人口集聚效应。合理布局社区教育、医疗、文化、旅游、体育等公共服务设施，完善城市生活配套服务设施，使社区宜居宜业。提升公共服务有助于满足社区公众的信息需求，提高参与社区管理和监督的能力，推动社区决策的科学化和民主化。

六 产城融合示范区对产城融合共生的作用机理

产城融合示范区对泛县域产城融合共生的作用机理主要是通过产业、人口、城市、生态、智慧，如图6-7用于县域产城融合共生发展领域，推动产业升级、促进城市和产业发展、提高生活水平、形成绿色县域、增加产品销售渠道、缩短供应链、解决资金问题，以达到提升产城融合示范区价值、促进泛县域产城融合共生发展的目的（如图6-7所示）。

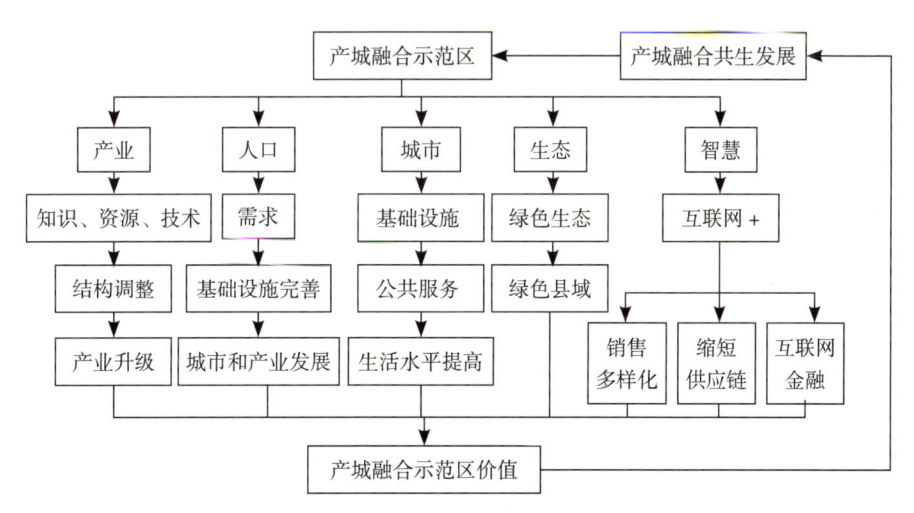

图6-7 产城融合示范区作用机理

产城融合示范区经过辐射化发展，形成产城融合辐射区。产城融合辐射区在一定程度上加强辐射区对周边区域产生产业辐射、智慧辐射和生态辐射。通过产业知识和资源的投射、辐射向周边区域传递技术，从而提高周边区域的产业技术水平，继而在辐射区与周边区域之间发生产业联动，促进辐射区和周边区域的经济发展。通过互联网的发展向周边区域产生智慧辐射，提高周边地区的互联网技术水平。互联网技术水平的提高有利于地区利用物联网、大数据与人工智能技术打造智慧城市、智慧社区。利用产城融合辐射区生态辐射的特点，向周边地区传递共生开发、循环发展、生态共生发展等理念，带动周边地区进行共有资源共生开发、产业园区循环发展、生态社区共生发展，达到绿色、可持续发展，从而促进泛县域产城融合共生发展。

产城融合示范区内的产业经过发展，产业水平高于县域内其他产业，产业知识、资源和技术水平领先于示范区外其他产业。产城融合示范区内产业可以向示范区外产业传授产业知识，提供资源、技术和分享发展经验，促进示范区外产业发展，提高区外产业的竞争能力。示范区外产业生产技术得到创新，可以推动产业结构调整和产业升级，使产业得到发展。

城市因为人的出现而存在，因为人而繁荣或衰落，人是城市存在的核心要素。产业的存在向人提供工作，人作为劳动力，是产业生产的生产要素。产业生产是因为人有需求，人的需求促进产业生产，同时推动完善城市基础设施，人的需求能够促进城市和产业的发展。人口聚集会使城市的劳动力增加，从而使城市的人力资本提高，促进城市蓬勃发展。

城市对产城融合共生的影响主要是通过基础设施、公共服务、生活水平作用于产城融合共生发展。基础设施是县域经济社会发展的基础和必备条件，完善县域行政管理、文化教育、医疗卫生、基础性商业服务、教育科研、社会福利及住房保障等基础设施，能够为城市发展积蓄能量、增添后劲，可以改善人民的生活条件，使县域宜居宜业。对公共服务进行改善有利于公众参与公共服务的管理与监督，提高他们参与政府管理和监督能力，保障公众的基本权益，促进县域发展；还能缩小县域与城市公共服务的差距，提高公共资源整体配置效率。县域的生活水平的高低由消费者消费需求来体现，企业生产何种产品是由消费需求决定的，消费需求能够促进企业通过转型升级来满足新需求、适应新竞争，淘汰落后产业，大力发展高新产业、新兴产业和低碳产业,在新兴市场上站稳脚跟,推动县域和产业绿色、健康、协调发展。

生态环境是人类生存和发展的基本条件,是经济、社会发展的基础。产城融合示范区的生态经过发展,形成绿色、健康、可持续发展的生态环境;绿色、可持续发展的生态环境带动示范区外的环境绿色、可持续发展,推动县域发展成绿色县域,产业发展成生态产业,从而促进县域、产业共生发展。

智慧产城融合示范区对产城融合共生的影响主要体现在"互联网+"对产城融合共生的影响。"互联网+"可以增加县域产品的销售渠道,使产品的销售方式多样化。"互联网+"能够缩短县域产品供应链的长度,减少产品的流通时间和次数,可减少流通成本,提高流通效率。"互联网+"还可以解决县域企业在生产经营过程中的资金问题,互联网金融可以在网上实行众筹,把中小投资者的资金聚集,解决企业生产资金不足的问题。

七 产城融合辐射区对产城融合共生的作用机理

产城融合示范区经过辐射化发展,形成产城融合辐射区。产城融合辐射区在一定程度上加强辐射区对周边区域产生产业辐射、智慧辐射和生态辐射。通过产业知识和资源的投射、辐射向周边区域传递技术,从而提高周边区域的产业技术水平,继而在辐射区与周边区域之间发生产业联动,促进辐射区和周边区域的经济发展。通过互联网的发展向周边区域产生智慧辐射,提高周边地区的互联网技术水平。互联网技术水平的提高有利于地区利用物联网、大数据与人工智能技术打造智慧城市、智慧社区。利用

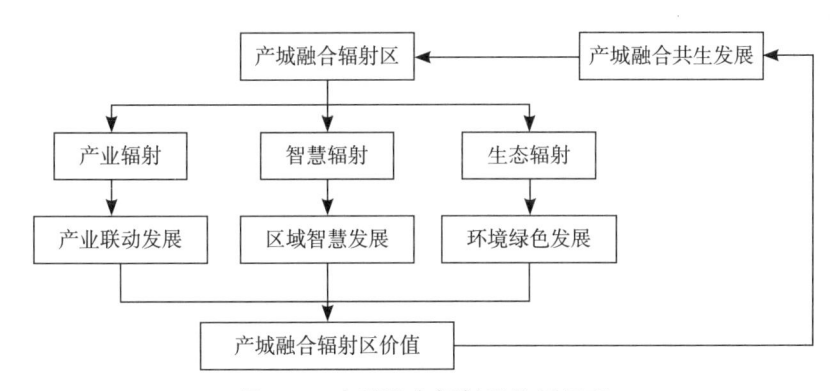

图6-8 产城融合辐射区作用机理

产城融合辐射区生态辐射的特点，向周边地区传递共生开发、循环发展、生态共生发展等理念，带动周边地区进行共有资源共生开发、产业园区循环发展、生态社区共生发展，达到绿色、可持续发展，从而促进泛县域产城融合共生发展。

第四节　泛县域视角下产城融合共生路径的系统构建

一　泛县域优势资源培育、路径选择与典型案例

优势资源培育与选择是泛县域产城融合的基础。各个县域在产业融合的发展中会逐渐发现自身的资源劣势，如缺乏充足的劳动力、缺乏生产所必需的原材料等资源，但是可以通过物流与信息技术促进县域之间的融合程度，共同分享优势的自然资源、物流资源以及信息资源，实现信息共享，从而推动产业发展。根据泛县域优势资源培育与选择路径，构建主导反馈环基模。①优势资源量 —+→ 自然资源 —+→ 建设用地 —+→ 工业用水 —+→ 人力资源 —+→ 产业发展程度 —+→ 优势资源量；②优势资源量 —+→ 物流资源 —+→ 仓储资源 —+→ 交通便捷度 —+→ 产业发展程度 —+→ 优势资源量；③优势资源量 —+→ 信息资源 —+→ 信息设备 —+→ 信息处理量 —+→ 信息生产量 —+→ 网络化程度 —+→ 信息共享程度 —+→ 产业发展程度 —+→ 优势资源量；④优势资源量 —+→ 自然资源 —+→ 物流资源 —+→ 信息资源 —+→ 网络化程度 —+→ 信息共享程度 —+→ 产业发展程度 —+→ 优势资源量。基于上述4个泛县域优势资源培育与选择路径反馈环基模，建立泛县域优势资源培育与选择路径因果关系图。由Vensim仿真软件可知，在泛县域优势资源培育与选择路径因果关系图中（见图6-9），包括15条泛县域优势资源培育与选择路径反馈环，因此，可以新增11条反馈环。

在未来，泛县域优势资源的培育与选择必然是经济发展的重中之重。以电子商务产业为例，电子商务作为我国新时代经济发展的重要组成部分，已经对我国各级行政区划的经济发展产生了重大影响。然而以县域分布为主的电子商务产业平台往往会因为自身的资源劣势而使其发展受到限

制，政府在发展和培育县域电子商务产业时应选择泛县域间的互补优质资源进行发展，使泛县域间的优质资源能够相互促进，提升发展速度。

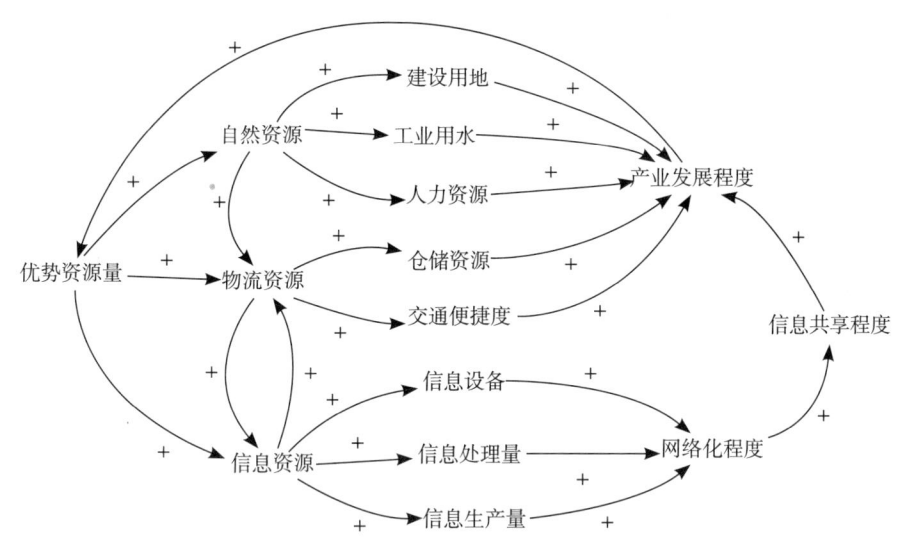

图6-9　泛县域优势资源培育与选择路径因果关系图

根据阿里新乡村研究中心发布的《中国淘宝村发展报告（2014—2018）》数据显示，河北省淘宝村的数量由2014年的25个快速增长至2018年的229个，且其县域电商发展主要呈现团块状的电子商务产业集聚区域，即以相邻县域行政区划为单位形成了优势资源互补的电商产业集聚区域。

表6-13　　　　　　　　　　河北省淘宝村电商经营品类

省	市	区县	镇/街道	村	电商经营品类
河北省	石家庄市	正定县	正定镇	北贾村	家具
		深泽县	白庄乡	大直要村	居家布艺
	唐山市	遵化市	东新庄镇	西杨庄村	宠物用品
		宁晋县	凤凰镇	王家场村	服装
			河渠镇	河渠村	塑料制品
	邢台市	平乡县	丰州镇	霍洪村	童车
		清河县	戈仙庄镇	黄金庄村	羊绒服饰

资料来源：阿里巴巴集团《首届中国农民丰收节电商数据报告》。

根据阿里巴巴中国零售平台上的销售数据显示，河北省在石家庄市、唐山市和邢台市分别根据其各个县域的特色资源形成了相应的家具特色电商集聚区、服装特色电商集聚区和塑料制品特色电商集聚区，且以县域为单位形成了泛县域的资源互补产业链，发掘了适合当地生产、能将省内的各种资源进行互补、在外部有竞争力的电商产品，成为推动河北经济实现跨越式发展的重要途径之一。

各省在进行产业园区规划和培育优质资源时应总体考虑泛县域间的资源互补情况，从自然资源、物流资源和信息资源三个方面出发，通过泛县域间优质资源的互补来弥补各个县域劣势资源的不足，从而达到"1+1＞2"的效果。

二 泛县域优势资源共生开发、产业化路径与典型案例

泛县域优势资源共生开发可以解决县域内优势资源各自垄断的问题，推动各县域之间进行资源整合以及资源的有效利用，从而促进资源专业化和产业合作化，资源专业化可以推进产业集聚，产业合作化会促进生产力发展。根据泛县域优势资源共生开发与产业化路径，构建主导反馈环基模。①优势资源共生开发程度 —+→ 资源综合开发程度 —+→ 资源综合利用程度 —+→ 项目资源合作程度 —+→ 资源专业化发展程度 —+→ 优势资源共生开发程度；②优势资源共生开发程度 —+→ 资源综合开发程度 —+→ 资源综合利用程度 —+→ 项目资源合作程度 —+→ 产业专业化发展程度 —+→ 产业发展程度 —+→ 优势资源共生开发程度；③优势资源共生开发程度 —+→ 资源综合开发程度 —+→ 资源综合利用程度 —+→ 项目资源合作程度 —+→ 企业规模化发展程度 —+→ 优势资源共生开发程度；④优势资源共生开发程度 —+→ 资源综合开发程度 —+→ 资源综合利用程度 —+→ 项目资源合作程度 —+→ 资源专业化发展程度 —+→ 产业专业化发展程度 —+→ 优势资源共生开发程度；⑤优势资源共生开发程度 —+→ 资源综合开发程度 —+→ 资源综合利用程度 —+→ 项目资源合作程度 —+→ 资源专业化发展程度 —+→ 企业规模化发展程度 —+→ 优势资源共生开发程度。基于上述5个泛县域优势资源共生开发与产业化路径反馈环基模，建立泛县域优势资源共生开发与产业化路径因果关系图（见图6-10）。由Vensim仿真软件可知，在泛县域优势资源共生开发与产业化路

径因果关系图中，包括 12 条泛县域优势资源共生开发与产业化路径反馈环，因此，可以新增 7 条反馈环。

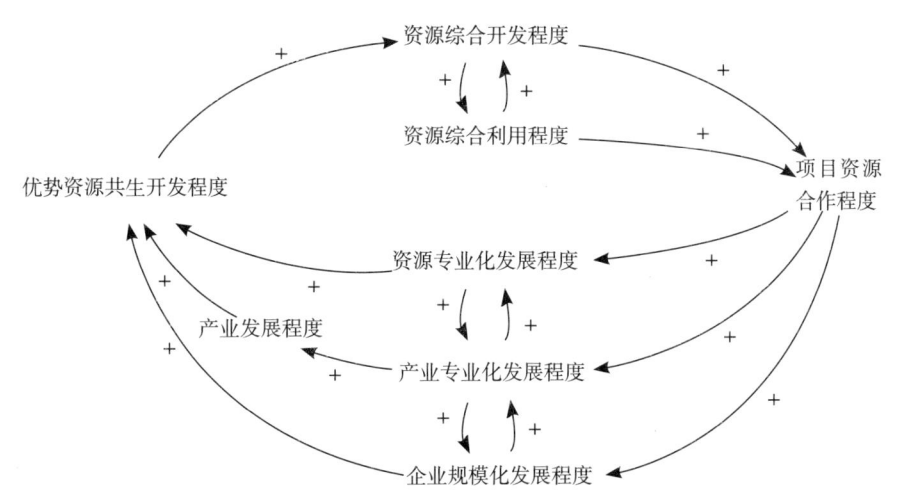

图6-10　泛县域优势资源共生开发与产业化路径因果关系

以广西地区特色茶业为例，茶叶作为广西的优势资源，在广西壮族自治区中有 49 个县都种植了茶叶。绿茶、红茶、六堡茶与花茶是广西地区茶叶的盛产品种。但是在近十年里，广西茶产业结合市场需求，对茶叶这一资源进行了共生开发处理，先后引进了一些无性系良种，如福鼎大白茶、福云 6 号、迎霜等，逐渐占据了茶园总面积的一半以上。其中，昭平县从一开始茶叶企业规模小、品牌影响力不大、最大的年销售收入不足 5000 万元，在进行县域间的共生开发合作后，该县建成现代特色农业示范区 13 个，其中以茶产业为主导产业的示范区 8 个。形成集茶叶种植、种苗繁育、产品开发、精深加工、茶旅观光、文化体验等系列产业体系和集群，真正实现了由资源到产业化的路径。

三　泛县域产业合作与跨区域工业园区构建路径与典型案例

泛县域产业合作与跨区域工业园区的构建关键在于县域的区位条件，跨区域工业园的选址需要便捷的地理位置、足够的经济发展能力以及充足的市场需求，从而实现产业增值，推动当地以及合作县域的经济发展，进而提高县域的区位条件。根据泛县域产业合作与跨区域工业园区构建路径，构建主导反馈环基模。①县域区位条件 ——+—→ 县域经济发展水

平 —+→ 产业增值 —+→ 跨县域发展环境 —+→ 跨县域市场需求 —+→ 县域间投资力度 —+→ 县域经济发展水平 —+→ 县域区位条件；②县域区位条件 —+→ 运输地理位置 —+→ 跨县域发展环境 —+→ 经济政策 —+→ 就业人口 —−→ 劳动力费用 —+→ 产业增值 —+→ 县域经济发展水平 —+→ 县域区位条件；③县域区位条件 —+→ 运输地理位置 —+→ 跨县域发展环境 —+→ 经济政策 —+→ 就业人口 —+→ 工艺优势 —+→ 产业增值 —+→ 县域经济发展水平 —+→ 县域区位条件；④县域区位条件 —+→ 原材料 —+→ 产业聚焦度 —+→ 产业个性化 —+→ 跨县域市场需求 —+→ 县域间投资力度 —+→ 县域经济发展水平 —+→ 县域区位条件。基于上述4个泛县域产业合作与跨区域工业园区构建路径反馈环基模，建立泛县域产业合作与跨区域工业园区构建路径因果关系图（见图6-11）。由 Vensim 仿真软件可知，在泛县域产业合作与跨区域工业园区构建路径因果关系图中，包括10条泛县域产业合作与跨区域工业园区构建路径反馈环，因此，可以新增6条反馈环。

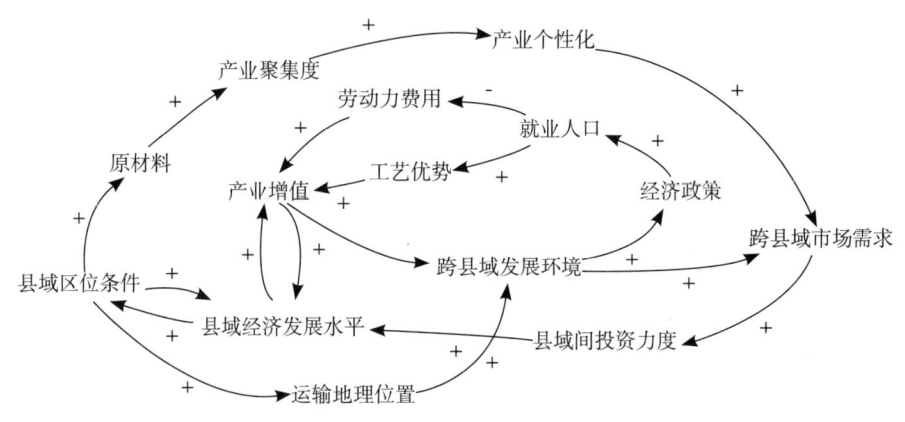

图6-11　泛县域产业合作与跨区域工业园区构建路径因果关系

以陕西苹果跨县域合作为例，这一带地区包括延安市宝塔区、富县、宜川县、洛川县、黄陵县、铜川市印台区、铜川市耀州区、宜君县、凤翔县、白水县、合阳县、旬邑县、永寿县、长武县、淳化县等15个县（区）以及宝鸡市陈仓区、宝鸡市金台区、宝鸡市渭滨区、歧山县、扶风县、陇县、千阳县、蒲城县、澄城县、韩城市、富平县、礼泉县、乾县、彬县等14个县（市），共29个县（区）是陕西苹果的产地。

陕西苹果最好的生产区同时是世界上最大规模的优质苹果生产区，在渭北北部及陕北南部地区。该地区的气候条件适合种植优质红色耐贮运的晚熟和中晚熟鲜食品种。而渭北南部生产区，海拔一般为600—800米，主要包括韩城、合阳、蒲城、白水、富平、礼泉、乾县、扶风、凤翔、岐山、眉县、宝鸡、耀县等县的中南部地区。虽然渭北南部的交通以及肥水条件要优于渭北北部，但是苹果的品质和着色度方面要略逊于渭北北部。

目前，渭北苹果的内在品质、分级、加工性能、包装保鲜等方面都没有统一规范，导致优质的苹果却不能够在市场上有着优质的价格，出现农户亏本的现象。在以往的县域管理下，每个基地县都有着自己的苹果生产体系以及管理系统，这大大增加了生产苹果的成本以及重复性劳动，增加对种植者的经济要求，制约着苹果种植产业的发展。因此通过跨县域实现了渭北苹果统一生产和管理，形成区域优势，从而提高市场竞争能力。

四 泛县域循环园区构建路径与典型案例

构建泛县域循环园区需要关注泛县域产业集聚发展程度，根据产业的生产量进行污染治理，推动资源再循环与资源再利用，以达到产业循环生产、降低成本、保护生态的目的，从而吸引更多产业企业的加入，带动合作县域的经济发展。根据泛县域循环园区构建路径，构建主导反馈环基模。①产业集聚发展程度 —+→ 生产力集聚 —+→ 污染程度 —+→ 资源再循环 —+→ 原材料 —+→ 产业循环生产 —+→ 产业集聚发展程度；②产业集聚发展程度 —+→ 生产力集聚 —+→ 污染程度 —+→ 资源再利用 —+→ 原材料 —+→ 产业循环生产 —+→ 产业集聚发展程度；③产业集聚发展程度 —+→ 生产力集聚 —+→ 产业创新 —+→ 产业需求量 —+→ 产业生产量 —+→ 原材料需求量 —+→ 资源再循环 —+→ 原材料 —+→ 产业循环生产 —+→ 产业集聚发展程度；④产业集聚发展程度 —+→ 生产力集聚 —+→ 产业创新 —+→ 产业需求量 —+→ 产业生产量 —+→ 原材料需求量 —+→ 资源再利用 —+→ 原材料 —+→ 产业循环生产 —+→ 产业集聚发展程度。基于上述4个泛县域循环园区构建路径反馈环基模，建立泛县域循环园区构建路径因果关系图（见图6-12）。由Vensim仿真软件可知，在泛县域循环园区构建路径因果关系图中，包括15条泛县域循环园区构建路径反馈环，因此，可以新增11条反馈环。

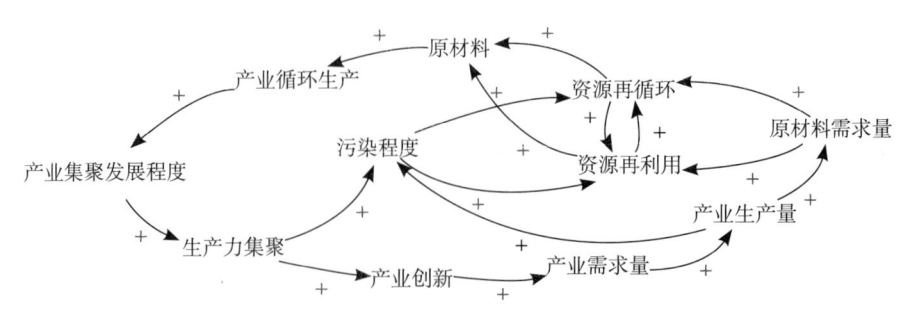

图6-12 泛县域循环园区构建路径因果关系

以蛟洋循环经济示范园区为例，蛟洋循环经济示范园区是蛟洋工业区的核心，于2007年开始建设。已经有10家大型企业落户于此，达到了100亿元以上的总投资规模。园区按照产业结构功能划分为金属产品及硫酸加工区、磷酸磷铵加工区、建材加工区3个功能分区。初步形成以铜、金等有色金属冶炼及硫、磷、氟化工等相配套的循环经济产业链，并可继续向铜金银精深加工及硫磷氟等精细化工方向发展，实现企业环环相扣。园区紫金铜业公司的原材料铜精矿全部从国外进口，铜精矿和瓮福紫金公司的磷精矿经铁路运输分别从厦门海沧码头和贵州马场坪运抵上杭冶炼厂铁路专用线货场，而后通过输送带或管道直接从货场送达厂区，避免了传统的汽车运输带来的二次污染。紫金铜业公司的副产品硫酸利用硫酸管道直接从灌区输送至瓮福紫金化工股份有限公司等下游企业，避免了二次污染和安全生产事故。各种废弃物在园区得到充分利用。

五　泛县域生态共生区构建路径与典型案例

泛县域生态共生区主要是通过生态共生、产业集群和社区基础设施、公共服务等因素构建而成。泛县域良性生态循环可以吸引人口集聚，带来充足的劳动力资源，提高产业创新力度，同时可以促进资源循环、降低成本，共同带动产业发展，提高县域间的投资力度，以达到经济发展的目的。根据泛县域生态共生区构建路径，构建主导反馈环基模。①良性生态循环 —+→ 人口集聚 —+→ 劳动力 —+→ 产业创新 —+→ 产业发展 —+→ 县域间投资力度 —+→ 经济发展 —+→ 人口集聚 —+→ 文化发展 —+→ 环保意识 —+→ 良性生态循环；②良性生态循环 —+→ 人口集聚 —+→ 交通便捷度 —+→ 产业运输 —+→ 产业发展 —+→ 县域

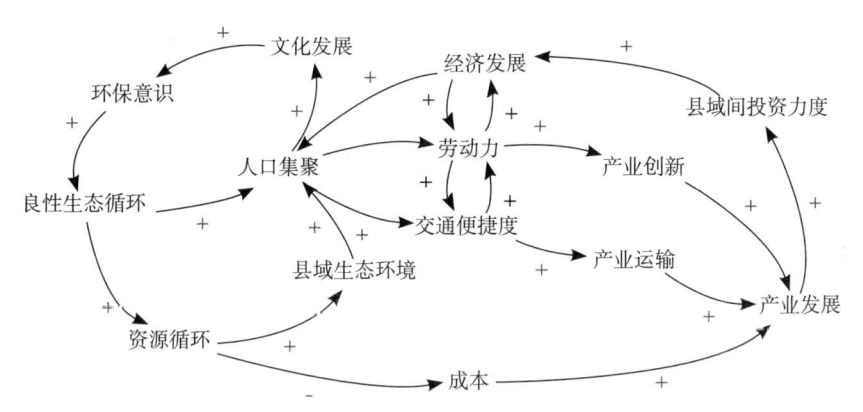

间投资力度 —+→ 经济发展 —+→ 人口集聚 —+→ 文化发展 —+→ 环保意识 —+→ 良性生态循环；③良性生态循环 —+→ 资源循环 —−→ 成本 —+→ 产业发展 —+→ 县域间投资力度 —+→ 经济发展 —+→ 人口集聚 —+→ 文化发展 —+→ 环保意识 —+→ 良性生态循环；④良性生态循环 —+→ 资源循环 —+→ 县域生态环境 —+→ 人口集聚 —+→ 文化发展 —+→ 环保意识 —+→ 良性生态循环。基于上述 4 个泛县域生态共生区构建路径反馈环基模，建立泛县域生态共生区构建路径因果关系图（见图 6-13）。由 Vensim 仿真软件可知，在泛县域生态共生区构建路径因果关系图中，包括 11 条泛县域生态共生区构建路径反馈环，因此，可以新增 7 条反馈环。

图6-13 泛县域生态共生区构建路径因果关系

随着产品运输和信息传递速度的加快，生态产业的规模必将扩大，形成以县域经济体为单位的泛县域生态共生产业区。以广西贵港生态工业园为例，广西壮族自治区作为中国最大的蔗糖生产基地，其每日会产生大量的废糖蜜和蔗渣，在以往的产业链中，这些生产废弃物往往作为垃圾处理，从而造成了大量的资源浪费。因此，国家环保总局在 2001 年授牌建立了贵港生态工业园，该园区以蔗糖生产为核心，将产糖产生的废物循环利用，形成了一个完整的生态共生产业区。

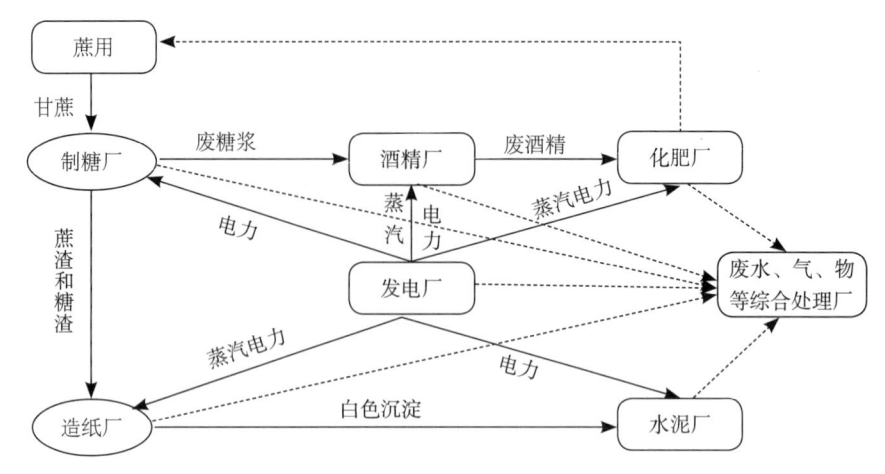

```
                    ┌──────┐
                    │ 蔗用 │◀╌╌╌╌╌╌╌╌╌╌╌╌╌╌╌╌╌╌╌╌╌╌┐
                    └──┬───┘                       ╎
                   甘蔗│                           ╎
                      ▼      废糖浆    ┌──────┐ 废酒精 ┌──────┐
                  ╭──────╮─────────▶│ 酒精厂│──────▶│ 化肥厂│
                  │制糖厂│◀─────    └──┬───┘       └──────┘
                  ╰──┬───╯  蒸 电    蒸│电       蒸汽电力
                     │   电力 汽 力    汽│力       
              蔗渣和糖渣   力        ▼ │       ┌────────────┐
                     │         ╭──────╮  ╌╌╌╌╌▶│ 废水、气、物 │
                     │         │发电厂│         │ 等综合处理厂│
                     │         ╰──┬───╯   ╌╌╌╌▶└────────────┘
                     │   蒸汽电力  │  电力
                     ▼             ▼
                  ╭──────╮ 白色沉淀 ┌──────┐
                  │造纸厂│────────▶│ 水泥厂│
                  ╰──────╯         └──────┘
```

图6-14 以蔗糖生产为核心的生产过程

如图6-14所示，贵港生态工业园依旧以蔗糖生产为核心，但是将生产蔗糖过程中产生的废糖浆用于生产酒精，将生产酒精过程中产生的废酒精用于生产化肥。对于之前产生的蔗渣和糖渣则用于造纸，并将造纸过程中产生的白色沉淀用于生产水泥，最后将所有废弃物统一处理，实现了资源的最大化利用。这一生态共生系统不仅有效提高了资源的利用率，还大大地减少了对环境的破坏。在保护了环境的同时也促进了经济发展，而高速发展的经济和优美的环境又可以吸引更多优秀的人才进入，从而成功实现了产城融合这一目标。

六　泛县域产城融合共生区构筑路径与典型案例

泛县域产城融合共生区主要是通过产业、人口、生态、智慧化等构建而成。产业发展离不开劳动力、智能化、环境等的发展，依托于智能化设备搭建人才交流平台，提升泛县域间的现代信息服务业的水平，进而带动泛县域的经济发展，推动产业循环发展。根据泛县域产城融合共生区构筑路径，构建主导反馈环基模。①产业发展 —+→ 劳动力 —+→ 人口集聚 —+→ 城市基础设施 —+→ 人才交流平台 —+→ 现代服务业 —+→ 劳动力 —+→ 产业发展；②产业发展 —+→ 城中村改造 —+→ 县域生态环境 —+→ 人口集聚 —+→ 城市基础设施 —+→ 人才交流平台 —+→ 现代服务业 —+→ 劳动力 —+→ 产业发展；③产业发展 —+→ 城中村改造 —+→ 县域生态环境 —+→ 国家政策 —+→ 绿色产业 —+→ 产业发展；

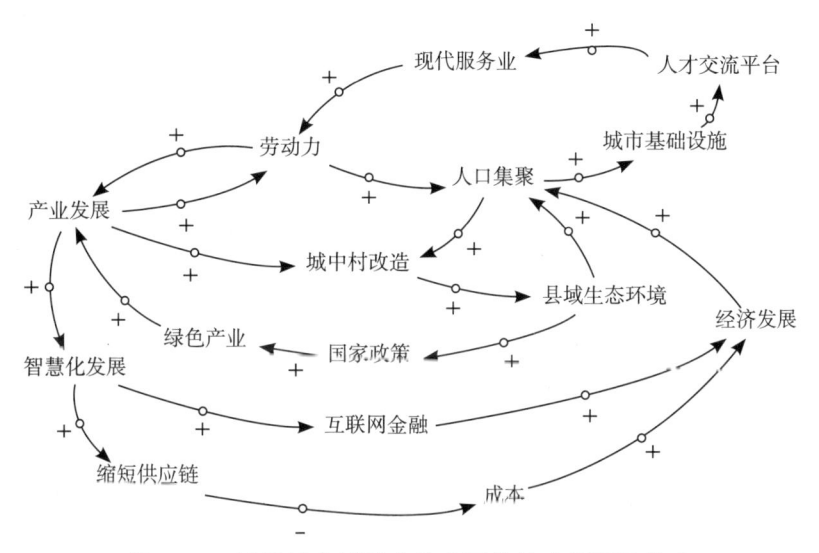

④产业发展 —+→ 智慧化发展 —+→ 互联网金融 —+→ 经济发展 —+→ 人口集聚 —+→ 城市基础设施 —+→ 人才交流平台 —+→ 现代服务业 —+→ 劳动力 —+→ 产业发展；⑤产业发展 —+→ 智慧化发展 —+→ 缩短供应链 —−→ 成本 —+→ 经济发展 —+→ 人口集聚 —+→ 城市基础设施 —+→ 人才交流平台 —+→ 现代服务业 —+→ 劳动力 —+→ 产业发展。

基于上述5个泛县域产城融合共生区构筑路径反馈环基模，建立泛县域产城融合共生区构筑路径因果关系图（见图6-15）。由Vensim仿真软件可知，在泛县域产城融合共生区构筑路径因果关系图中，包括12条泛县域产城融合共生区构筑路径反馈环，因此，可以新增7条反馈环。

图6-15 泛县域产城融合共生区构筑路径因果关系

城市发展与产业园区的构建显然是相辅相成的关系。产业园区作为一个城市经济职能的集聚区，如果产业园区的发展落后，则肯定会影响到城市整体经济水平的发展，同样，如果城市发展得不好则必然会限制其产业园区的发展。随着我国产城融合的推进，我国许多工业园区与所在城市的融合取得了成功，而县级行政区域作为我国最核心的行政区划，泛县域间的产城融合共生可以有效加深我国现行产城融合的成效。

合肥高新区自2014年开始推行产城融合以来，通过和周边区级政府合作，引进了一大批高新技术型环保企业，大大提升了区内以及周边区县的工业经济稳定性和经济发展的可持续性。传统的工业园区往往大部分以制造业为主，通过增加就业机会吸引人口。而在合肥高新区，政府意识到良好的生态环境和可持续发展能力才是吸引资本进入的有效手段。因此，合肥高新区及周边区县早在2011年就联合提出了环巢湖生态文明建设方案，通过良好的生态环境吸引了一大批高科技企业落户高新区，这些企业不仅助推了高新区的发展，还大大促进了周边区县的经济发展。高新区周边区县通过对高新区企业及工作人员提供与生活服务、满足住房需求、完善供应链等有关的一系列相应产业，从而促进了各自行政区划内的经济发展，而周边区县良好的经济发展又可以作为高新区对外招商和吸引人才的有利条件。这一良性循环大大促进了高新区和周边区县的发展，实现了泛县域间的产城融合共生。

七 泛县域产城融合辐射区形成路径与典型案例

泛县域产城融合辐射区可以通过产业联动发展，增加市场需求度，吸引外来人口集聚，提高劳动力文化素质，结合智慧化发展，利用互联网辐射至其他县域。根据泛县域产城融合辐射区形成路径，构建主导反馈环基模。①产业联动发展 —+→ 市场需求度 —+→ 行业竞争压力 —+→ 技术创新度 —+→ 智慧化发展 —+→ 区域互联网普及率 —+→ 区域R&D投入强度 —+→ 产品创新 —+→ 产业联动发展；②产业联动发展 —+→ 市场需求度 —+→ 行业竞争压力 —+→ 技术创新度 —+→ 智慧化发展 —+→ 区域互联网普及率 —+→ 宣传辐射力度 —+→ 辐射县域产业发展程度 —+→ 产业联动发展；③产业联动发展 —+→ 劳动力 —+→ 人口集聚 —+→ 社区发展 —+→ 知识普及度 —+→ 人才培养力度 —+→ 区域R&D投入强度 —+→ 产品创新 —+→ 产业联动发展。基于上述3个泛县域产城融合辐射区形成路径反馈环基模，建立泛县域产城融合辐射区形成路径因果关系图（见图6-16）。由Vensim仿真软件可知，在泛县域产城融合辐射区形成路径因果关系图中，包括12条泛县域产城融合辐射区形成路径反馈环，因此，可以新增9条反馈环。

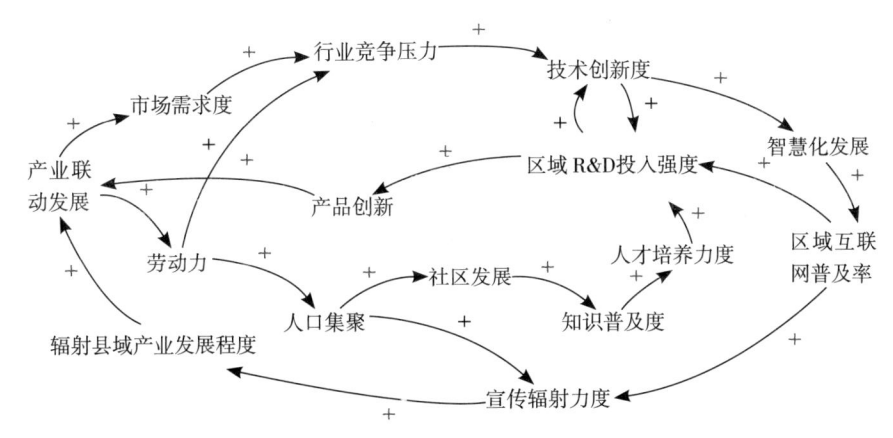

图6-16 泛县域产城融合辐射区形成路径因果关系

随着规模化经济的发展，政府在构建工业园区时若不统一规划园区功能和辐射区域，仅依靠单纯地建造工业厂房出租，必然会导致入驻企业行业的分散，而不能发挥集聚化功能的产业园区在现代激烈的市场竞争中难以获得优势，在我国大力提倡"转型升级"的经济背景下，这样的工业园区必将被市场所淘汰。以浙江乐清市工业园为例，乐清市政府早期在发展工业经济时由于周边省市缺少大型、高端的模具产业，从而导致其流失了大量的工业企业。模具行业是工业产业的基础，一个地方模具产业的发展情况直接决定着其工业经济的发展。基于此，乐清市对于其传统工业园区进行了规划和扩张，构建了"互联网+精密模具"的高端精密模具制造园区。自2016年该产业园区建成之后，这个高端精密模具产业园不仅直接推动了其本身模具行业的发展，还通过模具产业的影响力辐射出来一大片基于模具产业的工业经济集聚区。随着规模经济的不断发展，今天的工业园区必然会发展成为县域产业经济区，政府在构建县域产业区时应考虑到不同行业的辐射效应，根据所处行政区划的特色产业发展能够为周边产业提供辐射效应的产业集聚区，通过构建泛县域产业辐射区可以有效加快各个地区的经济发展。

第五节 泛县域视角下产城融合共生路径的层次性分析与驱动模式

一 泛县域视角下产城融合共生路径的层次性分析

（一）泛县域合作

当前，县域经济快速发展，但是大部分仍是传统的农业县，产业以农业为主，县域经济基础较为薄弱、经济发展依旧缺乏突破口。县域大都墨守成规，囿于自己的行政区划，甚至出现以邻为壑、恶性竞争的行为。此外，各县域对资源进行开发利用时，忽视了其他毗连县域资源的生命力，降低了资源的利用率和可持续性。毗连县域间的产业未能融合，在同质竞争的局势下，无法有效引进具有生态资源融合性质的企业，也无法实现产业的更新换代和转型升级。

泛县域优势资源主要包括县际间共同拥有的自然资源、产业资源、文化资源、渠道资源和区位资源等。县域共同拥有的资源应该站在资源的整体角度进行共同开发，实现泛县域优势资源的生态化利用，可以有选择地开发条件较为成熟的优势资源形成多种产业群，比如以生态治沙片林为依托打造的循环经济产业群、在山区县发展的都市型休闲观光林经济产业群或者是在偏远山区以生态涵养为目的仿野生、近自然产业群等。泛县域合作应实时把关泛县域优势资源培育与选择路径，各省在进行产业园区规划和培育优质资源时应总体考虑泛县域间的资源互补情况，对建设用地、工业用水等自然资源以及仓储资源、交通便捷度等物流资源进行培育，达到优势资源产业发展程度最大化，同时提高信息设备、信息处理器和信息生产量等信息资源的网络化程度，实现自然资源、物流资源和信息资源的共享，弥补各个县域资源劣势的不足。

因此，泛县域合作是县域经济发展的突破口，虽然县域经济各发展主体正处在矛盾之中，在各县域主体既要发展生态经济又要保障生态环境时，泛县域优势资源培育与选择路径是县域经济发展的首要路径。泛县域合作是一个系统工程，它需要在泛县域领域内遵循优势资源开发、生态产业化、产业园区化、园区景观化、景观城区化的共生路径，从而实现产在城中、城在景中、产城交融的共生目标。在此基础上，有效利用泛县域优势资源并对其进行生态化开发，进一步实现泛县域优势资源的产业化、泛县域园区景观化及泛县域城区智慧化，最终实现泛县域合作的科学性，即实现泛县域资源共享，各县域共赢发展。

（二）泛县域产业融合

县域作为城乡一体化发展的桥头堡，在区域经济建设中发挥基层战斗堡垒的作用，如何在县域基层中推进产业融合发展是城乡经济协调发展中面临的当务之急。从县域来看：第一产业的发展、第三产业的进步及工业自身内部的"两化"融合发展，必将形成第一、第二、第三产业融合发展的良好局面。但该目标的实现需要我们转变发展理念，从优势资源开发、生态产业化、产业园区化、园区景观化、景观城区化的共生路径出发，同时深入贯彻实施"创新、协调、绿色、开放、共享"的发展理念。

优势资源共生开发与产业化的前提是形成产业群，在此过程中一定要保证资源的生态性，在保护中进行产业化开发和利用，产业化能够更好地保护资源的生态本性。不仅如此，县域间还可以共同成立优势资源产业化的组织机构，对优势资源的产业化进行前期的产业设计，并进行招商引资，构建定期磋商机制，实现零污染、高回报的生态经济建设。因此，各省通过泛县域优势资源共生开发与产业化路径，对各产业中优势资源综合开发、利用的专业化发展程度进行共生开发的调查，同时对产业专业化发展以及企业规模化发展进行规划模拟，以实现产业优势资源的融合。此外，还可通过泛县域产业合作与跨区域工业园区构建路径，对县域经济发展水平、运输地理位置、产业聚集度等因素进行整合，构建最高效用的跨区域工作园区，实现产业增值，从而促进县域内各区域经济的发展。

（三）泛县域产城融合

产业是经济发展的内在驱动力，城市是产业生根发芽的坚实载体，产业与城市合理规划与布局共同促进经济社会快速发展。产业群的建设应该融入城市环境中，产业群并不是孤立存在的，而是应在保护和使用自然环境起到锦上添花的作用。产业群不仅融于景中，而且应该是开放式的，通过在周边配置和完善系统的生活配套设施，而且这些设施也进行了生态化设计和建设，从而使产业群得到拓展和延伸，形成融产业、生活和休闲于一体的泛县域城区。在充分发挥生态优势，打造山青水绿、生态环保的产业群的基础上，可以承接泛县域地区辐射和带动效应，促进高端要素集聚，发展更高层次的开放型经济，打造经济结构优化升级的产业群。在产业群的建设中，为了实现泛县域居民、产业、城市、生态进行智慧化组合，可以进一步引进电子信息、高端装备制造等新兴产业，与城市中常见的现代物流、现代金融、电子商务等现代服务业进行融合，形成"生态+经济+城市"泛县域产城融合体。

因此，泛县域循环园区构建路径与泛县域生态共生区构建路径依托现有产业群的基础和功能，在促进产业集聚、加快产业发展的同时，顺应发展规律，将产业群发展为县际循环园区。县域间的投资力度不断加大，县域生态共生区也随之扩大构建，生态循环与资源循环相辅相成，推进了产业和城镇化融合发展。实现从单一的生产型园区经济向综合型城市经济的转型，为新型城镇化探索路径，成为产业发展好、城市服务功能完善的城市综合功能区。

（四）泛县域产城融合共生

在泛县域产城融合过程中，诸如部分化工产业带来环境污染、城市建设占用耕地与绿地等问题层出不穷，究其原因是由于泛县域产城融合过程中，缺乏对泛县域产城融合共生的重视。从前面论述中可知，泛县域产城融合路径包括，对共有资源进行共生开发，促进县域发展成县际园区，实现产业资源循环使用后形成循环园区，再进一步发展成生态共生社区。要想实现泛县域产城融合共生发展，第一，通过融合各县域政治、经济、文化特点，在保护古城风貌的基础上，加快建设产业新城，在县域共同管理下建设世界旅游城，进一步大力发展生态旅游、商务会展、社会化养老、文化创意、现代物流等服务业，把旅游业培育成为战略性支柱产业。第二，建立泛县域高新技术产业开发区，重点发展电子信息、医药、生物以及新材料、新能源、新能源汽车等新兴产业，改造提升传统产业，构建现代产业体系。第三，发展共有优质资源，包括粮食、优质果蔬、中药材、食用菌、竹木、油茶、水产等特色农产品，推进农业产业化、规模化、标准化和品牌化建设，发展特色效益农业。第四，建设区域性综合交通枢纽，比如连接周边地区的高速公路和铁路，提升连接华中、西南、华南地区的交通通达度。第五，加强生态保护建设，提升泛县域产城融合过程中的生态保护力度。加大对电力、造纸、建材等行业污染、农业面源污染、城市生活污染的治理力度等。

泛县域产城融合中除产业、生态、城市、人口等影响因素外，还可以引进影响未来城市发展的"大智移云"新型信息技术，在此基础上实现产业创新，创造新的城市服务新功能，智慧交通、智慧物流、智能家居等通过系统集成，实现万物互联，从而使产业、生态、城市、人口智慧融合，为泛县域产城融合共生提供技术支持，形成泛县域产城融合共生区构筑路径。此外，通过产业联动发展，增加市场需求度，吸引外来人口集聚，提高劳动力文化素质，结合智慧化发展，利用互联网辐射至其他县域，构建泛县域产城融合辐射区，进一步实现泛县域产城融合共生。

综上所述，为了杜绝泛县域产城融合过程中"有城无产"等现象，在实施产城融合过程中，应该以促进产城一体化为核心，要依托产城融合"共生"理念和切实可行的泛县域产城融合共生方案，从而实现泛县域产城融合共生的"落地生根"。

二 泛县域视角下产城融合共生路径的驱动模式分析

（一）他组织驱动模式与典型案例

我国从县域产城融合到泛县域产城融合主要依靠他组织力量，即政府出于对发展全局的考虑，进行硬性政策规定实现产城融合。

由于地区发展需要引进人才，留住人才助力开发区的产业转型升级，从而形成长效发展的人才引进机制。为此，首先政府以"产城人"间的互动为立足点，制定符合当地实情和富有竞争力的产业集群政策，在此基础上加大对当地的财政支持力度，构建多层次、多渠道的多元投融资机制，以此推动当地产业转型。其次为了完善县域公共服务，提升居民生活品质，政府应从教育、医疗、文化生态方面着手，整合城乡教育和医疗资源，建立共享机制，发掘当地历史文化古迹，打造当地文化特色品牌，同时将生态建设纳入城市规划总框架。最后政府构建新型城镇规划体系，统筹城市间产业发展规划，实现各城市间人员、物资、资金、信息、技术等生产要素的相互流通，以促进产城融合的区域协调发展。

典型的泛县域产城融合的他组织路径可以参考赣浙两省边际合作发展示范区建设。为探索跨省合作新模式，促进东、中部地区资源共享、优势互补；为促进江西扩大开放合作广度和深度，承接工业产业转移，更好地借力浙江的优势资源，以实现在中部地区率先崛起；为帮助浙江扩大产业发展纵深，破除环境、资源、土地、能耗等要素制约，提高区域整体竞争优势，赣浙两省建设了以玉山、广丰、江山、常山四个县市区边际区域为主的"一区三园"，即赣浙生态产业合作示范区、绿色工业产业园、养生休闲旅游园、现代生态农业观光园。此次合作是两省边际合作发展的新模式，需要得到省级甚至是国家层面的政策、项目、资金支持才能满足示范区各项建设发展的需求。因此，省级层面出台相关扶持政策，加大资金投入力度，优化生态补偿、用地指标、金融扶持等政策效应，协调国家相关部委着力打造了浙赣两省省际合作示范区。

（二）自组织驱动模式与典型案例

自组织力量对县域产城融合向泛县域产城融合发展的作用，可以理解为内在力的驱动，由于各县域长期以来存在城镇化水平不高，土地建设与人口分布情况不协调，公共服务资源与当前各县域的发展水平不相匹配，产业结构不平衡等问题，各个县域急需通过相互合作共创产城融合来弥补自身能力不足。针对此种情况，为更好地推动产城融合，各个县域应转变由以往侧重产业而忽视城市转型为集生产生活功能一体化的园区的发展思路，具体做法有以下几点：第一，由于各县域的要素聚集能力较差，因此可采取结合本区域城市群的发展需要，内外联通，在做好中心城市和大城市的产业配套的同时，根据该地区的资源条件及环境承载能力，服务好本地特色产业发展；第二，位于中心城市的周边地区应强化城市功能系统建设，科学合理地规划好该地区的城市功能和城市规模，扮演好"卫星城"的角色，而其他县域可以利用当地特色资源优势发展特色小镇；第三，各县域要敢于打破"区域束缚"，将本地区与周边主要产业园区在空间组织、功能联系上成为有机的整体，同时打破个体分工的局面，加强与周边地区协作，形成有机联合、有效互动、共生发展的城市格局。

典型的泛县域产城融合的自组织路径可以参考上海嘉定新城。作为上海市重点打造的"三大新城"之一，嘉定新城将工业区南区等板块纳入了现有的行政管理体系，过去十年间嘉定新城自发在社会服务功能的便捷、社会治理功能的完善及生态功能的健全等方面进行了持续的投入，如保利大剧院、嘉定区图书馆（文化馆）、嘉定区妇幼保健院、瑞金医院北院、交大附中和华二初中、中福会幼儿园、蒙特梭利幼儿园等一批社会功能性项目都相继落成和投入使用，并取得了很好的效果。此外，嘉定新城还优化了安亭、南翔等组团的功能定位和开发时序，并通过加强与周边虹桥枢纽、昆山、太仓、花桥等城市的协作，放大新城主城区辐射效应。

（三）多主体共同驱动模式与典型案例

多主体共同推进路径则将政府的硬性政策规定的他组织路径和各县域自发推进产城融合的自组织路径进行了有机融合。由于大城市发展到一定规模，"城市病"不断爆发，急需借助县域产城融合来缓解人口和产业压力，重塑城市竞争力。同时，各县域利用政策支持和自身空间优势承接发达地区的产业，达到提高区域竞争力和发展效率的目的，因此，产城融合既受到政府制定有关产业发展、空间组织、环境提升的政策规定的推动，同时也具有各县域充分意识到自身条件不足，选择县域之间相互协作联通以弥补自身短板自发性的推动。

典型的泛县域产城融合的多主体共同推动路径可以参考四川天府新区。为发展内陆开放型经济、促进西部地区转型升级、完善国家区域发展格局、探索全国统筹城乡综合配套改革，2014年国家批复同意设立四川天府新区。为推动四川天府新区的发展，四川省委发布了《四川省推动农业转移人口和其他常住人口在城镇落户方案》，合理引导人口向天府新区等重点区域转移。同时加大对天府新区的财政支持力度，深化投融资改革，全省年度新增债券额度分配向天府新区倾斜。成都市统筹规划了天府新区国土空间，优化功能定位与产业布局，同时积极引进高端高新产业及优秀人才。同时，四川天府新区聚集了高端产业、承接了产业高端转移，通过以现代制造业和高端服务业集聚，突出其公园城市特点，吸引了商汤科技、安盟中国等一批知名新经济企业落户。在教育和引进人才方面，天府新区引进了中科院、清华大学、北京航空航天大学、斯坦福大学等22个校院地协同创新平台，促进校院地协同创新创业。

第七章
泛县域视角下产城融合共生路径的实证检验

本章首先对泛县域产城融合共生路径进行实证模拟，依据本书前文梳理出的 7 个泛县域产城融合共生的影响因素，将共有资源的影响因素设定为原材料因子、投入要素因子、资源重新配置因子、绿色产业因子并提出 22 个假设，经过实证分析，发现这些假设均通过了结构方程模型的检验。此外，本章选取浙赣边际"衢饶"示范区、天津滨海新区、江西赣江新区、河北雄安新区、吉安吉泰走廊和鹰潭智慧新城 6 个示范区，对其基本概况、发展方式进行介绍说明，试图在实践层面对泛县域产城融合共生发展提供借鉴与启示。

第一节　泛县域视角下产城融合共生路径的实证模拟

本书前面梳理出的泛县域产城融合共生的影响因素主要有共有资源、共生开发、县际园区、循环园区、生态共生社区、产城融合示范区、产城融合辐射区等。

产城融合共生的作用机理表现为各要素发展对产城融合共生的影响，由产城融合共生作用机理图可知，共有资源、共生开发、县际园区、循环园区、生态共生社区、产城融合示范区和产城融合辐射区都会对产城融合共生产生影响，并且产城融合共生也会对所有因素的发展产生影响。我们从图中可以知道，对共有资源进行共生开发，促进县域发展成县际园区；县际园区产业集聚，产业资源循环使用，形成循环园区；循环园区内产业集群发展成生态共生社区，而循环园区和生态共生社区同样可以提升已有的循环园区，同时在形成了规模化的循环园区之后，泛县域间的共有资源、共生开发和县级园区也可以得到提升；随着产业发展和扩大以及社区的扩大，更多人口流入社区，社区发展为城市，生态共生社区发展成产城融合共生区，在形成产城融合共生区之后，其对县域产业经济的影响可以辐射至周边县域以及类似产业县域，形成产城融合辐射区。因此，本章从共有资源、共生开发、县际园区、循环园区、生态共生社区、产城融合示范区、产城融合辐射区7个方面的因素验证其对泛县域产城融合的影响。

一 问卷设计与模型假设

（一）问卷设计

根据对其他学者研究文献的分析，编制出相应的调查问卷。问题的回答采用国际通用的李克特5点量表打分法。"1"代表非常同意，"5"代表非常不同意。本问卷共调查政府工作人员、林业工作者及相关专家300名，发放问卷300份，有效回收289份，并根据SPSS17.0软件进行数据模拟补充11份问卷，共得到300份有效数据。

（二）模型假设

在进行大量的文献梳理后，发现影响泛县域视角下产城融合共生发展的因子较多，且各种因子在分析的过程中具有重复性。因此本书前章对泛县域视角下产城融合共生路径影响因子进行分析，根据探索性因子分析法，将泛县域产城融合共生路径影响因子初步确定为13项。在此基础上，通过问卷调查，分析得出泛县域产城融合共生路径的影响因子较为重要的有7个，分别是共有资源、共生开发、县际园区、循环园区、生态共生社区、产城融合示范区、产城融合辐射区。

对以上7个较为重要的影响因子深入研究，发现在共有资源方面主要有原材料、投入要素、资源重新配置和绿色产业4个影响因子；在共生开发方面主要有资源完整性、生态保护、资源专业化和产业合作化4个影响因子；在县际园区方面主要有要素集聚、竞争力增强和生产效率提高3个影响因子；在循环园区方面主要有产业、生态和循环园区价值3个影响因子；在生态共生社区方面主要有生态共生、社区和产业集群3个影响因子；

在产城融合辐射区方面主要有产业、人口、城市、生态和智慧化5个影响因子。将每个一级影响因子与其各自的二级影响因子进行组合分析,可以得到以下22个假设:

SQ1:原材料因子受泛县域产城融合共有资源因素的正向影响。

SQ2:投入要素因子受泛县域产城融合共有资源因素的正向影响。

SQ3:资源重新配置因子受泛县域产城融合共有资源因素的正向影响。

SQ4:绿色产业因子受泛县域产城融合共有资源因素的正向影响。

SQ6:资源完整性因子受泛县域产城融合共生开发因素的正向影响。

SQ7:生态保护因子受泛县域产城融合共生开发因素的正向影响。

SQ8:资源专业化因子受泛县域产城融合共生开发因素的正向影响。

SQ9:产业合作化因子受泛县域产城融合共生开发因素的正向影响。

SQ10:要素集聚因子受泛县域产城融合县际园区因素的正向影响。

SQ11:竞争力增强因子受泛县域产城融合县际园区因素的正向影响。

SQ12:生产效率提高因子受泛县域产城融合县际园区因素的正向影响。

EI1:产业因子受泛县域产城融合循环园区因素的正向影响。

EI2:生态因子受泛县域产城融合循环园区因素的正向影响。

EI3:循环园区价值因子受泛县域产城融合循环园区因素的正向影响。

SC1:生态共生因子受泛县域产城融合生态共生社区因素的正向影响。

SC3:社区因子受泛县域产城融合生态共生社区因素的正向影响。

SC4:产业集群因子受泛县域产城融合生态共生社区因素的正向影响。

CS1:产业因子受泛县域产城融合产城融合辐射区因素的正向影响。

CS3:人口因子受泛县域产城融合产城融合辐射区因素的正向影响。

CS4:城市因子受泛县域产城融合产城融合辐射区因素的正向影响。

CS5:生态因子受泛县域产城融合产城融合辐射区因素的正向影响。

CS6:智慧化因子受泛县域产城融合产城融合辐射区因素的正向影响。

基于以上假设,泛县域产城融合共生的影响因素模型如图7-1所示。

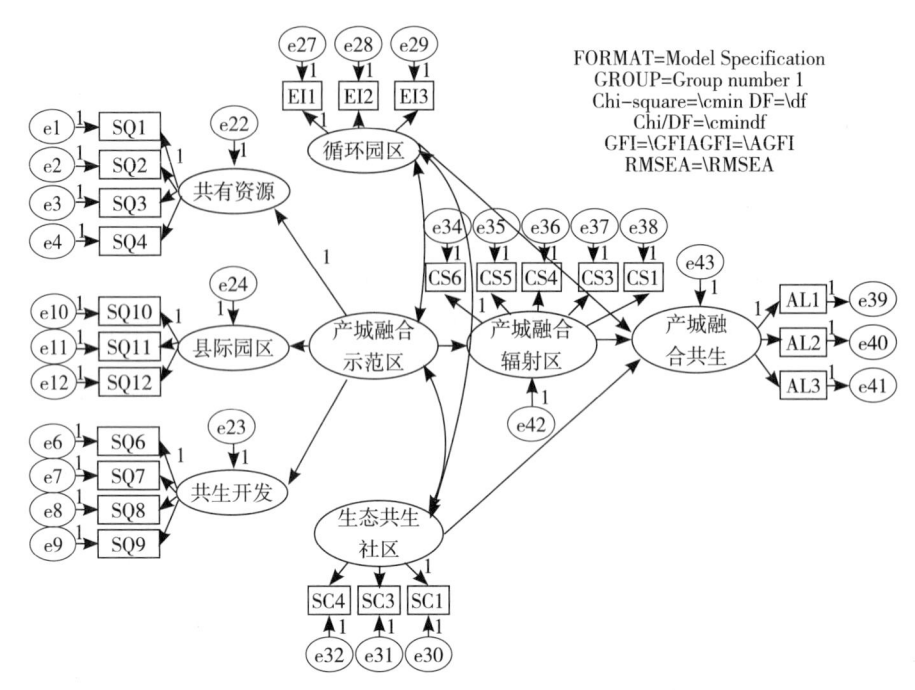

图7-1　泛县域产城融合共生路径的影响因素模型

二　模型检验与结论

（一）模型检验

在数据进行深入的挖掘分析之前，首先要对数据进行可靠性的分析。本节运用SPSS17.0软件对量表的数据进行了可靠性分析。部分缺乏数据支持的项目之后，研究数据基本真实可靠。

通常Cronbach's Alpha系数的值在0和1之间。如果α系数不超过0.6，一般认为内部一致信度不足；达到0.7—0.8时表示量表具有相当的信度，达到0.8—0.9时说明量表信度非常好。根据可靠性统计数据，如表7-1显示，Cronbach's Alpha系数为0.843，大于0.800，表明此量表的信度非常好。

表7-1　可靠性统计

Cronbach's Alpha	基于标准化项的克隆巴赫Alpha	项数
0.843	0.839	49

资料来源：笔者计算所得。

（二）模型拟合

基于吴明隆所著的《结构方程模型——AMOS 的操作与应用》，本节运用 AMOS 软件对共有资源、共生开发、县际园区、循环园区、生态共生社区、产城融合示范区、产城融合辐射区 7 个因素对产城融合共生的影响效果进行分析，主要以模型的拟合度指标和影响路径系数来进行解释。通过表 7-2 结构性分析拟合指标和表 7-3 各项拟合指标适配准则来评价本节提出的假设和建立的模型与收集到的数据之间的一致性程度。CMIN 代表的是模型的卡方值，其数值越小表示构建的模型与实际数据之间的拟合程度越高，当数据的样本量大于 200 个时，卡方自由比（CMIN/DF）代表拟合程度的效果。根据现有研究，卡方自由比（CMIN/DF）在（1，2）的区间内表示模型的拟合效果较好，在（2，3）的区间内表示模型的拟合效果良好，从表 7-2 显示的数据来看，模型的综合拟合效果较好。研究发现，如表 7-2 所示，CMIN/DF 的统计值为 1.752 小于 2.000，拟合效果较好。

表 7-2　　　　　　　　　　结构性分析拟合指标

Model	NPAR	CMIN	DF	CMIN/DF
Default model	60	464.395	265	1.752
Saturated model	325	0.000	0	
Independence model	25	4398.797	300	14.663

资料来源：笔者计算所得。

GFI 是单项拟合度的指数之一，表示构建的假设模型的方差协方差矩阵和实际样本数据的方差协方差矩阵之间的契合度。GFI 的值介于 0—1，GFI 值越大表示构建的假设模型与实际样本数据之间的契合度越高，而 AGFI 为 GFI 的数值经过标准化即去除单位之后的数值，其意义和衡量标准与 GFI 一致，由表 7-3 可以看出 GFI 的统计值为 0.890 大于 0.800，拟合效果良好；AGFI 的统计值为 0.865 大于 0.800，拟合效果良好。

NFI 指标是用来比较构建的假设模型与实际样本数据之间的卡方值差距，而 CFI 则是 NFI 改良后得出的衡量指标，表示在测量从最限制模型到最饱和模型时，非集中参数的改善情形。同样，NFI 和 CFI 的值介于 0—1，其数值越高表示模型的适配度越高，由表 7-3 的数据显示，本节构建的假设模型的 NFI 值为 0.894，拟合效果良好，而 CFI 的值为 0.951，表明假设模型的适配度较好。在基准比较指标参数中还包括了 IFI 和 RFI 数值。在本次构建的假设模型中，IFI 的统计值为 0.952 大于 0.900，拟合效果较好；RFI 的统计值为 0.880 大于 0.800，拟合效果较好。各项拟合指标适配准则如表 7-3 所示。

表 7-3　　　　　　　　　各项拟合指标适配准则

拟合指标	适配原则		模拟实际值	拟合效果
	良好	较好		
fCMIN/DF	2—3	1—2	1.752	较好
GFI	0.8—0.9	≥ 0.9	0.890	良好
AGFI	0.8—0.9	≥ 0.9	0.865	良好
NFI	0.8—0.9	≥ 0.9	0.894	良好
CFI	0.8—0.9	≥ 0.9	0.951	较好
IFI	0.8—0.9	≥ 0.9	0.952	较好
RFI	0.8—0.9	≥ 0.9	0.880	良好

资料来源：笔者计算所得。

由表 7-4 可知，共有资源、共生开发、县际园区、循环园区、生态共生社区、产城融合示范区、产城融合辐射区 7 个影响因素与其对应的 22 个假设间的 P 值都小于 0.001，表明本节构建的 22 个假设符合实际样本数据的检验。同时验证了共有资源、共生开发、县际园区、循环园区、生态共生社区、产城融合示范区、产城融合辐射区 7 个影响因素正向影响泛县域间产城融合共生。

表 7-4　　　　　　　　　假设检验结果

			Estimate	S.E.	C.R.	P	Label
产城融合辐射区	<---	产城融合示范区	1.024	0.136	7.512	***	支持
共有资源	<---	产城融合示范区	1.000				
共生开发	<---	产城融合示范区	1.377	0.144	9.543	***	支持
县际园区	<---	产城融合示范区	1.383	0.143	9.646	***	支持
产城融合共生	<---	产城融合辐射区	0.376	0.076	4.936	***	支持
产城融合共生	<---	循环园区	0.277	0.049	5.686	***	支持

续表

			Estimate	S.E.	C.R.	P	Label
产城融合共生	<---	生态共生社区	0.168	0.049	3.399	***	支持
SQ1	<---	共有资源	1.000				
SQ2	<---	共有资源	0.971	0.078	12.387	***	支持
SQ3	<---	共有资源	0.980	0.086	11.337	***	支持
SQ4	<---	共有资源	0.881	0.080	10.963	***	支持
SQ6	<---	共生开发	1.000				
SQ7	<---	共生开发	0.993	0.069	14.435	***	支持
SQ8	<---	共生开发	0.795	0.065	12.277	***	支持
SQ9	<---	共生开发	0.871	0.066	13.224	***	支持
SQ10	<---	县际园区	1.000				
SQ11	<---	县际园区	0.950	0.046	20.621	***	支持
SQ12	<---	县际园区	0.873	0.054	16.207	***	支持
EI1	<---	循环园区	1.000				
EI2	<---	循环园区	1.067	0.050	21.298	***	支持
EI3	<---	循环园区	0.881	0.054	16.229	***	支持
SC1	<---	生态共生社区	1.000				
SC3	<---	生态共生社区	1.022	0.080	12.704	***	支持
SC4	<---	生态共生社区	1.091	0.084	12.974	***	支持
CS6	<---	产城融合辐射区	1.000				
CS5	<---	产城融合辐射区	1.177	0.121	9.703	***	支持
CS4	<---	产城融合辐射区	1.093	0.115	9.523	***	支持
CS3	<---	产城融合辐射区	1.111	0.113	9.820	***	支持
CS1	<---	产城融合辐射区	0.958	0.109	8.820	***	支持

注：***表示$p<0.001$。

资料来源：笔者计算所得。

根据AMOS软件运行后得出的假设模型数据可以看出，产城融合示范区对共有资源、县际园区和共生开发的标准化路径系数分别为0.74、0.83和0.91；县际园区、产城融合示范区和生态共生社区之间的标准化路径系数为0.50和0.42；县际园区、生态共生社区和产城融合辐射区直接影响泛县域产城融合共生的标准化路径系数为0.34、0.20和0.34，以上数据均较为显著，说明由共有资源、共生开发、县际园区、循环园区、生态共生社区、产城融合示范区、产城融合辐射区 7 个观察变量构成的泛县域产城融合共生路径模型的各个假设均成立。

（三）实证检验结论

经过实证分析可知，本节提出的 22 个假设均通过了结构方程模型的检验，在共有资源方面，泛县域间的共有资源可以有效影响其县域的原材料、投入要素、资源重新配置和绿色产业；在共生开发方面，泛县域间的共生开发可以有效影响各自县域内的资源完整性、生态保护、资源专业化和产业合作化；在县际园区方面，构建泛县域间的县际园区可以有效影响生产要素的集聚、竞争力的增强和生产效率的提高；在循环园区方面，泛县域间的循环园区可以有效影响产业、生态和循环园区价值 3 个因素；在生态共生社区方面，泛县域间生态共生社区可以极大地影响生态社区的生态共生、社区和产业集群 3 个因素；在产城融合辐射区方面，构建形成的产城融合辐射区可以在产业、人口、城市、生态和智慧化方面产生重大的影响。同时，根据结构方程模型的计算显示，在完成的产城融合示范区的建设后可以对泛县域间产城融合共生的共有资源、县际园区和共生开发 3 个变量产生 0.74、0.83 和 0.91 的影响，这意味着在通过共有资源、县际园区和共生开发三个方面构建形成产城融合示范区可以对已有的资源进行提升，从而形成一个相互提升的良性循环。而构建泛县域间的循环园区、生态共生社区和产城融合辐射区可以对最终实现泛县域产城融合共生起到 0.34、0.20 和 0.34 的正向影响效果。

第二节　泛县域视角下产城融合共生路径的实践检验

目前，泛县域合作已经在我国许多地区开展，浙赣合作发展的浙赣边际"衢饶"示范区、天津的滨海新区、四区一城一县合作发展的江西赣江新区、河北雄安新区、三县四区的吉泰走廊以及鹰潭智慧新城，这些地区都在进行泛县域产城融合共生发展，且示范区的产城融合共生发展已获得了不错的成效。

一 浙赣边际泛县域产城融合共生路径的实践检验

(一) 浙赣边际示范区概况

浙赣边际的"衢饶"示范区,是由江西省和浙江省发改委携手,以合作模式创新为引领,以规划共绘、平台互建、产业共融、要素共享、生态共保为基石,举两省之力,实现未来三年打基础、五年基本建成的目标,打造成浙赣边际合作发展示范区。合作区将以衢州、上饶两个市域为基础,重点在江山、玉山、常山和广丰四个县市进行全方位合作开发,着力打造华东省际示范区、长三角都市区美丽后花园。

示范区将大力实施"交通先导"发展战略,推进杭衢高铁、江玉公路等一大批重大交通基础设施建设,发挥合作区连接长三角经济圈、长江经济带、海西经济区的战略支点作用,着力打造沪昆经济带重要节点和边际区域发展的"新引擎"。新区将坚持"绿水青山就是金山银山"的发展理念和"分工协作、错位互补、联动发展"的建设理念,探索建立产业转移跨区域合作机制,优化合作区选址,积极推动四个县市开展产业平台合作,发挥江山"1+3"产业体系、广丰电子信息、玉山装备制造等特色产业优势,深化地方企业间交流合作,实现资源、资金、技术优化配置,着力打造区域生态产业创新平台、特色工业培育中心。此外,合作区域内还有着一批如江郎山、三清山、铜拔山、廿八都古镇、婺源、江湾等核心景区景点,这也为成立浙赣省际旅游发展联盟,构建两省无障碍旅游区奠定基础。未来将建成一条贯穿浙西南、赣东北的黄金旅游线路,提升区域旅游资源共享度,打造长三角养生休闲的美丽大花园。

(二) 浙赣边际示范区泛县域合作机制

1. 产业互融

边际区域合作的重点之一在于产业互融,合作区建成后区域内各县将进行以下产业互融:一是将会突出各自特色产业、资源优势,推动产业链互相延伸、进行差异分工协作,实现借力发展、双赢发展;二是推进现代服务业融合发展,积极推进电子商务、科技创新、现代物流等服务一体化发展;三是加强现代农业交流合作,充分发挥各自生态农产品优势和销售渠道优势，加快推动区域生态高效农业规模化、品牌化，提升农业生产服务水平。

2. 要素互享

合作区将全力推动浙赣平台在资本、人才、公共服务等经济要素方面的深度融合。一是积极探索浙赣平台两省金融机构合作机制，积极推动平台企业、项目共享绿色金融改革创新试验区政策的实施；二是建立完善浙赣省际人力资源统一大市场，实现人力资源充分流动，探索搭建两地人才信息共享交流平台，开展人才共享；三是积极推进数字化转型，探索建立数据共享模型，实现旅游等各类信息互通，打破信息孤岛，打通省际信息交流通道，同时也积极推动教育、卫生、文化、养老等民生领域合作。

（三）浙赣边际泛县域产城融合共生路径的实践

1. 产业资源融合

合作区依托浙赣边界地形低丘缓坡、资源丰富、交通便捷、民风相通的优势构建产业发展平台，未来将建成"三山"生态产业创新示范带，示范带分为一主一副两个聚集区，主聚集区为规划面积45.27平方千米的浙赣省际边际生态产业聚集区，主要发展"1+3"产业。利用三县市生态旅游、特色农产品资源优势发展健康生活产业。利用新塘边镇消防应急产业基础，做大消防应急产业；推动江山、玉山装备制造业优势互补。副集聚区选在江山、常山和玉山三县市交界地区，主要依托区域地势发展生态循环经济、创新低碳产业、商贸物流业和旅游服务业。将建设江赣省际绿色产业协作园，利用江山市和广丰区交界工业平台完善、周边辐射能力强和交通便捷的特点，重点发展江山市优势的门木业和广丰的电子产业，从而有助于两省边际的数字经济、智慧产业的发展。

2. 空间融合

交通设施建设是合作区发展的基础。首先，为推进交通互联，未来将加强省际合作示范区与上饶、衢州市重大交通基础设施的互通，推进江玉公路、江广公路拓宽提升工程，杭衢高铁、衢武高铁、江山机场等重大交通设施建设，打通两省交通要道，构建省际1小时"交通圈"。其次，在物流建设方面，将会充分考虑到市场布局和需求，共建高效配送中心，加快物流运输公共信息平台和智慧物流网络建设，推动物流港项目实施，打造以陆路交通枢纽为基础，产业物流为主导，智慧服务为核心，集公路、铁路、陆海联运于一体的制造业、商贸业、物流业三业联动的现代物流示范区。最后，建立水运发展协调机制，利用江航运河、浙赣运河全力推进信江和钱塘江互通，从而达到发展航运交通的目的。

3. 管理融合

在管理模式上，"衢饶"示范区将建立省级、市县、管委会三级管理体制。在省级层面，为协调解决两省之间重大合作问题，两省将建立每年召开1-2次会议的浙赣合作联席会议制度，由相关示范区负责人或代表向主要领导和省级部门汇报有关工作情况；在市县层面，主要由衢州、上饶两地市和江山、常山、玉山三县市共同参与实体化运营；"衢饶"示范区将成立管理委员会，负责日常管理运营工作。将设立双主任制度，由浙江和江西分别指派一名干部担任管委会主任，江山、常山和玉山三县主要领导担任副主任以协调和管理合作区的经济发展。

（四）浙赣边际泛县域产城融合共生路径的实施效果

此次浙赣两省筹建的"衢饶"示范区，有助于突破国家区域经济发展战略不协调这一难题。目前在省际合作上，无论是京津冀地区的雄安新区还是长三角一体化，都是"强强联合"的模式。而建设衢饶示范区，将对发达地区与欠发达地区之间的协调发展进行探索，对解决省域中心地区与边缘化地区经济发展差距大、区域经济不发展协调这一问题起到重要帮助。

二 天津滨海新区泛县域产城融合共生路径的实践检验

（一）天津滨海新区基本概况

天津滨海新区位于天津市东部，规划面积为2270平方千米，主要由开发区—保税区—高新区—东疆保税港区—生态城组成，常住人口约300万人。新区自然环境优越，土地资源丰富，水地、湿地及可开发的盐碱荒地共计2000余平方千米，渤海海域可勘探的石油和天然气资源储量也极其可观。经过前后约20年的发展，滨海新区已拥有制造业、临空产业、高新技术开发、工业、海港物流、旅游、生态、商务、现代服务业九大产业功能区以及一个世界吞吐量第五的贸易港口——天津港，且其填海造陆工程也在持续发展，新区建设面积还会继续扩大。

在经济层面上，滨海新区各产业持续保持快速且稳定发展，GDP 增速从 1994 年开始至今每年都维持在 20% 左右，遥遥领先其他国家级新区，并在 2016 年 GDP 总量达到 10003 亿元，成为全国首个 GDP 破万亿的新区。新区的八大主导产业包括新能源、化工、电子信息、生物医药、航空、新材料、装备制造、物流，一共占工业总量的 80% 以上，且大飞机、新型运载火箭、大吨位船只、汽车及手机生产均有重大突破，未来很有可能发展成为全国最大的航空航天产业基地。滨海新区在第二产业快速发展的同时，其第三产业也得到了政府的支持并取得相应的发展。新区内先后建成 50 多个国家级研发中心、90 余家技术开发中心和 60 多个外商投资中心，且科技企业孵化中心也有 30 多所。这些科技研发中心自创建以来一共开展并完成了 100 多项重大科技创新项目，形成了高新技术产业化集群，成了新兴技术的创始基地。

（二）天津滨海新区泛县域产城融合共生路径的实践

1. 功能融合

滨海新区的前身是天津泰达技术开发区，该技术开发区主要进行的是工业加工。新区的城市无法脱离工业化，工业化的发展提供了大量的劳动岗位，使劳动力人口持续流入，劳动人口增加产生了居住和消费需求，从而带动了第三产业发展。随着工业化的进一步发展，地区经济也得到了有效推动，经济实力的增强又带动了城市发展，所以工业化发展在滨海新区发展的过程中起到了十分重要的作用。自 1993 年起，滨海新区的工业总产值每年都保持着 20% 的稳步递增状态，到 2007 年时新区工业总产值已占天津市的 60% 以上。在保证工业化水平提升的同时，新区也在不断调整其产业结构，2009 年滨海新区第一、第二、第三产业比重为 0.2∶67.8∶32，到 2015 年该指标为 1∶62∶37，可以看出，第二产业的发展带动了第三产业的提升，最后加速了新区城市化的发展进程。在工业化的连锁效应下，滨海新区已经从最开始的地广人稀、工厂松散、土地荒废变成了如今现代化产业集群、交通发达、城市亮丽的新城区。

2. 空间融合

在交通水平上，滨海新区在 2014 年加速推进了多条国道、高速公路的拓宽改造，同时还新建了国道112线和津港高速，用以强化新区对外的交通运输，共计形成了10多条对外交通要道。其中包括东海路到天津站的天津地铁9号线以及泰达轻轨站到学院区北的泰达现代有轨电车。此外，津滨轻轨的建成实现了滨海新区塘沽主城区到达天津市区1小时通达的目标；同时，滨海新区在海运层面上，还拥有中国最大的综合性港口——天津港，天津港年吞吐量可高达5亿多吨，位居世界前十，可通达全球大部分的港湾。新区拥有包括公路、铁路、航空、水运、地铁在内的多种交通运输方式，从而极大地方便了居民的生活，促进了新区与天津城区的人员流动，同时也提升了新区的物流水准。

3. 管理融合

为进一步深化行政体制改革，滨海新区由区委、区政府统一领导经济功能区和街镇，并撤销三大城区工委、营委会，减少管理层级，将街镇进行整合，成立行政审批局，实现一颗印章管审批、一个行政区统领的大构架。

4. 资本要素融合

滨海新区成立以后，天津市政府为吸引国内外的商贸投资，加大了其基础设施建设和投资环境优化的力度。优先将国内外领先的大企业吸引落户，世界500强企业中有140余家已在新区内落户。大企业的加入，带动了相关联的中小企业加入，最终形成滨海新区电子信息、航空航天、生物医药等产业的聚集效应。大量知名企业的落户，不仅吸引了人才及资金的流入，促进了基础设施加速发展，也对新区物流运输、供给配置产生了新的要求，对新区发展起到了十分明显的带动作用。

（三）天津滨海新区泛县域产城融合共生路径的实施效果

滨海新区工业化是其迅速发展的重要基础，但是快速工业化所带来的则是人口聚集、生态及环境问题。为解决这些问题，滨海新区加大了科技研发投入，围绕优势产业建立了一系列技术平台来保障产业发展，如国家超算天津中心、清华大学研究院、国家级工程实验室、企业技术中心。这些技术平台的建立，能够帮助新区内企业降低研发成本，加快研发速度，并对吸引高新技术企业的入驻起到了聚集作用。同时，滨海新区将最新研发的环保技术应用到城市当中，解决了一系列城市生态环境问题。比如在垃圾处理上，厨余垃圾没有污水、废气、噪声产生，也不需要运输集中，在小区内即可进行原生态处理。这一系列智能化技术和科技的保障，帮助新区解决了城市环境问题，成为生态宜居城市，而信息网络技术的应用，不仅在管理中节省了行政成本，还提高了管理效率。

三 江西赣江新区泛县域产城融合共生路径的实践检验

（一）江西赣江新区基本概况

赣江新区是我国第18个国家级新区，2016年10月20日正式成立。新区规划总面积约为465平方千米，其中南昌九江境内分别是267平方千米和198平方千米。管辖范围包括南昌青山湖区、新建区、经济技术开发区、南昌临空经济区、九江共青城及永修部分街道乡镇，常住人口约75万，地区生产总值约700亿元，是我国中部地区发展基础较好，发展潜力较大的新区。

赣江新区是中部地区先进制造业和新兴产业聚集区，区内有电子信息产业园、军民融合产业园、新能源汽车城、中医药科创城产业园等园区，用以发展电子信息、智能装备制造、新材料、生物医药等产业。2016年，地区工业主营收入达1982亿元，财政收入101.2亿元。到2017年，赣江新区地区总产值667.29亿元，地区工业主营业务收入2159亿元，区域经济呈稳步发展趋势。

（二）江西赣江新区泛县域产城融合共生路径的实践

1. 空间融合

赣江新区地理位置优势明显，沪昆高铁、京九铁路、昌九城际铁路、福银高速、沪昆高速等多条铁路和高速公路贯通新区，且拥有南昌昌北机场及长江支流高等级航道，航空水运基础条件完备，具有交通枢纽功能。在新区的生活交通方面，未来南昌地铁1号线将北延至赣江新区核心区方向，并设站13座。此外，关系到赣江新区四个组团的经济社会发展的赣新大道也在建设当中，道路全长54.857千米，贯穿赣江新区四个组团，起点位于经开区组团，终点位于共青城组团。

这条赣江大道将采用信息化的管理方式，使交通运行状态、事件、人、车、路况等信息高度协调，提高通行效率，为赣江新区发展增添动力。日后，随着昌北铁路物流园建设，地铁及公路线路的完善，新区也将全方位展示对外开放的新格局。

2. 管理融合

赣江新区由赣江新区管委会统领发展，使用统分结合，分区运行的方式将新区划分为直管区和统筹区，明确规划了直管区和统筹区的管理范围，落实开发主体责任。管委会对新区统筹管理，并对各片区发展实施统一的严格考核，要求下属片区各尽其能、各负其责、竞争有序、协作互补，实现统一平台、统一规划的大局观。南昌市、九江市政府也相继出台政策以加大对赣江新区各片区资源的投入力度，并大力宣传利益共享、合作共赢的发展理念。本着南昌、九江、赣江新区三方共同投入、共同开发、多方收益的开发机制，推动基础设施建设，使交通互联、重大平台共用、重大产业分工协作、公共服务共建共享，最终实现赣江新区融合发展。

此外，在省政府的大力支持下，赣江新区获得了市级和部分省级经济社会事务的管理权限。同时省政府放权管理，赋予新区自主发展权、自主改革权、自主创新权等。除需国家审批核准或国家明确规定由省级政府部门审批核准的事项外，其余审批权限均下放给赣江新区。并优先考虑将国家和省级改革试点、重大基础设施和重要平台布局在赣江新区；加大对赣江新区建设的财政支持，推动省级投融资平台将注册地转移到赣江新区。以优惠政策吸引投融资平台在赣江新区落户，组建多元化的投资主体支持赣江新区直管区的建设。

3. 人才资源培养

赣江新区拥有昌北、共青城两个大学城。昌北大学城位于南昌经济开发区，区内有江西财经大学、江西农业大学、华东理工、华东交大等省内名校。而新成立的共青城大学城项目，则有南昌大学、江西财大、江西师范大学等江西一流院校入住办学。新区内搭建了北大科技园众创空间、清华科技园孵化基地等一批特色鲜明的众创平台大学城，不仅拥有18个国家级和220个省级重点实验区、工程研究中心和企业技术中心，更是聚集了新区周边江西六成的科研机构、大半的大中专院校和七成以上的科研人员，这让赣江新区成为江西科技、人才、教育等创新资源的密集区，对教育发展、经济发展和科研项目研发起到了重要的帮助作用，同时也为新区内的企业发展提供了优秀的人才培养和人力资源供给。

（三）江西赣江新区泛县域产城融合共生路径的实施效果

江西省政府在赣江新区的筹建上给予了大力支持，不仅赋予新区自主发展权、自主改革权、自主创新权等多项自主发展权利，并制定资金和资源倾斜政策，优先考虑新区发展，要求统筹区各市、县政府，各经济功能区管理机构，协助跨区域重大项目建设，并接受赣江新区建设领导小组及其办公室的统一协调。

产城融合的核心离不开人，赣江新区内有多所省内著名高校入驻，不仅有利于创新人才培养，也更容易留住本土培养的优质人才，并吸引新区外的精英人才，提升产城融合质量。赣江新区作为江西省一流高校的集聚区，未来也将以大学城为核心，整合人才、地理环境、产业集聚、历史文化等资源，打造研发文化经济圈。

四　河北雄安新区泛县域产城融合共生路径的实践检验

（一）河北雄安新区基本概况

雄安新区位于河北省保定市境内，包含雄县、容城、安新3个县及周边部分区域，地处京津冀区域腹地，地理位置十分优越。在国家规划中，雄安新区分三个阶段进行建设，第一个阶段规划的面积大约为100平方千米，第二个阶段规划面积约为200平方千米，第三个阶段控制区面积约2000平方千米，具有区位优势明显、交通发达、环境承载能力强等特点。由于雄安新区工业基础薄弱，经济并不发达，从某种意义上使其拥有充足的发展空间，具有高标准建设的先天性条件。截至2018年年底，雄安新区常住人口超过百万，规划人口密度为1000—1250人/平方米，人口总数为200万—250万人。对雄安新区的建设是国家推进区域经济协调发展的重大举措，对缓解京津冀地区城市压力，疏散部分功能，创新区域经济发展模式，培育国家经济新的增长极，具有重大的现实意义和长远的历史影响。

（二）河北雄安新区泛县域产城融合共生路径的实践

1. 创新产城融合发展模式

在以往的发展过程中，我国的产城融合模式主要分为两种：一种是产业发展带动城市的扩张，即首先通过招商引资和税收优惠等各种方式吸引产业入驻，再以产业发展倒逼城市改善基础设施，完善服务功能；另一种模式是先建设良好的基础设施和完备的城市功能，以其作为产业入驻的吸引力。雄安新区采用了与这两种模式不同的方式，对城市功能和产业发展进行同步设计、同步建设，采用组团建设的模式，首先建立五个组团，每个组团拥有完善的生产和生活功能和空间，五个组团逐一建设、逐一完善。在进行交通规划时，采用高密度网格形式的道路，大幅度提升人们出行的便利性。在进行城市公共服务设施建设时，大力构造15分钟工作和生活圈，使人们能够在15分钟内可以获取各种公共服务资源，减少通勤时间和缓解城市交通压力，提高生活满意度。

2. 强调"三位一体"发展

雄安新区在进行规划时，根据产业发展的特点，结合城市空间因素和环境因素，形成"产业—空间—环境"的三位一体式布局格式。在总体布局上以"一主、五组团、多节点"为宗旨进行格局构建。其中"一主"指建设起步区，该区主要接纳从北京转移出来的企事业单位，其中包括许多科研机构，因而在产业选择上重点发展以信息技术产业为代表的高精尖端产业，"五组团"和起步区分的作用互为补充，其主要承接的是从北京搬迁出来的一般性的产业和部分教育、医疗、行政机构，在产业选择上主要发展高新技术产业。"多节点"为产城融合的核心区，由具有特色产业的小镇组成，其可依靠地域特色，因地制宜，发展特色产业，在产业选择上主要发展环保产业。

3. 打造智慧城市

在雄安新区的规划中，把智慧城市建设作为城市未来的方向，在进行基础设施建设时，通过布局网络设施，完善城市无线信号的覆盖，为智慧城市建设提供重要基石；通过提供普惠计算服务，实现城市智慧化运行和管理，整合城市公共服务资源。建立大数据中心，推动智能制造，提高新区企业的产品竞争力和产品附加值。总之，雄安通过智慧城市建设，为绿色发展和生态城市的实现打下了良好的技术基础，同时也提高了城市管理水平和人们生活的便捷性。

（三）河北雄安新区泛县域产城融合共生路径的实施效果

1. 提升生产者服务能力

雄安新区被看作是与深圳特区同等重要的全国性新区，其不完全是为了承接北京的产业转移而设立，而是作为北方地区重要的城市，它必然承载着辐射区域的作用，为北方乃至全国提供完善和专业化的生产者服务是其主要的功能之一，也必然是在承接北京非首都功能转移的基础上逐步壮大、发展，成为引领京津冀区域乃至全国经济发展的新增长极。[①]

北京经过几十年发展，聚集了众多的总部经济，当这些非首都功能进行转移时，便会创造出新的生产者服务集聚区，如管理、融资、法律、设计、传媒、广告等，它们都是相对比较专业的生产者服务。雄安作为新的发展区域，拥有良好的基础设施和配套的政策措施，其必将成为京津冀区域内创新中心、现代服务中心，提供更多服务功能。

2. 发展绿色产业

在国家的规划中，绿色应当成为雄安新区的名片。新区的建设必然伴随着各种经济要素的不断聚集，从而使该地区生态环境不可避免地承受一定的压力，绿色产业成为缓解这一压力的必然选择。其中，白洋淀作为华北地区少有的天然湖泊，对其进行生态保护是进行新区建设的极为重要的内容，白洋淀对于雄安新区，如同黄浦江对于上海，是城市的名片。因此，在对新区进行开发、建设过程中，必然优先选择绿色产业、生态产业，使维护白洋淀区域、生态保护方面的产业拥有良好的发展前景，从而可使白洋淀区域的农民转变为职业生态工人。

3. 促进产业升级

在雄安的产业体系中，纺织服装和能源采矿化工行业占有很大比重，对于这类产业的转移和淘汰，可以达到产业升级的目的。在雄安新区成立之初，北京的许多企事业单位就已经开始搬迁工作。随着这些企事业单位的到来，雄安新区的生产性服务业和生活服务业势必会被带动，从而促进原有产业的升级。在规划中，雄安新区不仅仅是作为北京的产业转移承接

[①] 王金营、贾娜：《雄安新区产业发展与人力资源适应配置研究——对比硅谷启迪雄安发展》，《燕山大学学报》（哲学社会科学版）2019年第4期。

区,更是驱动创新的先行区,这使当地原有的劳动密集型和资源密集型产业面临着升级、转型、淘汰、转移问题,建设专门的安置性产业园区妥善安排原有产业是一项有效的措施。

五 吉安吉泰走廊泛县域产城融合共生路径的实践检验

(一)吉安吉泰走廊基本概况

吉安吉泰走廊位于江西省吉安市,是吉安区域发展的脊梁,涵盖了三县四区。其在土地集约利用、户籍管理、行政管理等方面先行先试,建设创新社会管理先行先试区。吉安吉泰走廊地理位置优越,位于江西中部,处于全国重要经济发展带——沿京九经济带上,是江西重要的综合交通枢纽,是连接长三角、珠三角和闽东南的重要节点。吉安吉泰走廊地域范围广阔,是原吉安吉泰工业走廊的延伸和拓展,以105国道为主线,以京九铁路、赣粤高速为两翼,北起吉水县醪桥镇,南至泰和县塘洲镇,东起青原区富滩镇,西至泰和县螺溪镇。

在经济方面,吉安电子产业规模迅速扩大,行业各项经济指标均实现大幅增长,其中规模企业户数、主营业务收入、利润和利税年均分别增长53.8%、48.7%、40.9%和44.5%。吉安在做大电子信息产业总量的同时,不断加快产业结构的优化。目前,吉安电子信息相关产业链日趋完善,初步涵盖了专用材料、封装、应用、外延产品生产等。此外,在市场驱动、产业选择和政府努力的共同作用下,产业集聚日益加快,全市已初步建成以吉安吉泰走廊为核心的电子信息产业承接和创新基地。同时吉安市电子信息产业创新能力不断提升,拥有合力泰、红板电子等省级以上技术研发机构25个,高新技术企业55家,占全市的比重分别达到了39.7%和40.7%。

(二)吉安吉泰走廊泛县域产城融合共生路径的实践

1. 强化顶层设计

首先吉安市通过调研,做好全市产业发展格局,即"电子信息+绿色食品+县域特色产业",明确电子信息产业发展定位。同时完善电子信息产业规划,有针对性地引导其电子信息产业加快转型发展。其次吉安市出台了全市园区产业集群发展规划和各个特色产业集群发展规划，优化产业布局，引导各县区产业注重错位特色发展、集群发展。

2. 加大政策扶持

吉安市对电子信息产业支持不遗余力，已形成了比较完善的政策扶持体系。首先吉安市加大对走廊内产业的资金支持，建设产业基地和公共服务平台，促进重点企业进行上市、入规和技术创新。其次，指导各区县根据自身的特色产业集群发展变化制定并实施调整产业保障扶持措施，为产业发展提供坚实的保障，增强了产业园区的可持续发展能力，助力产业集群发展。

3. 增加项目建设

首先，吉安市全力推进项目建设，对重点产业项目实行领导挂点帮扶机制，适时解决企业实际问题，包括解读优惠政策、审批相关项目、完善基础设施、解决项目建设的争端问题。这有助于加速其重点产业项目的建设，并逐渐发展成为新的经济增长点。其次，吉安市派遣专业人员紧盯龙头企业的重点项目，及时反馈相关信息，并做好报告分析，积极帮扶重点项目建设，推动龙头企业项目建设，增强产业集群后劲。

4. 聚焦产业互动

首先吉安市主动"走出去"，以开放思维大力创新产业对接互动模式，构建对接互动机制的常态化，开创了由内陆地区前移至沿海地区的产业对接新模式。其次运用"互联网+"思维，开创低成本高效宣传模式，构建电子信息产业微信群，通过"线上"+"线下"的紧密结合，有效推动产业的互动对接，加快产业集群步伐。

（三）吉安吉泰走廊泛县域产城融合共生路径的实施效果

1. 加强政策引擎

为了激发深改动能，引领集聚升级，一是需要优化项目审批程序，加大对新办企业、重大项目的扶持力度，集中支持重点产业发展。二是构建重点企业的大数据库，深化招商政策。同时，对于拟引进的重点项目，要进行全程跟踪，做好及时反馈，制定应对策略。对于已入驻企业要做好细致的服务工作，在生产要素、项目支持、融资、税费等方面给予重点倾斜，让企业进得来更能留得下。三是建立电子信息产业推进小组，全面负责实施好园区产业集群发展规划和各个特色产业集群发展规划，有序推进各项支持政策。四是构建好电子信息产业智慧服务云平台，邀请国内外著名专家，联合各大高校组建"产业智库"，为重点项目提供精准建议。

2. 建设智造引擎

为了激发创新动能，驱动技术升级，一是需要依托省科技厅，联合同行上中下游企业、科研院所、高校、行业协会、保险、银行和其他组织机构，尽快组建产业协同创新共同体，打通企业之间的壁垒。二是要积极推动构建省级层面的全产业链产业研究园，选择优势位置建立产业园区，鼓励研究型产业落户，实现产业群研发力量的集聚效应。三是要构建智能工厂示范工程，并通过智能制造评价标准，对产业发展进行智能程度评价，完善产业的智慧化生产模式。

3. 打造品牌引擎

为激发"工匠精神"，推进质量升级，一是需组建相关团队，对现有产业企业竞争力进行科学评价，选取具有较强竞争力的智造型企业作为省级骨干企业，并制定针对性政策培育智造型企业使其成为龙头企业。二是提升龙头企业的品牌和质量，围绕龙头企业战略发展需要，补齐重点产业环节，提升产业完整程度，构建完整的产业链。三是构建电子信息产业联盟，对重点培育的龙头骨干企业进行跟踪调查，关注重点企业存在的问题，研究企业成为龙头骨干企业的差距，完善促进龙头骨干企业创新发展的政策措施。四是制定产业品牌与质量认证体系，对产业企业品牌、质量与创新程度进行精准和客观的科学评价，对明星企业要在全国进行宣传，从而为企业在全国行业中争取更高的知名度。

4. 统筹协同引擎

为激发开放动能，促进联动升级，一是需要通过与发达地区的研发机构进行开放合作，加强重大科研的共同攻关，统筹产研协同，制定协同机制。二是构建省、市、县、区"四级互动"机制，合理布局园区内的产业，坚持错位发展原则，通过抱团招商，在项目引进方面相互协调和互动，从优化产业布局出发对要招商引入的企业进行合理化分配，避免同质竞争。三是统一规划资源和政策标准，避免产业优势资源向大城市集中的弊端，对土地和基础设施建设等资源进行统一调配，增强区域产业的联动协商，减少区域间的无序竞争。四是鼓励区域优势资源共享，利用"互联网+"协调上下游产业间的协同配套，实现产业联动配套发展。五是培育和完善区域间电子信息产业循环生态系统，减少各个园区和企业的排污处理成本，开展再生利用试点，健全绿色环保生产体系。六是建立高端人才市场化租借制度，鼓励高端人才的以引带培，鼓励高端人才为其他企业进行技术培训，就近培养更多的高技术人才。

六 鹰潭智慧新城泛县域产城融合共生路径的实践检验

（一）鹰潭智慧新城基本概况

江西省鹰潭市是赣东北承接东南沿海产业转移第一城，被列入"陆港型国家物流枢纽承载城市"，被誉为"火车拉来的城市"。东接弋阳县、铅山县，西连东乡县，南临金溪县、资溪县，北靠万年县，东南一隅与福建省光泽县毗邻；南北长约81千米，东西宽约38千米，总面积3556.7平方千米。

在当今智能时代，"互联网+"的提出也为产城融合发展提供了新思路、新方案和新路径，使产城融合向智慧化方向发展。而鹰潭市在其经济发展过程中，依托"互联网+"推动智慧城市建设，有效地促进了地区产业发展速度的提升、政府公共治理理念的转变与市民生活质量和幸福指数的提高。通过对鹰潭市智慧新城建设所取得的主要发展经验进行总结，可以为江西省推动智慧新城建设提供重要启示，为促进产城融合发展提出新的发展方向，为江西省通过"互联网+"来促进智慧新城建设和产城融合发展提供政策支持和决策方案。

（二）鹰潭智慧新城泛县域产城融合共生路径的实践

1. 鼓励创新，促进融合

鹰潭市政府为促进本地区"智慧新城"发展，大力推进业态创新，并进行科学统筹发展。首先制定科学的"互联网+"行动计划，重点聚焦新一代物联网、云计算、大数据等信息技术应用领域，稳步培育业态创新发展新动能。其次鹰潭市牢牢抓住信息化高速发展机遇，积极引进多元化类型企业，以万众创新为政策导向，大力发展战略性新兴产业，不断加快产业转型升级，同时帮扶本土企业发挥领头作用，实现各行各业相互交融，形成融产于城的良好局面，达到"1+1>2"的智慧新城建设效果。

2. 坚持高位推动，强化政策保障

智慧新城建设是一项系统性工作，政府政策作为意识形态的重要表现形式，对智慧新城建设起着保障性作用。首先鹰潭市政府合理配置工作人员小组，实施"市长挂帅、一杆到底"的组织结构和工作机制，同时借助外部力量形成多方共建的工作领导小组，统筹全市各领域信息化重大事项。其次鹰潭市高度重视机关干部培训，多次邀请机构进行专题授课，旨在为智慧新城出谋划策，提升领导干部知识储备。同时鹰潭市积极加强学习和宣传智慧新城建设，形成"人人参与、人人共建"的良好氛围，激发领导干部投身于智慧新城建设的热情。

3. 构建服务体系，推进大数据惠民

随着"互联网+"战略纵深发展，大数据的潜在价值日益凸显，而大数据应用领域的广度也成为衡量智慧新城重要指标之一。为此，鹰潭市政府努力做到大数据布局与大数据更新双管齐下，通过全局规划大数据网络，最大限度开发、融合、共享、利用各部门数据信息，将惠民这张"巨网"越织越大、越织越牢。在数据使用过程中，鹰潭市政府确保大数据更新，始终将大数据反馈的时效性放在首位，确保相关部门可以及时收集新数据，保证数据库的鲜活性，准确无误运用数据，从而为智慧新城建设和产城融合发展提供科学依据，实现智慧新城建设惠民的终极目标。

（三）鹰潭智慧新城泛县域产城融合共生路径的实施效果

1. 充分利用"互联网+"思维

为建设好智慧新城和促进产城融合发展，需要我们站在全局角度进行统筹，充分利用好"互联网+"思维创新顶层机制。首先要注重"互联网+"政策制定，活用"互联网+"思维，打破传统的思维定式，让社会各阶级参与其中，共同制定科学政策。其次要重视"互联网+"政策宣传，需要政府通过多种渠道、全方位颁布关于智慧新城建设和产城融合发展的相关政策文件。最后可以通过多种现代化新型平台发布相关讯息，让更多民众了解政府政策动向，提高居民参与的积极性。

2. 落实评估机制

智慧新城建设惠及各方主体，为稳步夯实产城融合实践，落实智慧新城建设评估机制不可忽视。首先是要建设大数据评估中心，提高对于智慧新城和产城融合绩效考核的行政效率，将评估工作信息化、条理化、制度化。而政府部门可以通过物力与人力支持评估中心建设，将该工作重点纳入官员政绩考核范围，有效落实智慧新城建设评估机制。其次需要开发评估信息共享平台，一方面，可以使政府部门扬长避短，提高科学执政能力，树立政府的威望；另一方面，又可以使政府决策有的放矢，确保智慧新城建设想群众之所想、急群众之所急。

3. 形成互动机制

由于智慧新城建设工作量大、任务繁重，若想有效构筑"互联网+"桥梁，形成智慧新城与产城融合互动机制势在必行。首先需要构建政府部门间的互通机制，消除由事情繁杂容易出现部门互相推诿现象，应在政府各部门间横向和纵向之间构建"互联网+"信息共享平台，促进基层工作人员与上级领导直接交流沟通，避免出现行政效率低下和信息失真等情况。其次要构建政府与人才互通机制，政府作为建设主体需要大力引进多元化类型的高科技人才，实现政府与人才直接对话，打造高级人才引进绿色通道，为智慧新城建设和产城融合发展提供智力支持。最后要构建政府与企业互动机制，鼓励产业园区内的产业参照智慧产业发展的标准，拥有并掌握自主知识产权，打造属于产业自身的自主品牌。

第八章 泛县域视角下产城融合共生主体的演化博弈分析

近几年来，随着对"产城融合共生"模式的推崇，我国很多县域积极响应，通过建立产业区来促进区域经济发展，并取得了较为不错的成绩。然而，我国区域产城融合共生发展仍处于初级阶段，影响产业与城市融合共生的阻力因素较多，改变产业与城市功能不匹配、不协调的任务仍然十分艰巨。为此，从根本上找到推进产城融合共生主体非常重要，需要深入分析这些主体的行为与策略，通过构建合理可靠的合作机制，以解决泛县域产城融合共生发展过程中呈现出的"有城无产"或"产强城弱"问题。产城融合共生的相关研究在近几年引起了广泛关注，但迄今为止，国内外主要集中在对产城融合共生的影响因素进行探索和作用机制研究，对产城融合共生主体间行为的相互作用、策略选择与合作机制等研究仍然不足，以致无法形成促进产城融合共生的合力。因此，如何促进泛县域产城融合共生主体间的有效合作是一个值得关注和研究的问题。

泛县域产城融合共生主体的合作机制是复杂的动态博弈过程。泛县域产城融合共生发展受到多方主体行为的共同作用。例如，产业园区的出现就是县际政府博弈合作的结果；同时在产业园区与城市融合共生发展过程中又受到包括省委省政府的激励和引导，县际政府的服务与支持，企业绿色转型的推动，居民需求的拉动等。众多共生主体互异的目标定位和复杂的系统环境决定了共生主体在参与博弈的过程中具有有限理性和极具动态的特点。各个共生主体通过反复调整其博弈策略，以使自身获得最大的期望效用。演化经济学和博弈论方法的运用有助于充分了解泛县域产城融合共生主体的行为决策过程。

本章选取泛县域产城融合共生主体作为基本分析对象，尝试从演化博弈角度出发，探讨共生主体在利益权衡下如何决策以影响区域产城融合共生水平，旨在深入研究产城融合共生主体间的合作机制。与现有的相关文献不同，本章的创新之处有：第一，运用演化博弈模型考察各共生主体影响产城融合共生的内在机理，剖析影响产城融合共生主体的动态演化路径，探寻其影响因素，试图打开产城融合共生研究的"新大门"；第二，以往的文献侧重于从中观或宏观的角度研究产城融合共生问题，而本章选择从微观视角分析产城融合共生主体合作问题，设置合作机制，探讨共生主体内部相关参数的变化如何影响产城融合共生发展。

第一节 产城融合共生行为主体及其博弈的相关研究

一 产城融合共生行为主体相关研究

要分析产城融合共生内部主体的合作机制问题，首先就要对其共生主体展开研究。李光辉（2014）将产城融合共生发展的实现路径图简单概括为："一平台、两主体、三目标、四系统"。其中"两主体"指的是市场和政府，虽然市场和政府两者的利益诉求和实际功能不尽相同，但两者均能在产城融合共生发展中发挥不可替代的作用。[①] 陈运平、黄小勇（2016）通过对泛县域经济产城融合共生进行理论解构，认为衡量泛县域经济产城融合共生的标志是看在泛县域领域是否有形成共生主体，即县域政府能否真正转型为服务共生体，企业是否转变为产出共生体，居民能否转变为低碳共生体。[②] 刘欣英（2017）在对产城融合共生的环境目标进行分析时认为，产城融合的环境作用主体是多元化的，既有具有代表性和强制性的政府主体，也有具有竞争机制的市场主体，主要为具有理性人选择的生产厂商与居民。[③] 邹德玲、丛海彬（2019）在对中国产城融合共生格局及其影响因

[①] 李光辉：《我国产城融合发展路径研究》，硕士学位论文，安徽大学，2014 年。
[②] 陈运平、黄小勇：《泛县域经济产城融合共生：演化逻辑、理论解构与产业路径》，《宏观经济研究》2016 年第 4 期。
[③] 刘欣英：《产城融合环境因素的作用机制与路径选择》，《西安财经学院学报》2017 年第 4 期。

素进行探索时从把产业、城市和人口作为产城融合共生的三大主体入手构建指标体系。①

通过上述文献研究可以总结出，以前的学者在对产城融合共生主体行为研究时都不约而同地将目标转向了政府和市场，说明政府、企业和居民作为产城融合的共生主体有较强的可信度。需要说明的是，政府有省委省政府和地方政府之分，泛县域产城融合共生主要研究的区域是在县际边界处或县际内部，所以本书讨论的泛县域产城融合共生主体是县际政府。企业是产业的组成单位，也是县域经济的主要组成部分，所以企业作为产城融合共生发展的主体也是非常合理的。且由于促进产城融合共生的"人"，是作为城市中的人，不仅仅具有消费需求，还具有就业需求和城市居住需求等，所以本书将"居民"作为泛县域产城融合的第三个共生主体。综上分析，本书把泛县域产城融合共生主体界定为县际政府、企业和居民，在县际政府、企业和居民三方主体的合作影响下，泛县域城市和产业得以融合共生。

二 博弈论在产城融合共生中的相关研究

近年来，也有部分文献开始把博弈当成一种分析工具来研究复杂经济学系统中政府和市场主体间的相互作用。徐建中、吕希琛（2014）将政府、制造企业和居民三个利益相关主体纳入演化博弈分析框架，探索低碳经济背景下各主体决策的演化路径和演化规律。② 钟子倩、陈运平（2015）构建了政府、区域组织、企业、居民四个主体的行为博弈模型，通过分析纳什均衡的实现条件从而找寻到生态与经济融合共生发展的良性循环的具体措施。③ 罗兴鹏、张向前（2016）通过分析地方政府、企业、居民行为决策的互动机制来研究推进企业绿色低碳转型、构建福建生态文明问题。④ 陈佶玲

---

① 邹德玲、丛海彬：《中国产城融合时空格局及其影响因素》，《经济地理》2019年第6期。
② 徐建中、吕希琛：《低碳经济下政府、制造企业和消费群体决策行为演化研究》，《运筹与管理》2014年第6期。
③ 钟子倩、陈运平：《生态与经济融合共生的内源动力机制构建研究——基于博弈论的视角》，Singapore Management and Sports Science Institute.Proceedings of 2015 4th International Conference on Physical Education and Society Management（ICPESM 2015 V48），Singapore Management and Sports Science Institute，智能信息技术应用学会，2015年第6期。
④ 罗兴鹏、张向前：《福建省推进绿色转型建设生态文明的演化博弈分析》，《华东经济管理》2016年第9期。

等（2017）从短期和长期收益角度出发，分别构建政府和企业的演化博弈模型，对产业承接地工业园区产城融合共生路径选择进行研究。①由演化博弈在经济学领域的运用可知，相关研究主要集中于促进企业结构转型或低碳经济发展方面的政府、企业和居民关系的博弈，以促进企业结构转型或低碳经济发展，而涉及共生主体对产城融合的影响或产城融合共生主体合作机制的研究很少。考虑到从微观主体角度对产城融合共生发展研究的重要性，以及现今对产城融合共生主体研究的缺失性，下文将重点研究县际政府、企业和居民三方主体行为策略对产城融合共生的影响。

演化博弈论是将演化动态和博弈理论进行有机结合，在有限理性的假定下，博弈方无法一次性达到各自的最优均衡点，而是在博弈中不断地学习、迭代和认知，历经长期的策略修正，最终得到稳定的最优策略。这与政府、企业和居民在产城融合共生发展合作过程中的博弈行为的特质相吻合。因此，本章以演化博弈为视角，探讨政府、企业和居民之间的合作机制，揭示产城融合共生发展的动态演化路径及其影响因素，检验共生主体内部相关参数变化对产城融合共生的有效性。

第二节　产业园区形成阶段的县际政府博弈

实现泛县域产城融合共生的前提是要引入产业园区，而产业园区能在县际建立其实是县际政府间在博弈力量作用下合作的结果。只有县际政府在权衡产业园区建立对城市及居民生活的利弊影响后，并且做出合作的一致决定，才能使产业园区在县际长久立足。所以本节将通过建立县际政府间的演化博弈来探究影响县际政府采取合作行为的主要因素。为了避免探究过程的复杂性，本节只研究两个县际政府在利益权衡博弈下选择合作行为而促使产业园区顺利建成，不考虑县域内或两个以上县际之间政府合作使产业园区形成的情形。

---

① 陈佶玲、彭兴莲、毛小明：《进化博弈视角下的产业承接地工业园区产城融合路径选择研究》，《江西师范大学学报》（哲学社会科学版）2017年第3期。

一 模型假设

本节基于演化博弈的方法来分析 A 县政府和 B 县政府利益冲突和最优选择，将提出以下假设：

（1）博弈方分别为产业园区打造的利益相关县际政府（假设为 A 县政府和 B 县政府），双方均为有限理性博弈方，其目标是使产业园区顺利建成。

（2）产业园区能否顺利建成体现为两县政府是否愿意采取合作行为。因为泛县域产业园区的建立必定会影响两地区的经济发展和生态环境，所以只能两县政府采取合作才能使产业园区顺利引进，其他决策情形都不能使产业园区进入县际。由此假设，A、B 政府分别有两种策略可供选择，即合作和不合作。A 县政府的策略集记为 { 合作，不合作 }，B 县政府的策略集记为 { 合作，不合作 }。

二 博弈主体的收益支付矩阵

结合 A、B 两县政府在不同策略组合下有不同的实际成本、收益和损失，相关参数的设定及其含义如表 8-1 所示。

表 8-1　　博弈主体参数的设定及含义

	参数	变量含义
1	C_1	A 县政府选择合作行为付出的建设成本
2	C_2	B 县政府选择合作行为付出的建设成本
3	R	省委省政府给予选择合作策略的县级政府的财政补贴（$C_1 > R, C_2 > R$）
4	P	省委省政府对县级政府不合作行为的惩罚值（一方合作，另一方不合作时）
5	α	双方县级政府选择合作获得的潜在收益系数（如产业园区建立给居民带来工作机会从而得到居民的支持、产业园区的引进给城市带来的外商投资等），潜在收益与成本有关
6	x	A 县政府选择参与合作的概率，则选择不合作的概率为 $1-x$
7	y	B 县政府选择参与合作的概率，则选择不合作的概率为 $1-y$

根据以上假设以及 A 县政府和 B 县政府双方策略的依存性，利用博弈得益矩阵建立企业和政府的演化模型，如表 8-2 所示。

表 8-2　　　　　　　　　　博弈策略组合及相应收益

		A 县政府	
		合作	不合作
B 县政府	合作	$R+(\alpha-1)\times C_2$, $R+(\alpha-1)\times C_1$	$R-C_2$, $-P$
	不合作	$-P$, $R-C_1$	0, 0

三　演化博弈模型及稳定策略求解

演化博弈过程是由"演化稳定性"和"复制动态"这两个基本要素构成，其中，复制动态分析就是在建立动态常微分方程组的基础上，研究某一行为策略在整个系统中的适应程度。下面分别构建 A 县政府和 B 县政府行为策略的复制动态方程。

根据博弈双方的支付矩阵，A 县政府选择合作策略的期望效用：

$$U_{c1}=y\times(R+C_1\times(a-1))+(y-1)\times(C_1-R) \qquad (8-1)$$

A 县政府选择不合作策略的期望效用：

$$U_{c2}=-P\times y \qquad (8-2)$$

A 县政府的平均期望效用：

$$\overline{U_c}=x\times U_{c1}+(1-x)\times U_{c2} \qquad (8-3)$$

因此可以得到 A 县政府策略的复制动态方程：

$$f(x)=\frac{\mathrm{d}(x)}{\mathrm{d}(t)}=x(U_{c1}-\overline{U_c})=x(1-x)[R-C_1+(P+C_1\times\alpha)\times y] \qquad (8-4)$$

根据博弈双方的支付矩阵，B 县政府选择合作策略的期望效用：

$$U_{g1}=x\times[R+C_2\times(\alpha-1)]+(C_2-R)\times(x-1) \qquad (8-5)$$

B 县政府选择不合作策略的期望效用：

$$U_{g2}=-P\times x \qquad (8-6)$$

B 县政府的平均期望效用：

$$\overline{U_g}=y\times U_{g1}+(1-y)\times U_{g2} \qquad (8-7)$$

可得到 B 县政府策略的复制动态方程：

$$f(y)=\frac{\mathrm{d}(y)}{\mathrm{d}(t)}=y(U_{g1}-\overline{U_g})=y(1-y)[R-C_2+(P+C_2\times a)\times x] \qquad (8-8)$$

模型均衡点及其稳定性分析演化稳定策略（ESS），是指有限理性的主体根据其既得利益不断调整策略以追求自身利益的改善，最终达到一种动态平衡。演化博弈分析的关键在于求出均衡点，根据均衡点分析系统的演化稳定策略。

令式（8-4）中 $f(x)=\mathrm{d}(x)/\mathrm{d}(t)=0$，式（8-8）中 $f(y)=\mathrm{d}(y)/\mathrm{d}(t)=0$，在平面 $M=\{(x,y)|0\leqslant x,y\leqslant 1\}$ 上存在博弈系统的 5 个局部均衡点：$D_1=(0,0)$，$D_2=(1,0)$，$D_3=(0,1)$，$D_4=(1,1)$ 和 $D_5=(x^*,y^*)=((C_2-R)/(P+C_2\times\alpha),(C_1-R)/(P+C_1\times\alpha))$。局部均衡点的稳定性分析可以通过分析系统的雅可比矩阵的局部稳定性得到。对 $f(x)$、$f(y)$ 分别关于 x、y 求偏导，有

$$J=\begin{bmatrix}\dfrac{\partial f(x)}{\partial(x)} & \dfrac{\partial f(x)}{\partial(y)} \\ \dfrac{\partial f(y)}{\partial(x)} & \dfrac{\partial f(y)}{\partial(y)}\end{bmatrix}=\begin{bmatrix}a_{11} & a_{12} \\ a_{21} & a_{22}\end{bmatrix}$$

其中

$a_{11}=-(x-1)\times(R-C_1+P\times y+C_1\times\alpha\times y)-x\times(R-C_1+P\times y+C_1\times\alpha\times y)$；

$a_{12}=-x\times(P+C_1\times\alpha)\times(x-1)$；

$a_{21}=-y\times(P+C_2\times\alpha)\times(y-1)$；

$a_{22}=-(y-1)\times(R-C_2+P\times x+C_2\times\alpha\times x)-y\times(R-C_2+P\times x+C_2\times\alpha\times x)$

如果雅可比矩阵的迹 $tr(J)<0$；行列式 $det(J)>0$；则复制动态方程的均衡点就是局部稳定点，该均衡点就是演化稳定策略（ESS）。因此，可以对上述 5 个均衡点的特征根进行分析，结论如表 8-3 所示。

表 8-3　　　　　　　A、B 县际政府演化博弈系统局部稳定性分析

均衡点	特征根 1	特征根 2	状态
$D_1(0,0)$	$R-C_1$	$R-C_2$	ESS
$D_2(1,0)$	C_1-R	$P-C_2+R+C_2\times\alpha$	不稳定
$D_3(0,1)$	$P-C_1+R+C_1\times\alpha$	C_2-R	不稳定
$D_4(1,1)$	$C_1-P-R-C_1\times\alpha$	$C_2-P-R-C_2\times\alpha$	ESS
$D_5(x^*,y^*)$	0	0	鞍点

四　演化稳定策略分析

通过对 D_1—D_5 局部均衡点的特征根进行分析可以得出：由于 $C_1>R$，

$C_2 > R$，所以局部均衡点（1，0）和（0，1）都是系统的不稳定点，不会趋于稳定状态。(x^*, y^*)为鞍点。若均衡点（0，0）和（1，1）是渐近稳定点，则需要满足以下条件：

当满足 $R < C_1$，$R < C_2$，系统的均衡点为（0，0），即 A 县政府和 B 县政府策略选择收敛于（不合作，不合作）。即当两县政府选择合作时两县付出的成本均大于省委省政府给予的奖励补贴，两县政府因合作的成本过高选择不合作而放弃产业园区的引进。这是一种不良"锁定"，并不是区域经济发展想看到的结果。当满足 $C_1 - R - C_1 \times \alpha < P$，$C_2 - R - C_2 \times \alpha < P$ 时，系统的均衡点为（1，1），即当满足 A 县政府选择不合作（B 县政府合作）受到省委政府的惩罚值大于选择合作时的成本与收益差；B 县政府选择不合作（A 县政府合作）受到省委政府的惩罚值大于选择合作时的成本与收益差；因此 A 县政府选择参与合作，B 县政府也选择参与合作。在两县政府都选择合作的结果下，产业园区能顺利建成。

（a）县际政府演化博弈相位图　　（b）参数变动对系统演化的影响

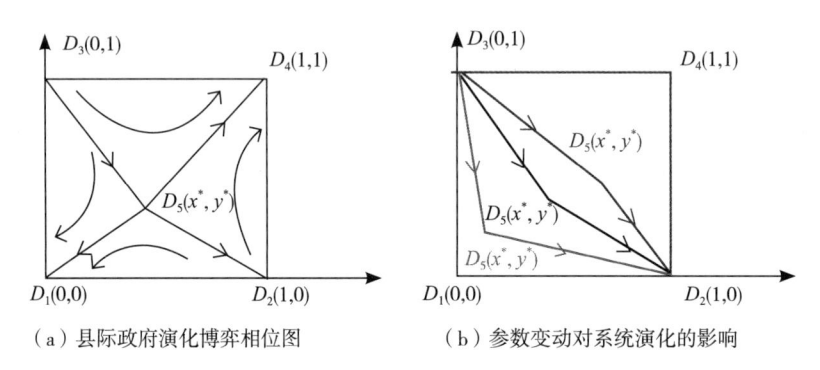

图8-1　县际政府演化博弈相位图及参数变动对系统演化的影响

图8-1（a）为 A 县政府（x）与 B 县政府（y）双方策略选择的动态演化博弈相位图。其中 D_1（0，0）和 D_4（1，1）分别是系统可能存在的两个均衡点，D_2、D_3、D_5 连成的折线是系统收敛于不同策略模式的临界线。区域 $D_1 - D_2 - D_5 - D_3$ 收敛于 A 县政府不合作，B 县政府不合作的稳定策略组合；区域 $D_3 - D_4 - D_2 - D_5$ 收敛于 A 县政府参与合作，B 县政府参与合作的稳定策略组合。系统收敛于 A、B 县政府都选择合作策略组合的利益效果要大于前者，这也是实现泛县域产城融合共生的前提条件，因此，需要使 D_5 尽可能向左下方区域移动，使 A 县政府和 B 县政府的稳定策略组合收敛于最优状态。由鞍点的表达式可知，相关参数的变动会导致鞍点发生

移动，因此鞍点有调控演化方向的作用。

五 参数分析

由以上分析可知，鞍点的位置会影响演化博弈稳定的结果，且鞍点是由参数 R、C_1、C_2、P、α 决定，所以通过对参数 R、C_1、C_2、P、α 的分析能够进一步得出影响两县际政府之间的演化博弈结果的具体因素，并提出促进 A、B 两县际政府合作稳定性的可行建议。

参数 R 表示省委省政府对于县际政府选择参与合作行为的财政奖励，参数 P 表示选择不合作行为的惩罚。由于县域政府听从于省委政府的指令，所以省委省政府的奖惩可以对县域政府的行为决策起到很好的制约作用。从 D_5 鞍点的表达式 $((C_2-R)/(P+C_2\times\alpha),(C_1-R)/(P+C_1\times\alpha))$ 可知，当参数 R 或 P 增大（或 R 和 P 同时增大）时，鞍点的横、纵坐标均变小，向左下方区域移动，从而减小区域 $D_1-D_2-D_5-D_3$ 的面积，即减少向 $D_1(0,0)$ 点收敛的概率，增加向 $D_4(1,1)$ 点收敛的概率，因而县际政府间的策略选择（合作，合作）是进化稳定均衡策略。演化动态如图 8-1（b）所示。

参数 C_1 是 A 县政府选择参与合作时付出的建设成本，C_2 表示 B 县政府选择参与合作时付出的建设成本。由于县与县之间城镇化建设及产业发展情况可能存在不同，所以参与合作时需要支付的建设成本也会不同。县际政府作为所属县域社会利益的体现者，其行为决策的权衡标准是可以在付出最小成本的情况下使县域经济得到最大化增长，以及县域居民可以享受到最大化福利。从 D_5 鞍点的表达式可以看出，当 C_1、C_2 变大时，鞍点将会向区域右上方移动，使区域 $D_1-D_2-D_5-D_3$ 的面积扩大，即减少向 $D_4(1,1)$ 点收敛的概率，增加向 $D_1(0,0)$ 点收敛的概率，因而县际政府间的策略选择（不合作，不合作）是进化稳定均衡策略，这也是泛县域融合共生发展要尽量避免出现的结果。

参数 α 是双方县级政府选择合作时带来的潜在收益系数。由于两县政府参与合作，会使区域内资源得到更优配置，产业园区建立也会给县际居民带来更多工作机遇和福利等，作为两县域的管理者县际政府自然也可以从中获得潜在收益。潜在收益与合作付出的建设成本有关，即当 A、B 两县选择合作时，A 县政府获得的潜在收益为 $(\alpha-1)\times C_1$，B 县政府获得的

潜在收益为 $(\alpha-1) \times C_2$。当 α 增大时，鞍点将会向左下方区域移动，使区域 D_1-D_2-D_5-D_3 的面积缩小，减少向 D_1（0,0）点收敛的概率，增加向 D_4（1,1）点收敛的概率，因而县际政府之间的策略选择（合作，合作）是进化稳定均衡策略。

从产业园区形成阶段的县际政府博弈分析可知，要促使两县政府加强合作以建立融合共生产业园区，就需要从增大省委省政府对县际政府行为的奖惩力度、降低县际政府双方合作的成本，以及提高合作的潜在收益系数着手行动。

第三节　泛县域视角下产城融合共生阶段的政企民博弈

县际产业园区是泛县域产城融合共生目标的产业基础，要真正实现泛县域产城融合共生发展，则需要在引进产业园区之后加强各县际城市之间的交流合作。产城融合是指产业与城市的融合共生发展，其中城市为基础，产业为保障，两者相互作用，城市可以承载产业空间和发展产业经济，产业可以驱动城市更新和完善服务配套体系，提升城市土地利用价值。实现"产""城""人"高度匹配共生发展，实现产业园区与县际城市融合共生，会受到包括各县域政府的支持与监督、两地居民的融入与低碳消费观念的养成、产业间的竞争与合作等众多共生主体的影响。众多共生主体的共同作用才能使泛县域产城融合共生实现。产业园区企业作为县域经济的主体，是泛县域产城融合共生的基本动力。只有企业大力发展绿色经济才能使区域整体趋向绿色生态发展。企业进行绿色生产行为的动因有两类：一类是内部驱动力，企业是以获利为目的的营利性组织，追逐利润是其最大的本质特征；另一类是外部驱动力，即居民消费需求的牵引和县际政府的制约和激励。县际政府提供的城市功能服务是泛县域产城融合共生的主要推力。没有县际政府的合作及提供的城市功能，产业发展速度难以与城市发展速度相匹配；没有政府的积极引导，资源节约和环境保护意识难以在居民的决策思维中占据重要地位。县际政府对泛县域产城融合共生的主体作用主要体现在两方面：一是支持促进作用，县际政府通过对产业园区企业和居民内部提供城市功能服务以加快产业与城市融合发展；二是生态管制作用，县际政府通过制定绿色政策和颁布绿色法令等来规范企业的生产行为和居民的消费行为，促进产业与城市融合共生发展。居民的低碳消费模式是提升泛县域产城融合共生的重要拉力。低碳消费又可以叫作生态消费，是一种全社会成员共同参与的消费行为。居民的低碳消费需求对市场供给具有导向作用，进而促使企业转向绿色转型生产。同时居民还具有社会监督作用，居民作为广大人民利益的体现者，其对县际政府和企业社会行为的支持与否都将影响他们的社会公信力（或社会收益），从而对县际政府、企业、绿色组织和新媒体的行为决策起到引导约束作用。县际政府提供城市功能、企业绿色转型、居民低碳消费共同促进泛县域产城融合共生发展。

可以看出，县际政府、企业和居民三方主体间相互作用，共同影响着泛县域产城融合共生发展。因此下文将县际政府、企业和居民作为影响泛县域产城融合共生主体展开研究。需要做出说明的是，这里的县际政府指的是政府共生体，包括各个县的县域政府和产业园区的内部管理者，只有各部分政府部门行为决策一致才能对泛县域产城融合共生起到促进作用，但凡有一方政府部门决策不一致都会使其他政府部门提供的城市功能无法起到作用。为了避免繁杂因素对模型分析的干扰，这里的居民指的也是居民共同体，其行为决策代表着县际间居民共同的决策。企业则是指产业园区内部产业的最小组成单位。

一　模型假设

本节基于演化博弈的方法来分析县际政府、企业和居民的利益冲突和最优选择，将提出以下假设：

（1）泛县域产城融合共生主体包括县际政府、企业和居民。三方都是有限理性的博弈主体，在信息不完全的情况下，通过不断学习调整策略选择以实现自身利益最大化。

（2）在产城融合共生发展过程中，县际政府出于对产业园区城市功能完善的考虑可能会选择提供城市功能，为企业的生产环境和居民的生活环境提供便利；也可能会因为城市功能调控和实施的难度及成本等因素，选择保持现状不主动提供城市功能，即县际政府的策略集记为{提供，不提供}。企业可能会积极履行自己的社会责任，投入人力、物力和财力等进行绿色转型生产，以及积极对环境污染进行治理以营造良好的生存环境；也可能会局限于短期利益而选择不转型生产，放任生态环境被破坏，即企业的策略集记为{绿色转型，不转型}。居民可能由于受到绿色低碳宣传的感染，对低碳消费行为的偏好较强；也可能由于绿色观念不强，顾虑低碳消费成本过高而保持原有消费观念，即居民的策略集记为{低碳消费，传统消费}。

（3）博弈是一个非对称博弈。假设在初始状态下，政府选择"提供"城市功能策略的概率为x，选择"不提供"策略的概率为$1-x$；企业选择"绿色转型"策略的概率为y，选择"不转型"策略的概率为$1-y$；居民选择"低碳消费"策略的概率为z，选择"传统消费"策略的概率为$1-z$。其中，$0 \leqslant x \leqslant 1$，$0 \leqslant y \leqslant 1$，$0 \leqslant z \leqslant 1$。

二 博弈主体的收益支付矩阵

结合县际政府、企业和居民在不同策略组合下的实际成本、收益和损失，设定相关参数及其含义，如表8-4所示。

表8-4　　　　　　　博弈主体参数的设定及含义

	参数	变量含义
1	C_1	县际政府提供城市功能所付出的成本
2	C_2	县际政府提供城市功能对企业生产带来的便利性（如为企业活动提供融资、研发、营销、咨询等服务平台等）
3	R_1	县际政府提供城市功能为居民的生活带来的便利性（如丰富园区城市功能的生产、生活服务机构等）
4	C_3	县际政府选择提供城市功能时对企业不转型生产行为进行的罚款值
5	R_2	县际政府提供城市功能时对企业绿色转型行为的奖励补贴
6	R_3	县际政府提供城市功能时对居民低碳消费行为的奖励补贴
7	C_4	企业进行绿色转型投入的额外成本
8	R_4	企业绿色转型生产的市场收益
9	R_5	企业不转型生产的市场收益
10	R_6	政府提供城市功能给企业绿色转型带来的潜在收益（如资源优化配置等）
11	R_7	企业绿色转型生产方式为居民营造的良好生活环境
12	C_5	居民低碳消费成本
13	C_6	居民传统消费成本

续表

	参数	变量含义
14	S	居民进行消费行为自身获得的效用
15	C_7	当居民消费和企业生产行为不一致时使居民消费效用降低值
16	R_8	当居民消费和企业生产行为一致时给企业收益带来的增加值(得到居民支持)
17	R_9	当企业进行绿色转型生产或居民进行低碳消费时委省政府给予县域政府的补贴值
18	C_8	当企业选择不转型生产或居民进行传统消费时县域政府受到的名誉受损值

根据以上假设以及政府、企业和居民三方策略的依存性,利用博弈得益矩阵建立演化的模型,如表 8-5 所示。

表 8-5 政府、企业和居民三方博弈收益矩阵

		县际政府		
		提供(城市功能)	不提供(城市功能)	
企业	绿色转型	$R_9 - C_1 - R_3 - R_2$; $R_4 + C_2 + R_6 + R_8 + R_2 - C_4$; $S - C_5 + R_1 + R_3 + R_7$	0; $R_4 - C_4 + R_8$; $S - C_5 + R_7$	低碳消费 居民
		$R_9 - C_1 - R_2$; $R_4 + C_2 - C_4 + R_6 + R_2$; $S - C_6 + R_1 + R_7 - C_7$	$-C_8$; $R_4 - C_4$; $S - C_7 - C_6 + R_7$	传统消费
	不转型	$R_9 - C_1 - R_3$; $R_5 + C_2 - C_3$; $S - C_5 + R_1 + R_3 - C_7$	$-C_8$; R_5; $S - C_5 - C_7$	低碳消费 居民
		$-C_1$; $R_5 + C_2 + R_8 - C_3$; $S - C_6 + R_1$	$-C_8$; $R_5 + R_8$; $S - C_6$	传统消费

三 演化博弈模型

根据模型假设,令县际政府采取"提供"与"不提供"城市功能策略情况下的期望收益及平均期望收益分别为 U_{g1}、U_{g2} 和 $\overline{U_g}$,其计算如式(8-9)所示:

$$\begin{cases} U_{g1} = y \times (z-1) \times (C_1 + R_2 - R_9) - C_1 \times (y-1) \times (z-1) - \\ \qquad y \times z \times (C_1 + R_2 + R_3 - R_9) + z \times (y-1) \times (C_1 + R_3 - R_9) \\ U_{g2} = C_8 \times y \times (z-1) - C_8 \times (y-1) \times (z-1) + C_8 \times z \times (y-1) \\ \overline{U_g} = x \times U_{g1} + (1-x) \times U_{g2} \end{cases} \quad (8-9)$$

因此县际政府的策略的复制动态方程为：

$$f(x)=\frac{d(x)}{d(t)}=x(U_{g1}-\overline{U_g})=x\times(1-x)[(R_9-R_2)\times y+(R_9-R_3)\times z-(C_8+R_9)\times y\times z+C_8-C_1] \quad (8-10)$$

同理，令企业采取"绿色转型"与"不转型"策略情况下的期望收益及平均期望收益分别为 U_{c1}、U_{c2} 和 $\overline{U_c}$，其计算如式（8-11）所示：

$$\begin{cases} U_{c1}=x\times z\times(C_2-C_4+R_2+R_4+R_6+R_8)-(C_4-R_4)\times(x-1)\times \\ \quad (z-1)-z\times(x-1)\times(R_4-C_4+R_8)-x\times(z-1)\times(C_2- \\ \quad C_4+R_2+R_4+R_6) \\ U_{c2}=(R_5+R_8)\times(x-1)\times(z-1)-R_5\times z\times(x-1)-x\times \\ \quad (z-1)\times(C_2-C_3+R_5+R_8)+x\times z\times(C_2-C_3+R_5) \\ \overline{U_c}=y\times U_{c1}+(1-y)\times U_{c2} \end{cases} \quad (8-11)$$

企业策略的复制动态方程为：

$$f(y)=\frac{d(y)}{d(t)}=y(U_{c1}-\overline{U_c})=y\times(1-y)[(C_3+R_2+R_6)\times x+2\times R_8\times z+R_4-C_4-R_5-R_8] \quad (8-12)$$

同理，令居民采取"低碳消费"与"传统消费"策略情况下的期望收益及平均期望收益分别为 U_{p1}、U_{p2} 和 $\overline{U_p}$，其计算如式（8-13）所示：

$$\begin{cases} U_{p1}=x\times y\times(R_7-C_5+R_1+R_3+S)-y\times(x-1)\times(R_1-C_5+R_3+S-C_7)- \\ \quad x\times(y-1)\times(R_7-C_5+S)-(x-1)\times(y-1)\times(C_5-S-C_7) \\ U_{p2}=x\times y\times(R_7-C_6+R_1+S+C_7)-(C_6-S)\times(x-1)\times(y-1)-y\times \\ \quad (x-1)\times(R_1-C_6+S)-x\times(y-1)\times(R_7-C_6+S-C_7) \\ \overline{U_p}=z\times U_{p1}+(1-z)\times U_{p2} \end{cases} \quad (8-13)$$

居民策略的复制动态方程：

$$f(z)=\frac{d(z)}{d(t)}=z(U_{p1}-\overline{U_p})=z\times(1-z)[2\times C_7\times y+R_3\times x+C_6-C_5-C_7] \quad (8-14)$$

联合式（8-10）、式（8-12）和式（8-14）设立泛县域产城融合共生主体合作机制的动态复制方程，即：

$$f(x)=\frac{d(x)}{d(t)}=x(U_{g1}-\overline{U_g})=x\times(1-x)[(R_9-R_2)\times y+(R_9-R_3)\times z-(C_8+R_9)\times y\times z+C_8-C_1]$$

$$f(y) = \frac{d(y)}{d(t)} = y(U_{c1} - \overline{U_c}) = y \times (1-y)[(C_3 + R_2 + R_6) \times x + 2 \times R_8 \times z + R_4 - C_4 - R_5 - R_8] \quad (8-15)$$

$$f(z) = \frac{d(z)}{d(t)} = z(U_{p1} - \overline{U_p}) = z \times (1-z)[(2 \times C_7 \times y + R_3 \times x + C_6 - C_5 - C_7)]$$

接下来进行复制动态方程分析，研究政府、企业和居民各自行为策略在整个系统中的适应程度。

根据式（8-10）县际政府策略的复制动态方程，对 $f(x)$ 进行求导：

$$\frac{df(x)}{d(x)} = (1-2x)[(R_9 - R_2) \times y + (R_9 - R_3) \times z - (C_8 + R_9) \times y \times z + C_8 - C_1]$$

x 作为稳定策略应该满足 $f(x)=0$，且 $df(x)/d(x) < 0$。

（Ⅰ）若 $y = \dfrac{C_1 - C_8 + (R_3 - R_9) \times z}{R_9 - R_2 - (R_9 + C_8) \times z}$，则有 $f(x)=0$，在此条件下，县际政府的策略选择不因时间的改变而变化，县际政府选择任意概率提供城市功能都处于稳定状态。

（Ⅱ）若 $y \neq \dfrac{C_1 - C_8 + (R_3 - R_9) \times z}{R_9 - R_2 - (R_9 + C_8) \times z}$，此时令 $f(x)=0$，可以得到 $x=0$ 和 $x=1$ 两个平衡点。这时要分情况对平衡点进行讨论。①当 $(R_9 - R_2) \times y + (R_9 - R_3) \times z - (C_8 + R_9) \times y \times z + C_8 - C_1 < 0$，可变形为 $C_8 \times (1 - y \times z) < C_1 + R_2 \times y + R_3 \times z - R_9 \times y - R_9 z + R_9 \times y$，$\dfrac{df(x)}{d(x)}\big|_{x=0} < 0$，$\dfrac{df(x)}{d(x)}\big|_{x=1} > 0$，此时 $x=0$ 为演化稳定点。说明当县际政府提供城市功能的亏损值（成本减收益）大于不提供城市功能受到的损失时，县际政府从提供城市功能成本过高角度考虑会选择不提供城市功能。② $(R_9 - R_2) \times y + (R_9 - R_3) \times z - (C_8 + R_9) \times y \times z + C_8 - C_1 > 0$ 时，可变形为 $C_8 \times (1 - y \times z) > C_1 + R_2 \times y + R_3 \times z - R_9 \times (y - z + y \times z)$，$\dfrac{df(x)}{d(x)}\big|_{x=0} > 0$，$\dfrac{df(x)}{d(x)}\big|_{x=1} < 0$，此时 $x=1$ 是演化稳定点，即当县际政府提供城市功能的亏损值（成本减收益）小于不提供城市功能受到的损失时，县际政府会选择提供城市功能。

根据式（8-12）企业策略的复制动态方程，对 $f(x)$ 进行求导：

$$\frac{\mathrm{d}f(y)}{\mathrm{d}(y)} = (1-2y)[(C_3+R_2+R_6) \times x + 2 \times R_8 \times z + R_4 - C_4 - R_5 - R_8]$$

y 作为稳定策略应该满足 $f(y)=0$，且 $\mathrm{d}f(y)/\mathrm{d}(y) < 0$。

（Ⅰ）若 $x = \dfrac{C_4+R_5+R_8-2 \times R_8 \times z - R_4}{C_3+R_2+R_6}$，则有 $f(y)=0$，在此条件下，企业的策略选择不因时间的改变而变化，企业选择任意概率进行绿色转型都处于稳定状态。

（Ⅱ）若 $x \neq \dfrac{C_4+R_5+R_8-2 \times R_8 \times z - R_4}{C_3+R_2+R_6}$，令 $f(y)=0$，可以得到 $y=0$ 和 $y=1$ 两个平衡点。这时要分情况对平衡点进行讨论：①当 $R_4-C_4-R_5-R_8 > 0$ 时，此时 $\dfrac{\mathrm{d}f(y)}{\mathrm{d}(y)}|_{y=0} > 0$，$\dfrac{\mathrm{d}f(y)}{\mathrm{d}(y)}|_{y=1} < 0$，$y=1$ 是演化稳定点。说明当县际政府不提供城市功能，居民也选择传统消费时，若企业选择绿色转型生产收益大于不转型收益时，企业会毫不犹豫选择绿色生产。②当 $R_4-C_4-R_5-R_8 < 0$ 时，分两种情况：当 $(C_3+R_2+R_6) \times x + 2 \times R_8 \times z + R_4 - C_4 - R_5 - R_8 > 0$，即 $R_4-C_4+R_8 \times z+R_2 \times x+R_6 \times x > R_5-C_3 \times x+R_8 \times (1-z)$，$\dfrac{\mathrm{d}f(y)}{\mathrm{d}(y)}|_{y=0} > 0$，$\dfrac{\mathrm{d}f(y)}{\mathrm{d}(y)}|_{y=1} < 0$，此时 $y=1$ 是演化稳定点；当 $R_4-C_4+R_8 \times z+R_2 \times x+R_6 \times x < R_5-C_3 \times x+R_8 \times (1-z)$，$\dfrac{\mathrm{d}f(y)}{\mathrm{d}(y)}|_{y=0} < 0$，$\dfrac{\mathrm{d}f(y)}{\mathrm{d}(y)}|_{y=1} > 0$，此时 $y=0$ 是演化稳定点。即虽然当县际政府不提供城市功能，居民也选择传统消费时，企业选择绿色转型生产收益小于不转型收益时，企业会考虑选择采取不转型生产策略；但若政府提供城市功能后，企业选择绿色转型生产收益会大于不转型收益，企业出于自身利益考虑会选择采取绿色转型生产策略；当不管有无政府策略影响，企业不转型生产的收益都会大于绿色转型生产收益，企业会选择采取不转型生产策略。

根据式（8-14）居民策略的复制动态方程，对 $f(z)$ 进行求导：

$$\frac{\mathrm{d}f(z)}{\mathrm{d}(z)} = (1-2z)[2 \times C_7 \times y + R_3 \times x + C_6 - C_5 - C_7]$$

z 作为稳定策略应该满足 $f(z)=0$，且 $\mathrm{d}f(z)/\mathrm{d}(z) < 0$。

（Ⅰ）若 $y = \dfrac{C_5+C_7-C_6-R_3 \times x}{2 \times C_7}$，则有 $f(z)=0$，在此条件下，居民的策略选择不因时间的改变而变化，居民选择任意概率进行低碳消费都处于稳定状态。

（Ⅱ）若 $y \neq \dfrac{C_5 + C_7 - C_6 - R_3 \times x}{2 \times C_7}$，此时令 $f(z)=0$，可以得到 $z=0$ 和 $z=1$ 两个平衡点。这时要分情况对平衡点进行讨论。①$C_6 - C_5 - C_7 > 0$ 时，$\dfrac{df(z)}{d(z)}|_{z=0} > 0$，$\dfrac{df(z)}{d(z)}|_{z=1} < 0$，$z=1$ 是演化稳定点，说明当县际政府不提供城市功能，企业选择不转型生产时，若居民选择低碳消费的效用高于选择传统消费的效用，居民会选择低碳消费。②$C_6 - C_5 - C_7 < 0$，分两种情况讨论：当 $2 \times C_7 \times y + R_3 \times x + C_6 - C_5 - C_7 > 0$ 时，$\dfrac{df(z)}{d(z)}|_{z=0} > 0$，$\dfrac{df(z)}{d(z)}|_{z=1} < 0$，此时 $z=1$ 是演化稳定点；当 $2 \times C_7 \times y + R_3 \times x + C_6 - C_5 - C_7 < 0$，$\dfrac{df(z)}{d(z)}|_{z=0} < 0$，$\dfrac{df(z)}{d(z)}|_{z=1} > 0$，此时 $z=0$ 是演化稳定点。即虽然满足当县际政府不提供城市功能，企业选择不转型生产时，居民选择低碳消费的成本高于选择传统消费的成本，居民会考虑选择传统消费；但满足当县际政府提供城市功能时，居民选择低碳消费的效用高于传统消费效用时，居民还是会选择低碳消费；当不管有无政府策略影响，居民选择低碳消费的成本比传统消费高，总体效用也不如传统消费效用时，居民会选择传统消费。

通过以上对复制动态方程分析县际政府、企业和居民行为策略在整个系统中的适应程度可以发现，不论是县际政府的行为策略、企业的行为策略还是居民的行为策略都不是独立一方直接做出的决策，任意一方的策略选择都依赖于其他两方的策略选择。这也反映出研究县际政府、企业和居民之间的合作机制对促进泛县域产城融合共生发展的必要性。

四　演化稳定策略求解

令式（8-15）中 $f(x) = d(x)/d(t) = 0$、$f(y) = d(y)/d(t) = 0$、$f(z) = d(z)/d(t) = 0$，可以得到县际政府、企业和居民的动态博弈过程中共有 16 个局部均衡点，但由 RitzBerger 的研究可知，当且仅当 x 是严格的纳什均衡时，策略组合 x 在多群体演化博弈的复制动态系统中亦为渐近稳定。故对于县际政府、企业和居民三者的复制动态系统只需分析 $E_1 = (0, 0, 0)$、$E_2 = (1, 0, 0)$、$E_3 = (0, 1, 0)$、$E_4 = (0, 0, 1)$、$E_5 = (1, 1, 0)$、$E_6 = (1,$

0, 1)、$E_7=(0, 1, 1)$、$E_8=(1, 1, 1)$ 8 个局部均衡点的渐近稳定性，其余均为非渐近稳定状态。由 Friedman 的方法，系统均衡点的稳定性可由其雅可比矩阵的局部稳定性分析得到。所以对 $f(x)$、$f(y)$ 和 $f(z)$ 分别关于 x、y、z 求偏导，有

$$J = \begin{bmatrix} \dfrac{\partial f(x)}{\partial(x)} & \dfrac{\partial f(x)}{\partial(y)} & \dfrac{\partial f(x)}{\partial(z)} \\ \dfrac{\partial f(y)}{\partial(x)} & \dfrac{\partial f(y)}{\partial(y)} & \dfrac{\partial f(y)}{\partial(z)} \\ \dfrac{\partial f(z)}{\partial(x)} & \dfrac{\partial f(z)}{\partial(y)} & \dfrac{\partial f(z)}{\partial(z)} \end{bmatrix} = \begin{bmatrix} a_{11} & a_{12} & a_{13} \\ a_{21} & a_{22} & a_{23} \\ a_{31} & a_{32} & a_{33} \end{bmatrix}$$

其中，

$a_{11}=(x-1)\times[C_1-C_8+y\times(R_2-R_9)+z\times(R_3-R_9)+y\times z\times(C_8+R_9)]+x\times[C_1-C_8+y\times(R_2-R_9)+z\times(R_3-R_9)+y\times z\times(C_8+R_9)]$；

$a_{12}=x\times(x-1)\times[R_2-R_9+z\times(C_8+R_9)]$；

$a_{13}=x\times(x-1)\times[R_3-R_9+y\times(C_8+R_9)]$；

$a_{21}=-y\times(y-1)\times(C_3+R_2+R_6)$；

$a_{22}=y\times[C_4-R_4+R_5+R_8-x\times(C_3+R_2+R_6)-2\times R_8\times z]+(y-1)\times[C_4-R_4+R_5+R_8-x\times(C_3+R_2+R_6)-2\times R_8\times z]$；

$a_{23}=-2\times R_8\times y\times(y-1)$；

$a_{31}=-R_3\times z\times(z-1)$；

$a_{32}=-2\times C_7\times z\times(z-1)$；

$a_{33}=-z\times(C_6-C_5-C_7+2\times C_7\times x+R_3\times y)-(z-1)\times(C_6-C_5-C_7+2\times C_7\times x+R_3\times y)$

由李雅普诺夫第一法可知，县际政府、企业和居民三方演化博弈系统要达到渐进稳定状态，就要满足其对应的雅可比（Jacobian）矩阵的特征根都小于 0。表 8-6 是对演化稳定点 E_1–E_8 的特征根判定。

表 8-6　　　　　　　　　各均衡点稳定性判定

均衡点	特征根 1	特征根 2	特征根 3	状态
$E_1(0, 0, 0)$	C_8-C_1	$R_4-C_4-R_5-R_8$	$C_6-C_5-C_7$	不稳定
$E_2(1, 0, 0)$	C_1-C_8	$C_3-C_4+R_2+R_4-R_5+R_6-R_8$	$C_6-C_5-C_7+R_3$	不稳定

续表

均衡点	特征根 1	特征根 2	特征根 3	状态
$E_3(0,1,0)$	$C_8-C_1-R_2+R_9$	$C_4-R_4+R_5+R_8$	$C_6-C_5+C_7$	不稳定
$E_4(0,0,1)$	$C_8-C_1-R_3+R_9$	$R_4-C_4-R_5+R_8$	$C_5-C_6+C_7$	ESS
$E_5(1,1,0)$	$C_1-C_8+R_2-R_9$	$C_4-C_3-R_2-R_4+R_5-R_6+R_8$	$C_6-C_5+C_7+R_3$	不稳定
$E_6(1,0,1)$	$C_1-C_8+R_3-R_9$	$C_3-C_4+R_2+R_4-R_5+R_6+R_8$	$C_5-C_6+C_7-R_3$	ESS
$E_7(0,1,1)$	$R_9-R_2-R_3-C_1$	$C_4-R_4+R_5-R_8$	$C_5-C_6-C_7$	不稳定
$E_8(1,1,1)$	$C_1+R_2+R_3-R_9$	$C_4-C_3-R_2-R_4+R_5-R_6-R_8$	$C_5-C_6-C_7-R_3$	ESS

五 演化稳定性分析

通过对 E_1–E_8 局部均衡点的特征根进行分析可以得出，要使它们是渐近稳定点，则需要满足以下条件：

（1）当满足 $C_8-C_1<0$，$R_4-C_4-R_5-R_8<0$ 和 $C_6-C_5-C_7<0$ 时，系统的均衡点为（0，0，0），即县际政府、企业和居民通过行为合作收敛于（不提供，不转型，传统消费）。

（2）当满足 $C_1-C_8<0$，$C_3-C_4+R_2+R_4-R_5+R_6-R_8<0$ 和 $C_6-C_5-C_7+R_3<0$ 时，系统的均衡点为（1，0，0），即县际政府、企业和居民通过行为合作收敛于（提供，不转型，传统消费）。

（3）当满足 $C_8-C_1-R_2+R_9<0$，$C_4-R_4+R_5+R_8<0$ 和 $C_6-C_5+C_7<0$ 时，系统的均衡点为（0，1，0），即县际政府、企业和居民通过行为合作收敛于（不提供，绿色转型，传统消费）。

（4）当满足 $C_8-C_1-R_3+R_9<0$，$R_4-C_4-R_5+R_8<0$ 和 $C_5-C_6+C_7<0$ 时，系统的均衡点为（0，0，1），即县际政府、企业和居民通过行为合作收敛于（不提供，不转型，低碳消费）。

（5）当满足 $C_1-C_8+R_2-R_9<0$，$C_4-C_3-R_2-R_4+R_5-R_6+R_8<0$ 和 $C_6-C_5+C_7+R_3<0$ 时，系统的均衡点为（1，1，0），即县际政府、企业和居民通过行为合作收敛于（提供，绿色转型，传统消费）。

（6）当满足 $C_1-C_8+R_3-R_9<0$，$C_3-C_4+R_2+R_4-R_5+R_6+R_8<0$ 和 $C_5-C_6+C_7-R_3<0$ 时，系统的均衡点为（1，0，1），即县际政府、企业和居民通过行为合作收敛于（提供，不转型，低碳消费）。

（7）当满足 $R_9-R_2-R_3-C_1<0$，$C_4-R_4+R_5-R_8<0$ 和 $C_5-C_6-C_7<0$

时，系统的均衡点为（0，1，1），即县际政府、企业和居民通过行为合作收敛于（不提供，绿色转型，低碳消费）。

（8）当满足 $C_1+R_2+R_3-R_9<0$，$C_4-C_3-R_2-R_4+R_5-R_6-R_8<0$ 和 $C_5-C_6-C_7-R_3<0$ 时，系统的均衡点为（1，1，1），即当企业选择绿色转型、居民选择低碳消费，县际政府选择提供城市功能获得的利益为正值；当县际政府选择提供城市功能，居民选择低碳消费，企业选择绿色转型生产的利润大于不转型利润；当县际政府选择提供城市功能，企业选择绿色转型，居民选择低碳消费获得的效用与成本差大于选择传统消费获得的效用与成本差。县际政府选择提供城市功能，企业选择绿色转型，居民选择低碳消费是系统的均衡状态，这也是泛县域产城融合共生发展想要达到的最为良好的均衡状态。图 8-2 是县际政府、企业和居民的行为策略（提供，绿色转型，低碳消费）的演化相位图。

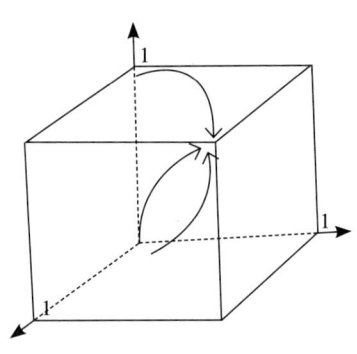

图8-2 （1，1，1）的演化相位

六 数值实验与模拟仿真分析

县际政府提供的城市功能、企业进行绿色转型生产和居民进行低碳消费是产城融合共生系统最优状态。为了有效规避其他情形，使系统演化趋向于最优状态发展，下面将考虑在改变系统初始变量的情况下，运用 Matlab 软件对县际政府、企业和居民行为决策的演化过程进行仿真模拟。根据复制动态方程及约束条件，并参考前人对此的相关研究，本文设定演化初始时间为 0，演化结束时间为 0—5 年（最长 5 年），各参数的值：$C_1=8$，$C_2=3$，$C_3=6$，$C_4=8$，$C_5=5$，$C_6=3$，$C_7=2$，$C_8=10$，$S=8$，$R_1=2$，$R_2=3$，$R_3=3$，$R_4=16$，$R_5=20$，$R_6=4$，$R_7=2$，$R_8=2$，$R_9=15$；$x=y=z=0.5$

是三方的初始概率值。各参数初值的相对大小只是反映博弈主体策略与相关因素的敏感性关系，是一种关系反映，并不是现实中的真实数据。

（一）系统演化路径

仿真图 8-3 首先验证了演化初始状态假设为 $x=0.5$，$y=0.5$，$z=0.5$ 时系统的演化趋势。从图中可以看出，随着县际政府提供城市功能概率的上升，居民低碳消费概率逐渐上升，企业进行绿色转型生产的概率也上升。即只要满足当企业选择绿色转型，居民选择低碳消费时，县际政府选择提供城市功能获得的利益为正值；当满足县际政府选择提供城市功能，居民选择低碳消费时，企业选择绿色转型生产的利润大于不转型利润；当满足县际政府选择提供城市功能，企业选择绿色转型时，居民选择低碳消费获得的效用与成本差大于选择传统消费获得的效用与成本差。这时，由县际政府、企业和居民组成的系统演化至良性状态，即县际政府提供城市功能，企业绿色转型生产和居民低碳消费的理想模式。为进一步验证上述设想，改变各主体初始策略比例为 $x=0.6$，$y=0.7$，$z=0.4$ 或 $x=0.3$，$y=0.6$，$z=0.7$，其余参数不变。从图中对比可以看到初始概率的变化会稍微影响各主体趋于良好均衡状态的速度，但不影响系统演化的结果。这说明在满足一定参数条件下，可以实现三个共生主体的策略选择博弈演化到县际政府提供城市功能、企业选择绿色转型生产、居民选择低碳消费（$x=1$，$y=1$，$z=1$）的理想策略选择状态，且演化均衡趋向（1，1，1）不随三方初始概率变化而变化。

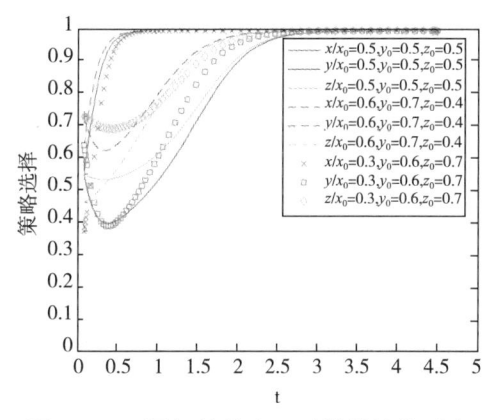

图8-3　不同初始状态下系统的均衡过程

(二)相关系数对县际政府策略的影响

1. 提供城市功能付出的建设成本的影响

在其他条件不变前提下,对县际政府提供城市功能付出的建设成本 C_1 依次赋值为 6、8、10、12 时,县际政府策略仿真结果如图 8-4 所示。由图中各条均衡线的走势可知,当县际政府提供城市功能付出的建设成本较小时($C_1=6$ 和 $C_1=8$),县际政府选择提供城市功能的概率会收敛于 1。且其他条件不变时,县际政府提供城市功能付出的建设成本越小,其趋向于提供城市功能的均衡状态的速度越快,同时收敛于 1 的时间也会缩短;当县际政府提供城市功能付出的建设成本继续增大($C_1=10$ 和 $C_1=12$),县际政府的策略选择不再趋向于提供城市功能,其选择提供城市功能的概率会收敛于 0。县际政府作为国家行政部门,其经济收益是通过对区域经济产生促进作用进而获得省委省政府的补贴,或者是通过行为使当地居民福利增加而收获到的名誉价值。在泛县域产城融合共生发展中,提供城市功能是县际政府需要做出的一个有风险的决策。若提供城市功能可以良好地促进企业绿色转型或当地居民形成低碳消费意识,县际政府便能获得收益以弥补建设成本;若提供城市功能却对企业传统生产行为或当地居民的消费意识无改变作用,县际政府付出的建设成本将成为沉没成本。所以当建设成本较低时(C_1 的临界值为 11),县际政府从自身的支付能力和区域经济发展的角度考虑会选择提供城市功能;当建设成本过高时,县际政府从"入不敷出"角度考虑会选择不提供城市功能。

2. 省委省政府补贴奖励的影响

图 8-5 模拟的是省委省政府补贴 R_9 对县际政府行为决策的影响。R_9 从 10 开始赋值,每变化 2 个单位模拟一次。从图 8-5 中 4 条均衡线可以看出,当省委省政府对县际政府行为的补贴值 $R_9=10$ 和 12 时,县际政府的策略选择概率收敛于 0;当省委省政府对县际政府行为的补贴值 $R_9=14$ 和 16 时,县际政府的策略选择概率收敛于 1。结合各参数的初始值,可以得到 R_9 收敛于 0 的临界值为 13。由此可知,假设其他条件保持不变,当 R_9 低于 13 时,县际政府的策略选择会趋向于不提供城市功能;当 R_9 高于 13 时,县际政府的策略选择会趋向于提供城市功能。这主要是由于省委省政府对县际政府提供城市功能的补贴值是县际政府的一种收益,当补贴值

超过临界值时，县际政府预测选择提供城市功能服务的收益将大于不提供城市功能服务的收益，便会趋向选择提供城市功能。这说明在现实生活中，加大省委省政府对地方政府良好行为的补贴奖励，可以加强地方政府良好行为的积极性。

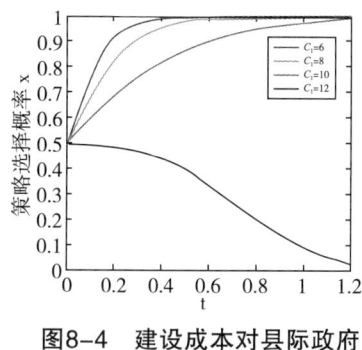

图8-4　建设成本对县际政府策略的影响

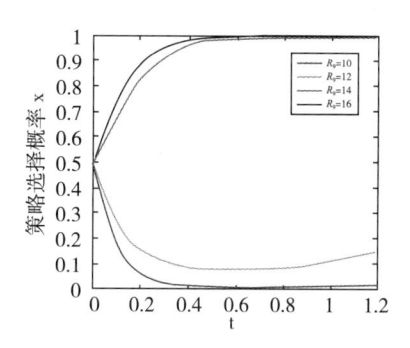

图8-5　省委省政府补贴对县际政府策略的影响

（三）相关系数对企业策略的影响

1. 提供城市功能给企业绿色转型带来的潜在收益的影响

图8-6表示的是在其他条件不变的前提下，县际政府提供城市功能给企业绿色转型生产带来的潜在收益值 R_6 依次赋值为2、4、6、8时对企业策略影响的仿真模拟结果。由图8-6各条均衡线的总体走势可知，随着潜在收益值增加（$R_6=4，6，8$），企业趋于绿色转型生产均衡状态的时间在逐渐缩短。当 $R_6=2$ 时，企业趋向于选择不转型生产行为，其策略选择概率最终收敛于0。由于 $R_6=3$ 是系统中县际政府提供城市功能给企业绿色转型生产带来的潜在收益值的临界值，当保持其他参数不变时，只有满足 R_6 超过3才能使企业选择绿色转型生产行为的利润超过不转型生产行为的利润。而且企业自身是以追求利润最大化为目标的营利性组织，当其成本保持不变而收益增加，企业从利润增大的角度考虑必然会趋向选择绿色转型生产。

2. 绿色转型生产投入的额外成本的影响

仿真实验图8-7表示的是在其他条件保持不变的前提下，对企业绿色生产的额外成本 C_4 依次赋值为6、8、10、12时，C_4 对系统中企业策略选择的影响。由图8-7可知，当绿色生产的额外成本较小时（$C_4=6$ 和8），企业选择绿色转型生产的概率将收敛于1，且 C_4 值越小，收敛的速度越快。

随着 C_4 的增加（$C_4=10$ 和 12），企业选择绿色转型生产的概率会收敛于 0。结合各参数的初始值，可以得到 C_4 收敛于 0 的临界值为 9。由此可知，若其他条件不变，当 C_4 低于 9 时，企业的策略选择会趋向于绿色转型生产；当 C_4 超过 9 时，企业的策略选择会趋向于不转型生产。这可能是由于过高的绿色转型生产额外成本打击了企业转型生产的积极性，阻碍企业进行绿色转型生产。因此，降低企业绿色转型生产的成本对这种"阻碍效应"有弱化作用。

从仿真图 8-6 和图 8-7 可以发现，无论是县际政府提供城市功能给企业绿色转型带来的潜在收益还是企业进行绿色转型生产投入的额外成本，这些对企业进行绿色转型生产策略选择概率收敛于 1 的影响都有一个共同之处：在趋向于 1 的过程中，企业的绿色转型策略选择概率都是先由 0.5 的初始概率下降一定位置（R_6 越小或 C_4 越大，下降位置越多），然后再逐步上升直至收敛于 1。这主要是由企业在做出绿色转型或不转型策略选择时对短期收益和长期收益的预测不同所致。企业作为营利性组织，相较于政府会对经济利益考虑得更为仔细。所以当企业在做出绿色转型策略选择时，如果县际政府提供城市功能给企业绿色转型带来的潜在收益较低或企业付出的额外成本较高，企业在对短期收益进行考虑后会不愿意选择绿色生产；但当绿色创新技术投入研发一段时间之后，明显的技术溢出效应会提高企业资源的利用率并且给企业带来更多的潜在收益，企业预测到绿色转型生产将在未来带来可观的收益，随后便会开始转换思维自主加入到绿色转型生产当中。

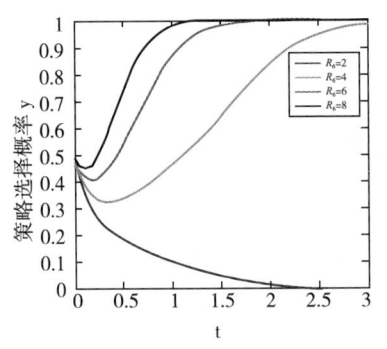

图8-6　潜在收益对企业策略的影响

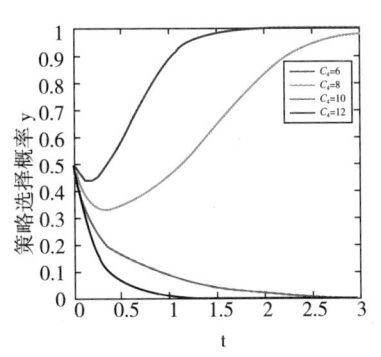

图8-7　绿色转型生产的额外成本对企业策略的影响

（四）相关系数对居民策略的影响

1. 居民与企业行为协同效用的影响

企业的生产行为和居民的消费行为本身就是一组供需关系，所以当企业生产出来的产品与居民的消费意愿不一致时，居民从消费行为中获得的效用必定会降低。仿真实验图 8-8 表示的就是在其他条件保持不变前提下，企业生产与居民消费不一致使居民消费的效用降低，当 C_7 相对变化后对系统中居民策略选择的影响。在其他条件保持不变的前提下，对 C_7 依次赋值为 0、1、2、3。从仿真图 8-8 中 4 条居民行为策略的均衡线可以发现，随着 C_7 的增大，居民趋向于低碳消费的速度发生变化，但策略选择的概率收敛到 1 的时间并没有发生太大变化。这其中的原因可能是居民对效用分析的忽略。当满足选择低碳消费获得的效用与成本差大于选择传统消费获得的效用与成本差时，居民就会选择低碳消费。即使两种行为各自的净效用差距不断扩大，假设居民低碳消费的净效用依旧比传统消费净效用高，则居民仍然会选择低碳消费策略，且不会因为获得更高效用而在行为策略上做出过多反应。

2. 县际政府的补贴奖励对居民策略的影响

仿真图 8-9 表示的是其他参数保持+不变时，县际政府给予居民低碳消费行为的补贴奖励 R_3（依次赋值为 0、1、3、5）相对变化后对系统中居民策略选择的影响。从图 8-9 中四条均衡线可以看出，随着奖励值的增大（$R_3=3$ 和 5），居民策略选择的概率收敛于 1 的速度会越来越快，且时间越来越短，即居民趋向于选择低碳消费。说明加大县际政府对居民低碳行为

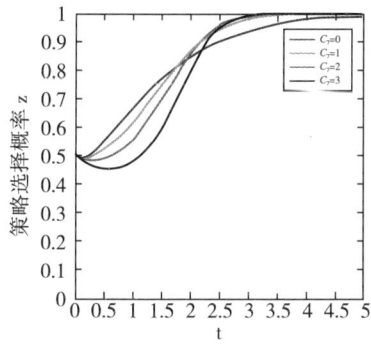

图8-8　居民与企业行为协同效用对居民策略的影响

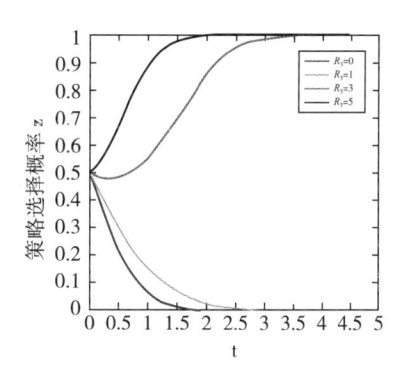

图8-9　县际政府的补贴奖励对居民策略的影响

的补贴奖励，可以增强居民进行低碳消费的积极性，引导居民的策略选择向低碳消费方向趋近。当奖励值减小时（$R_3=0$ 和 1），居民的策略选择趋向于传统消费，县际政府奖励值的出现（$R_3=1$）可以减缓居民策略选择概率收敛于 0 的速度，但居民的策略选择最终还是趋向传统消费。居民作为城市文明的生产者，其低碳消费行为对泛县域产城融合共生至关重要，所以县际政府对居民低碳消费行为的奖励很关键。结合参数的取值，可知居民选择低碳消费时县际政府的补贴奖励 R_3 的临界值为 2，即居民从自身行为效用与成本差考虑，如果县际政府对居民低碳行为的奖励大于 2，居民会倾向于选择低碳消费。

第四节 泛县域视角下产城融合共生主体博弈结果与优化方向

一 博弈结果

本章是借助演化博弈理论来分析泛县域产城融合共生主体对产城融合共生作用的影响。首先建立两县域政府间的演化博弈，再利用政府间合作的主要影响因素来探究县际产业园区建立的充分条件。接着构建县际政府、企业和居民三方演化博弈模型来分析如何从共生主体角度发力促进泛县域产城融合发展；利用复制动态方程，分析了系统的演化稳定策略及动态稳定性；通过对系统进行数值仿真模拟，直观展示各方主体初始概率状态变化及相关参数变动对整个系统中泛县域产城融合发展的影响。其结论有：①要促使两县政府加强合作以建立融合共生产业园区，需要从增大省委省政府对县际政府行为的奖惩力度、降低县际政府双方合作的成本，以及提高合作的潜在收益系数方面入手。②降低县际提供城市功能付出的建设成本和增加省委省政府对县际政府提供城市功能的补贴可以促进县际政府趋向提供城市功能。③绿色转型生产获得的潜在收益和进行绿色转型行为付出的额外成本是企业行为转变最为重要的衡量标准。④作为城市功能的体验者——居民，是否采取低碳消费则主要取决于县际政府是否给予奖励。

二 优化方向

从本章研究结论可以看出,要通过改变主体行为来促进泛县域产城融合无非还是要做到使各个共生主体"降成本,增收益"。如何将"降成本,增收益"落到实处就需要完善省委省政府的监督奖惩机制,加强县际政府间的合作,开放企业间的技术交流和人才引进,开展居民低碳知识课堂和生态文明学习,以及健全产城融合共生发展的协同治理机制。具体对策分析如下:

(1)完善省委省政府/中央政府的监督奖惩机制。从建立的两县域政府间演化博弈分析得出省委省政府对县际政府行为的奖惩力度是县际政府合作的一个重要影响因素;从县际政府、企业和居民的三方演化博弈分析也可以得出省委省政府的补贴奖励很大程度上决定了县际政府是否做出提供城市功能的决策。所以完善省委省政府/中央政府的监督奖惩机制对促进泛县域产城融合共生发展至关重要。因此,省委省政府/中央政府可以加大对县际政府间不合作、不提供城市功能等有损产城融合行为的惩罚力度以规范县际政府行为;同时可以制定有效的奖励机制,引导县际政府把财税、土地等政策向绿色转型生产企业倾斜。

(2)建立县际政府间的有效合作机制。县际政府在泛县域产城融合共生发展的两个阶段都充当着不可或缺的角色,且县际政府是上承省委省政府,下接企业和居民的重要纽带,所以建立县际政府间的有效合作机制是实现泛县域产城融合发展的基础。例如,县际政府合力建设县域经济区的交通基础设施,实现互联互通;打造泛县域产城融合的共建平台;促进泛县域经济产城融合的制度共生。同时县际政府需要建立相应的约束机制,保护绿色生态环境,对企业生产行为进行严格的监督,避免企业因自身环保意识不足为实现短期利益而破坏生态环境。县际政府还需严格执行国家相关的法律法规,整治环保不达标的"散乱污"企业。

(3)开放企业间的技术交流和人才引进。通过企业间的绿色转型实现产业转型和技术演化是实现泛县域产城融合发展的关键推动力。县际政府制定相关激励政策,促进企业自身进行技术创新,同时搭建产业园区内的信息交流平台,引导产业园区内的企业进行技术交流。此外,企业要善于发挥自己的优势,抓住一切合适的时机,充分利用自有资源,以各种方式努力创造吸引人才的各种条件和环境。当企业引进优秀的人才后，可以提高企业技术水平，进行产业转型，加强各企业间的信息交流，实现园内企业互补和联动，促进产城融合共生发展。

（4）开展居民低碳知识课堂和生态文明学习。近年来，在低碳经济的影响下，低碳消费已经成为一种趋势。居民消费行为的改变还需要政府进行引导，例如开展相关低碳知识和生态文明的宣传活动或对居民低碳消费进行奖励补贴，倡导居民积极进行低碳消费。居民的消费需求与企业产品的供给对等，低碳消费可以倒逼企业进行绿色生产，鼓励企业开发新的绿色技术，督促企业生产出满足居民低碳消费的产品，形成一致的绿色可持续发展理念，从而促进泛县域产城融合共生发展。

（5）健全产城融合共生发展的协同治理机制。上述分析表明，产城融合共生受县际政府、企业和居民行为共同影响，县际政府提供相关补贴奖励可以促进企业进行绿色转型生产、居民进行绿色消费；企业进行绿色转型生产可以使县际政府获得省委省政府补贴，使居民获得绿色产品；居民进行绿色消费可以促进生态发展、降低企业绿色转型生产成本。三者的良性互动才能有效提升产城融合共生。因此，应从县际政府、企业和居民三个方面构建产城融合共生的协同治理机制，并完善相关法律法规，实现三者的良性互动，最终达到"共赢"的局面。

第九章
泛县域视角下产城融合共生路径的优化建议

本章主要针对泛县域产城融合共生路径提出优化建议。首先，为了扩展泛县域经济共生发展的深度和广度，实现全方位、多层次、多领域的共生发展的目标，从县际联动、资源共享、污染共治、生态共生、功能互补、宜居宜业6个方面对泛县域经济产城融合共生路径进行优化策略的阐述；其次，本章试图构建协商机制、互动机制、评价机制、协调机制来建立泛县域产城融合共生路径的合作机制。

第一节 优化泛县域产城融合共生路径的主要建议

产，生也；城，以盛民也。泛县域经济产城融合的要义就是构建既能"生产"又能"盛民"的"宜居宜业"新型城市并带动泛县域经济的发展。泛县域经济产城融合应当秉承"以城促产、以产兴城、产城融合、区域共兴"的发展理念，把泛县域城市总体规划、土地利用总体规划和产业发展规划精准对接，实现多规合一。泛县域产城融合是促进有产业支撑的城市与有城市承载的产业融合发展，实现产业和城市共生、共利，促进产、城、人之间有活力的全面发展，从而构建宜居宜业的新型产业城市。

泛县域经济产城融合不同于县域经济的产城融合，县域经济的产城融合服务于产城融合区域，拉动当地产业和宜居事业的发展，而泛县域经济的产城融合必然会涉及不同县域之间经济利益的分配问题，经济利益分配不平衡，则会导致泛县域产城融合发展的失衡甚至是分裂。而泛县域经济产城融合对不同县域的影响又难以准确衡量，因此制定好发展策略是泛县域经济产城融合的关键。

不同于单纯的产城融合，泛县域经济产城融合是在社会融合发展环境下提出来的新的经济发展路径。泛县域经济产城融合不仅仅要求产业与城市的融合和空间整合，更需要不同县域之间的精诚合作，共同把握产业和城市发展方向，振兴泛县域经济的发展。不同县域充分利用当地产业优势和产业特色，树立泛县域经济共生发展的理念，形成区域共生发展的框架，逐步实现优势聚集、特色发展、宜居宜业和产城融合发展，慢慢拓展泛县域经济共生发展的深度和广度，力争实现全方位、多层次、多领域的共生发展。为了实现上述目标和解决前述问题，本节将从县际联动、资源共享、污染共治、生态共生、功能互补、宜居宜业6个方面进行泛县域经济产城融合共生路径优化策略的阐述。

一 县际联动促进泛县域产城融合共生的政策建议

当前，中国县域经济的发展，大部分都是依靠自身发展县域产业经济中心，并以此为基础形成县域的政治、经济和文化中心。一般而言，各个县域之间的产业中心相互远离，难以形成各种资源的优势互补。泛县域经济产城融合需要县际联动来进行。县际联动应该包括三个方面，即交通互联、平台共建和制度共生。

（1）打造泛县域经济产城融合交通的互联互通。产业发展离不开物流运输的便捷高效和人才的交流，为此必须打造高速便捷多层次的交通体系。打造高速便捷多层次的交通体系，一是结合当地铁路、道路、河道、海运和航空等发展规划，综合考虑泛县域经济产城融合发展的需求，构建高规格多层次交通网络，建设泛县域经济产城融合区域互联互通快速交通圈，建设主轴、辅路等多条道路；二是规划城市公交、出租车、城市班车、水运陆运码头和旅客集散中心等，便捷产城融合发展区域与机场、高铁站、游客集散中心的交通，方便省内外人才的交流和当地居民的长途出行；三是发展智慧交通出行方案，在公交车、出租车上安装手机扫码工具，只要是使用手机支付的客户都可以使用，不再用交通卡区分本地人和外地人，增强市内出行的便捷度。

（2）打造泛县域产城融合的共建平台。泛县域经济产城融合由于不同县域之间对县域的治理措施不统一，管理机构信息不共享，公民信息不共通等原因，难以进行有效的协同治理。另外随着信息科技的快速发展，互联网、大数据等已经成为经济发展的重要工具。为此有必要打破行政区划，打造泛县域产城融合区域共建平台，统一治理措施、管理机构并共通公民信息。基于互联网和大数据来实施以下措施：一是协同泛县域区域的治理措施。不同县域之间基本保持统一的治理风格，并在此基础上保留针对县域发展特色的不同治理措施，做到泛县域经济的发展和地方特色发展各有倚重又和而不同。二是形成联合共治的治理机构，即产城融合发展区域管委会（以下简称管委会）。联合共治不等同于双方共同治理共担责任，而应当是对该泛县域经济产城融合区域形成统一的治理机构，一个治理机构同时治理跨越不同县域的产城融合区域。管委会接管泛县域产城融合区域并被授权代理行政等功能，来自不同县域共同成立治理委员会，下设具体治理机构，模仿公司治理模式实行公务员和事业单位编制。治理机构责任应当明晰，不因为联合共治而导致责任边界模糊。三是共通公民信息。整合泛县域经济产城融合区居民的家庭户籍信息、医疗保险信息、就学就业信息并形成共通。整合不同县域之间的户籍、医疗保险、就学就业等信息并输入共建平台，使泛县域区域内户籍居民可以不受购房、跨县域报销医药费、跨区域选择就业读书的限制。居民也是产城融合区域的建设者和劳动者，通过信息平台共建，让居民有归属感，从而致使其致力建设泛县域经济产城融合的典范。

（3）促进泛县域经济产城融合的制度共生。不同县域共同打造的产城融合区域的发展，不应当受制于不同县域不同制度的制约。构建泛县域的制度机制有利于促进不同县域共治下的产城融合区域的灵活、高效、开放和开明，制度的共生对泛县域经济的发展也具有重要的意义。一是要构建统一开放的市场共生制度。泛县域经济产城融合发展的内涵是带动该区域及产城融合区域周边经济的共同发展。因此需要建设各方的齐心协力，打击县域内的地方保护主义，打破行业垄断，维护公平公正的市场竞争秩序。以开放的态度向泛县域经济产城融合区域引进优质产业，形成产业集群。鼓励国有企业和私人企业共同进入产业、民生发展方面，形成良好的市场竞争秩序和产业发展互补形势。二是要统一规划，分工明确。不同县域之间根据规划细则实施方案，相互协同定期交流，形成有效的跨区域发展问题协调机制。政府间相互配合，采取统一行动，简化跨区域的行政审批事项，形成良好的营商环境和居民生活环境，提高不同县域政府间的透明度和一致性。

二 资源共享促进泛县域产城融合共生的政策建议

经济的发展离不开资源的有效利用。当前，社会发展迎来共享经济的热潮，以共享单车为代表的共享经济正在惠及普通百姓。发展共享经济，依托互联网等平台对分散资源进行优化配置，化解产能过剩、培育壮大新动能有利于资源优化和合理配置。资源的不集约和过剩问题，制约着区域经济的发展。通过泛县域区域资源的共享，包括生态资源共享、人才资源共享和科技资源共享等，推动泛县域产城融合区域的快速发展。社会主义市场经济体制促进了生态资源的共享，下面主要从人才资源共享和科技资源共享两个方面进行阐述。

（1）泛县域经济产城融合区域的人才资源共享。建设泛县域经济产城融合区域，人才是关键。产业的集聚、城市的兴起靠的是人才的集聚与善用。泛县域产城融合区域的建设，不能只靠一城一地的人才，而是要从整个泛县域区域及周边乃至全国来吸引优秀人才参与共建。注重高端人才的引进，用尊重知识、崇尚科学和文化，吸引产城融合区域创业和从业人员。人才聚集将为产业的发展和壮大提供支持。建立跨县域的人才库，并发布吸引人才的优惠政策。目前，全国各地城市已经开启了人才大战，为了吸引和留住人才，用尽浑身解数，例如采用住房补贴、落户政策、创业补贴、提供办公空间等方法吸引和留住人才。因此建设泛县域经济产城融合区域应当学习各地人才新政，因地制宜做出适合当地发展情况的调整。

（2）泛县域经济产城融合区域的科技资源共享。近年来创新驱动发展战略在我国深入实施，各个产业区域都在发展创新创业项目，创新创业离不开科技资源的支持。在一些公司和科研机构，大量的科学仪器设备闲置浪费，而部分企业却因科研设备过于昂贵、使用要求过高、使用手续烦琐而无法进行科研创新。为了解决创新企业在创业中对高端设备的需求问题，必须探索科技资源区域合作长效机制，这有必要在泛县域区域建立科技资源共享机制，结合当地企业的实际需求，有效组织、整合和优化泛县域经济产城融合区域的科技服务平台和优质科技研发设施，提供大型仪器和检测设备共享、技术交流、人员培训服务。

三 污染共治促进泛县域产城融合共生的政策建议

泛县域经济产城融合的目标是建设一个宜居宜业的城市。产业为民，发展泛县域经济的同时更强调宜居，一个宜居城市应当有良好的居住环境、空间环境、生态与自然环境和清洁高效的生产环境，空气质量、土壤质量和水质都应满足当地居民的生产生活需求。为此，必须有一套良好的污染共治模式。产城融合区域的污染共治应当包括三个方面：工业污染防治、居民生活垃圾污染治理和产城融合区域污染治理。让典范效应带动泛县域区域的污染共治，从大环境上为建设产城融合区域的无污染的宜居环境作出贡献。

（1）泛县域经济产城融合区域的工业污染防治。一个有活力的产城融合发展必须要有产业区域发展，应当有包括工业和服务业在内的众多产业。工业发展是带动地区经济增长的引擎，没有工业发展基础，产城融合就无从谈起。城市的发展不能以牺牲环境为代价，当前正值东部沿海地区工业产业向内地转移阶段，引进东部沿海城市的转移产业应当结合当地环境政策，坚决杜绝重污染、高耗能的企业进入产城融合区域。在引进轻污染企业时，需要综合考虑能源、水资源供应，出台配套措施引导轻污染企业建设污染处置装置，做到排放符合国家环境标准。与此同时，重点扶持绿色产业发展。整合绿色产业链，形成绿色产业集群，从根本上防治工业污染。建设资源节约型、环境友好型产业城市。

（2）泛县域经济产城融合区域的居民生活垃圾防治。居民是产城融合区域的灵魂，一切经济发展都是为了造福当地百姓。产城融合区域的居民生活垃圾治理，直接关系到产城融合发展地区居民的幸福水平和城市文明、绿色水平。对生活垃圾的治理必须坚持问题导向，应从以下五个方面着力破解。一是加强居民的教育培训，完善奖惩机制，全面推行垃圾分类。二是健全垃圾清运设施和服务，建立专业高效的垃圾清运体系。三是因地制宜选择居民生活垃圾治理模式，降低垃圾治理成本。四是加速建立居民垃圾治理设施投资运营长效机制，建立多样化经费保障机制。五是建立区域政府、企业和居民等多方共同参与的治理模式，完善监督考核机制，明确各自责任和义务。只有这样，才能保障产城融合区域的居民污染的长效治理，让居民生活在自己构建的绿色环境中。

（3）产城融合区域污染治理的典范效应带动泛县域的污染共治。应以产城融合区域的污染治理为试验田，多措并举努力防治工业污染和居民生活垃圾污染，并取得示范效应，在泛县域区域进行推广。泛县域经济产城融合区域就是在经济产业发展和城市功能融合方面形成示范效应，污染防治措施在实施中改进，在改进中完善，最终形成符合当地发展情况的污染防治体系，通过产城融合区域试点，在泛县域区域推广，将产城融合的部分成果惠及周边。泛县域区域的污染共治，对于改善周边及区域环境有重要的意义。

四 生态共生促进泛县域产城融合共生的政策建议

"坚持人与自然和谐发展"是习近平总书记讲到环境问题时经常说的一句话。人与自然的关系不以人的意志为转移，而是客观存在的，改善生态环境是人类文明发展的趋势。建设泛县域经济产城融合区域，要牢牢守住"发展"和"生态"两条底线。在生态资源综合开发利用的同时，实现资源利用的可持续性。通过对生态资源的共生配置，从而形成生态产业，并做好生态产业优化。利用好当地生态资源，为居民提供一个休闲娱乐的自然环境。发展泛县域经济产城融合区域要做到充分尊重自然环境，做好规划和开发。从生态和矿产资源的共生、构建生态产业园和促进生态产业化等方面进行改善。

（1）生态和矿产资源的共生。我国大部分地区都拥有丰富的森林、水、土壤和矿产等资源，泛县域经济产城融合区域的发展，需要注意对上述资源的有效开发和合理使用。无论是否是长江流域的经济发展，都应该牢记"共抓大保护，不搞大开发"核心思想。在开发生态和矿产资源时，禁止乱砍滥伐、乱排滥倒、乱抢滥占，以发展当地经济为目标，以保护生态环境为基础，做到科学发展、绿色发展和可持续发展，做到在保护中开发，在开发中保护。矿产资源的开采要统筹兼顾国家战略和环境保护，注重开采的质量，不以破坏环境为代价开采矿产资源。充分尊重市场竞争的规律，防止资源过度开采。保护生态和矿产资源要做好以下三个方面的工作：一是加强泛县域区域企业和公民的生态资源保护意识，做好思想武装。二是要贯彻可持续发展战略，做到资源与人民共享，与子孙后代共享，合理开发资源。对可再生资源要边开放边补充，对不可再生资源要合理规划、科学利用。三是要因地制宜、差异化发展。不同地区根据发展水平、发展需求、资源优势和特色资源，发展特色生态产业。比如，江西南部利用特色资源发展赣南脐橙、赣州蜜橘等。

（2）泛县域经济产城融合生态产业园的构建和促进生态产业化。生态产业园的构建，要通过产业园区现代化的管理手段和新兴技术（例如，循环系统、环境监测系统、信息共享系统和资源交换配置系统），来保证产业园区的稳定和可持续发展。要把握产业和自然和谐共存原则、生态效率原则、区域协同发展原则、产业生命周期原则和软硬件并重原则。要降低泛县域经济产城融合区域的资源消耗、推动生产中的循环利用、建立完善软硬件设施并达到经济效益和环境效益的最佳平衡。要设立经济发展、生态工业特征、生态环境保护、绿色管理等四个指标体系，自上到下地贯彻促进生态产业化目的。要以四个指标为原点，完善政策设计、方案框架设计和支持系统设计。

五　功能互补促进泛县域产城融合共生的政策建议

泛县域经济产城融合区域建设，其定位之一就是加快产业园区从单一的生产型园区经济向综合型城市经济转型，为新型城镇化探索路径。泛县域区域要大力发展当地优势产业和特色产业，同时吸引与县域原有经济互补的产业入驻。逐步形成区域分工合理、产业特色鲜明、发展功能互补的产业布局体系。

（1）区域分工合理。泛县域经济产城融合区域之间存在各种差异，各个地区发展的区域优势不同，在发展特定产业时具有特殊的有利条件，区域竞争优势明显。比较优势明显的资源应当得到充分的利用，从而提高区域经济的发展水平，并增加区域经济的福利。不同区域的合理分工，可以使相同或类似产业集聚，产生规模效应和经济集聚效应。同时也有助于范围经济的形成。利用好不同地区地理资源和自然资源的区位优势、政府软环境建设的制度优势和产业集聚产生的聚集优势，做好合理分工，推动泛县域经济产城融合因地制宜的发展。

（2）产业特色鲜明。对泛县域区域的历史资源进行深挖，挖掘包括产业资源、自然资源、历史文化资源、建筑设施资源、区位资源等，发展特色产业，打造特色产品，创新特色业态。以旅游业为例，在旅游市场不断成熟和趋于饱和的形势下，要根据泛县域区域的情况，深度开发符合游客期望的、使游客身心愉悦的旅游产品。在农业地区，推进农业与生态旅游的共生发展，充分利用当地农业结构，发展休闲观光农业，让游客获得沉浸式体验，以农业生产、生态休闲和教育结合的方式发展旅游业。无论是旅游业还是其他产业发展，都应当把握好产业特色鲜明的方向，总结和提炼具有鲜明特色的产业发展理念，打造泛县域经济产城融合区域的软实力。

（3）发展功能互补。创建泛县域经济产城融合区域协同发展战略体系，设立"产业协同对接、错位互补发展"的主题。依靠政策互惠产业联动，在明确主导产业的基础上对接其他产业，建立横向相互错位，纵向融合支撑的产业发展格局。为了实现纵横交错发展的格局，应当将泛县域区域的产业政策进行共享，在信息平台建设、招商政策优惠和软环境建设方面主动进行对接，在互补中壮大优势产业，实现合作共赢。

六 宜居宜业促进泛县域产城融合共生的政策建议

泛县域经济产城融合区域的宜居宜业应当依靠生产、生活统筹规划，共享共建。产业的发展是为了人民，发展产业促进就业，把劳动力向产城融合区域聚集，同时推动服务业的发展。许多产业区域的建设，由于只有产业没有生活区，导致产业区只有企业员工没有居民，企业员工过着从单位到宿舍"两点一线"的生活。这样的产业园区建设，不符合泛县域经济产城融合综合型城市的经济要求。产业和城镇融合是要产、城、人之间有活力的全面发展。

泛县域经济产城融合区域的建设，要依靠"栽下梧桐引凤凰"，也要靠便捷的生活设施留住人才。建设特色商业街、宜居商住区、医院、学校、体育馆、图书馆、公园等生活项目配套设施。引进丰富的生活配套服务和设施，在商业街中引进大型商超、餐饮、美容、娱乐等场所，使入住企业的员工和当地居民能够不出园区就享受便捷、全面的服务。不断完善泛县域经济产城融合区域的基础设施建设，优化当地的发展环境，让居民有强烈的归属感。与当地知名学校合作，在产城融合区域建立分校，完善当地的教育资源。配套建设相应的医院，努力打造当地一流医疗水平。建设功能完善的体育场馆，丰富当地居民的业余生活。投入城市公交运营线路，方便居民上下班和娱乐，从而达到产城融合的宜居目标。

泛县域经济产城融合区域产业的发展可以促进当地的就业状况改善，满足不同层次的人才就业需求。在发展产业时，要实现高端、中端和低端产业的共同发展，平衡农业、工业和服务业的发展。农业方面，发展绿色有机农业，推进农业机械化和智能化发展。工业方面抓住"中国制造2025"计划和中西部产业升级的国家战略，发挥中西部地区人力资源聚集的优势，引进诸如半导体、互联网科技等产业。增加产业促进就业，为有志于促进当地发展的青年人才提供合适的就业岗位。

推进泛县域经济产城融合发展，是一项巨大的系统工程，发展的方法要明确、眼光要长远。推动泛县域的长远发展，对产城融合区域以及周边的经济增长，将会起到重大的示范效应和积极的推动作用。泛县域经济产城融合是一个不断探索的过程，其发展模式和优化策略不可能一蹴而就，要在未来的发展中不断改进和完善。

第二节　构建泛县域产城融合共生路径的合作机制

一　促进泛县域产城融合共生的协商机制

过去各邻县区相对独立，各自为政。随着经济社会的发展，这种经济模式过于碎片化、单一化，形不成规模和效益，弊端也逐渐凸显。尤其在落后的县区，基础设施建设滞后、招商引资难，又加上一些不合理的恶性竞争，造成土地资源粗放利用和生态环境不断恶化等问题。县域之间协作的缺乏导致各县域间、县域与城市间同类产业区块并存现象严重，各环节的有效分工合作难以进行，跨县域的产业链式延伸无法实现。受行政区间的划分影响，各县域经济保护壁垒较为明显，发展模式较为独立，缺乏跨县域联动发展机制。主要体现在与其他县域缺乏合作，与中心城市缺乏融入纽带，中心城市的辐射效应难以向县域渗透。因此，泛县域产城融合共生要依托大数据，构建泛县域产城融合共生的协商机制。

（一）打造协商信息平台

建立产城融合共生的信息云平台，互联网信息肯定是未来整个经济发展的重要工具，而且会不断影响生产和生活方式。各县域要不断打破行政区划，构建合理的信息共生平台。通过加强信息共生系统的建设，实现县域间公共主干信息传送网、信息运用系统的联通。把生态作为核心和黏合剂，每个县域都能够清晰地掌握产城融合的运行情况，从而减少县域间的相互猜忌和内耗行为，增强县域间的信任感，从而增进合作。

（二）常态化的线下定期磋商

在利用信息化手段进行协商沟通外，要建立重大项目责任制，建立健全由主要领导、主管部门、专家和社会各界人士参加的管理联席会议制度，通过线下的定期磋商，就县域间发展中的"瓶颈"和重大问题进行深入探讨，突破县际行政壁垒，以便更好地推进泛县域产城融合的拓展和延伸，实现县际间产业深度合作，促进跨县域的产城融合共生，并形成泛县域经济共同体，打造由居民、产业、城市和生态组成的共生体。

（三）成立科技资源协调机构

想要实现泛县域产城融合共生，不能仅仅依靠"看不见的手"来实现县域之间的协调，而是需要政府建立与市场经济相适应的、专门的科技资源协调机构，即由县域政府牵头，与高校、科研所建立协调机构，加强相互间的沟通和信息交流，规范科技资源集聚平台的良好运行。通过科技资源协调机构的协调，对县域产城共生体周边资源进行优化整合，更深层次地推动多方主体联动发展，实现资源的生态化开发、产业共联、城市共生和居民共享，从而在更大范围内统筹生产要素，促进产城共生体可持续发展。

泛县域之间的协商机制能够打破县域之间的资源垄断和交易壁垒，形成大区域共同发展，各县域良性竞争，实现居民、产业与城市的有效融合。这种融合不是简单的机械叠加和强制行为，而是建立在统筹规划基础上的统一布局、空间融合和资源优化配置，从而促进泛县域的产城融合共生。

二 促进泛县域产城融合共生的评价机制

建立起泛县域产城融合共生评价机制,在评价各县域居民、产业、生态与城市有机融合过程的同时,能够较为直观地发现该过程中存在的问题,方便寻找解决问题的方法,从而促进产城进一步融合共生。产城融合共生所涉及的县共同商讨组建统一的组织机构,该机构可由政府、企业、高校联合构成,较直观地评价产城融合共生程度,对所涉及的产业选择、产业布局、融合共生区建设、景观和城市功能布局进行科学论证,并进行统一的生态化规划和设计。同时,对产城融合共生过程进行事前、事中和事后的全过程动态监控,以生态为标准确保工程质量,保障工程建设与生态环境的和谐统一。对于产城融合共生程度可从以下两个方面进行评价。

(一)县域绿色发展程度

泛县域产城融合共生中绿色发展是基底,产业发展和城市建设不仅自身要坚持生态化,其融合的动态过程也是生态化的,从而实现产城融合共生。坚决遵循城市经济发展方式、生活消费方式和城市建设方式的绿色发展理念,坚持产业和自然和谐共存的原则,以自然生态为本的指导思想,实现城市中"产业+生态"协同化发展。通过对各县域产城融合共生经济发展中绿色融入生产、生活和城市建设程度的评价,不仅能促进县域基层政府更加注重绿色 GDP 导向,还将进一步提升绿色治理能力,促进产城融合绿色化。

(二)县域间融合程度

县域间的融合是泛县域产城融合共生的基础,通过对融合程度的评价,发现县域间合作、行政壁垒,聚焦于抑制县域间协同发展的原因,针对具体的评价结果,发现问题并主动协调,进行统筹规划基础上的统一布局、空间融合和资源优化配置,实现居民、产业与城市的有效融合,促进产城有机融合。

三　促进泛县域产城融合共生的互动机制

泛县域产城融合共生不仅要着眼于县域本身的发展，而且更应该考虑这一产城融合共生区对周边区域的辐射作用，使周边区域也能够充分融入其中，实现更大范围的产城融合共生，因此要建立泛县域产城融合共生的互动机制。

（一）泛县域产业融合互动

各县域产业要将自己作为一个主体融入泛县域共生发展中，协调互动，盘活县域经济。县域共生体形成"磁场效应"，吸引与县域产业相同、相近的企业集聚，壮大和优化集聚区，同时，吸引上下游关联企业集聚，建立多元化集聚区，实现产业链的延伸，形成区域间的产业融合互动。县域产业主动融入中心城市，对接重点基地，工业化和城镇化深度融合，实现跨县域组团发展。在具有优质资源的条件下，积极发展符合县域资源特点的优质产业，消除同质化竞争，实现泛县域之间的优势互补、互动发展，同时结合自身优势打造市场分工有序、产业相连的产业集聚区，各集聚区联系紧密又别具一格，实施差异化竞争战略的同时使产业实现泛县域的互动。

（二）泛县域生态互动

泛县域的生态互动能够有效解决各县域间为发展经济而形成的环境污染死循环问题。泛县域间的生态互动，使县域发展站在生态资源的整体角度进行共同开发，实现泛县域优势资源的生态化利用。县域间可以选择优先开发较为成熟的生态优势资源，再通过优势资源带动邻近县域的生态资源发展，形成多种生态产业共同发展的态势。在生态产业群的形成过程中，县域间的生态互动，能够保证县域间发展的生态性，在保护中进行产业化开发和利用，产业化能够更好地保护资源的生态本性，不仅能够有效保障县域内自然资源的完整性，而且能够有效缓解县域间经济发展与保护生态环境之间的矛盾关系。

(三)泛县域人才交流互动

泛县域间的人才交流互动,能够聚集起大量的优质人才,这将为县域产业的发展和壮大提供支持。建立跨县域的人才库,这就为产业的建设注入了新鲜血液,同时也会吸引更多的企业在泛县域内进行竞标投资,促进制造产业和服务性产业共同发展。同时产业在不断发展过程中,创造了大量的利润,又会自然而然地吸引人才的流入,形成人才良性流入机制。此外,由于泛县域产城融合而带来的众多产业发展优势,也会促进高技术人才流入产城融合共生区,从而在人才与资金双向投入的情况下,泛县域间的产业规模会不断扩大与延伸,充分联动周边区域,并进一步促进泛县域产城融合共生的发展。

(四)县域间共享程度

泛县域产城融合发展配置的资源是县域间共有的资源,但是共有资源因县域行政区域的分割而分化,要想在开发过程中保存资源的完整性,就要实现泛县域产城融合共生发展中的资源共享。评价县域间发展的"共享"程度,便于了解产城融合共生价值的分享情况,从而引起对资源共享问题的重视,并在融合共生发展过程中动态调整县域间的资源分配,实现产业生态化、生态景观化、景观城市化、城市共生化和共生智慧化,分享产城融合共生的价值,从而实现共生价值增值。

四 促进泛县域产城融合共生的动力机制

推进泛县域产城融合共生,需要协调县际合作,使县际合作变得更加容易,生产要素的流通更加便利,各自都能够坚持以开放、包容、共生的理念实现协调发展。因此,促进泛县域产城融合共生发展,需要构建良好的动力机制,促进各相关利益主体形成合力,推动产城融合共生发展。构建泛县域产城融合共生动力机制的关键是对顶层、中层、基层动力机制的设计以及各层机制耦合动力。

(一)顶层动力机制

顶层动力机制设计需要由省委省政府推动,对所管辖地区充分协调,深入挖掘县际产城融合基础，制定顶层设计规划，在省级层面推动县际产业合作、城市融合、生态保护、智慧共融、共生共享。同时，应该制定《泛县域产城融合共生协调规划》以及实施细则，为推动县际产城融合智慧共生提供政策指导和制度保障，确保县际合作顺利进行。

（二）中层动力机制

中层动力机制则由泛县域所涉及的县委县政府在充分沟通和交流的基础上构建，通过成立产城融合推进委员会，制定产城融合合作框架，积极有序协调县域间资源项目化、项目园区化、园区城区化等产城融合共生进程。

（三）基层动力机制

泛县域产城融合共生的落实主要在项目建设方面，因此基层动力机制的构建非常重要，因为它直接涉及产城融合项目的落地。为此，要通过成立泛县域产城融合项目共建委员会，制定共推机制，充分交流和沟通各项问题，使产城融合项目顺利推进。同时，要充分调动项目所涉及的乡镇、村庄和项目所在地居民的积极性，共商项目建设，减少项目建设内耗行为，促进项目建设和谐推进。

（四）各层机制耦合动力

泛县域产城融合共生需要各层机制耦合动力，才能发挥最大的效应。从基层到中层再到顶层的过程是一个项目执行和信息反馈的耦合过程，通过这一过程，能够把泛县域产城融合项目建设情况、存在的问题以及需要上级政府支持的各项信息反馈给高层，为上级政府政策制定提供信息支持。从顶层到中层再到基层的过程是一个项目指导和政策支持的耦合过程，通过这一过程，能够有效地协调各项目资源，为产城融合项目的推进提供支持，同时能够有效地解决泛县域产城融合过程中存在的矛盾冲突和问题。

附 录

产城融合调查问卷

尊敬的受访者:

县域经济是我国经济发展的最基本的经济细胞,在经济发展新常态和供给侧改革背景下,县域经济需要寻求新的突破方向。为了更好地推动经济社会发展,我们项目组开展了此次调查。请您根据自己的实际情况填写,感谢您的配合。

1. 您所属的县域:(单选题*必答)
   ○ 东部
   ○ 中部
   ○ 西部

2. 您的年龄:(单选题*必答)
   ○ 18岁及以下
   ○ 19—28岁
   ○ 29—38岁
   ○ 39—49岁
   ○ 50岁及以上

3. 您的教育水平:(单选题*必答)
   ○ 初中及以下
   ○ 高中
   ○ 大专
   ○ 本科
   ○ 硕士及以上

4. 您对所在县域的公共交通设施如何评价：(单选题＊必答)

○ 很满意

○ 满意

○ 一般

○ 不满意

○ 很不满意

5. 您对所在县域的公路设施如何评价：(单选题＊必答)

○ 很满意

○ 满意

○ 一般

○ 不满意

○ 很不满意

6. 您对所在县域的教育设施如何评价：(单选题＊必答)

○ 很满意

○ 满意

○ 一般

○ 不满意

○ 很不满意

7. 您对所在县域的医疗设施如何评价：(单选题＊必答)

○ 很满意

○ 满意

○ 一般

○ 不满意

○ 很不满意

8. 您对所在县域的娱乐设施如何评价：(单选题＊必答)

○ 很满意

○ 满意

○ 一般

○ 不满意

○ 很不满意

9. 您对所在县域的绿化如何评价：(单选题＊必答)

○ 很满意

○ 满意

○ 一般

○ 不满意

○ 很不满意

10. 您对所在县域的卫生环境如何评价:(单选题＊必答)

○ 很满意

○ 满意

○ 一般

○ 不满意

○ 很不满意

11. 您对所在县域的治安环境如何评价:(单选题＊必答)

○ 很满意

○ 满意

○ 一般

○ 不满意

○ 很不满意

12. 您对所在县域技术密集型产业(如高端装备制造业)发展如何评价:(单选题＊必答)

○ 很满意

○ 满意

○ 一般

○ 不满意

○ 很不满意

13. 您对所在县域劳动密集型产业(如纺织、服装等)发展如何评价:(单选题＊必答)

○ 很满意

○ 满意

○ 一般

○ 不满意

○ 很不满意

14. 您对所在县域资本密集型产业（如金融行业等）发展如何评价：（单选题 * 必答）

　　○ 很满意

　　○ 满意

　　○ 一般

　　○ 不满意

　　○ 很不满意

15. 您对所在县域产业园发展如何评价：（单选题 * 必答）

　　○ 很满意

　　○ 满意

　　○ 一般

　　○ 不满意

　　○ 很不满意

16. 您对所在县域产业园生活区配套如何评价：（单选题 * 必答）

　　○ 很满意

　　○ 满意

　　○ 一般

　　○ 不满意

　　○ 很不满意

17. 您对所在县域的政府办事效率如何评价：（单选题 * 必答）

　　○ 很满意

　　○ 满意

　　○ 一般

　　○ 不满意

　　○ 很不满意

18. 您对所在县域的人才引进保障政策如何评价：（单选题 * 必答）

　　○ 很满意

　　○ 满意

　　○ 一般

　　○ 不满意

　　○ 很不满意

19. 您对所在县域的创业环境以及氛围如何评价：（单选题＊必答）
    ○ 很满意
    ○ 满意
    ○ 一般
    ○ 不满意
    ○ 很不满意

20. 您对所在县域的房价如何评价：（单选题＊必答）
    ○ 很满意
    ○ 满意
    ○ 一般
    ○ 不满意
    ○ 很不满意

泛县域产城融合共生路径影响因子调查问卷

根据设计目的、原则、方法,设计了泛县域产城融合共生路径影响因子的调查问卷,如下所示:

请您对下列选项进行重要性打分		1	2	3	4	5
共有资源	打破资源行政区划壁垒、实现资源共有					
共生开发	项目资源合作、资源综合开发、保护环境					
产业化发展	企业规模化发展、资源产业化发展、产业园区化发展					
县际园区	产业聚集发展、产业调整升级、推动产业集群形成					
循环化发展	按循环经济理念发展;产业链合理延伸并循环链接					
循环园区	各产业间资源循环利用;形成闭环生态系统					
生态共生	产业与产业共生、产业与城市共生、产业与自然共生					
生态共生社区	社区和谐、经济高效、生态良性循环的社区					
产城融合发展	产城功能融合、空间整合、融合共生					
智慧化发展	产业智慧化、社区智慧化、生态智慧化					
产城融合示范区	产业发展基础较好、城市服务功能完善、边界相对明晰的城市综合功能区;发挥先行先试和示范带动作用					
辐射发展	产业辐射、生态辐射、智慧辐射					
产城融合辐射区	向周边城市辐射发展,带动周边城市产业、生态、城市联动发展,打造经济共同体					

注:以上表格是根据量表设计的调查问卷,请按照您认为的重要性程度在相应分值空格内打"√"(说明:1=非常不重要,2=不重要,3=无所谓,4=重要,5=非常重要)。

泛县域产城融合共生路径因子影响程度调查问卷

根据调研目的、原则、方法，设计了泛县域产城融合共生影响因素的调查问卷，如下所示：

请您对下列选项进行影响程度打分		1	2	3	4	5
原材料	原材料因子受泛县域产城融合共有资源因素的正向影响					
投入要素	投入要素因子受泛县域产城融合共有资源因素的正向影响					
资源重新配置	资源重新配置因子受泛县域产城融合共有资源因素的正向影响					
绿色产业	绿色产业因子受泛县域产城融合共有资源因素的正向影响					
资源完整性	资源完整性因子受泛县域产城融合共生开发因素的正向影响					
生态保护	生态保护因子受泛县域产城融合共生开发因素的正向影响					
资源专业化	资源专业化因子受泛县域产城融合共生开发因素的正向影响					
产业合作化	产业合作化因子受泛县域产城融合共生开发因素的正向影响					
要素集聚	要素集聚因子受泛县域产城融合县际园区因素的正向影响					
增强竞争力	增强竞争力因子受泛县域产城融合县际园区因素的正向影响					
生产效率	生产效率因子受泛县域产城融合县际园区因素的正向影响					
产业	产业因子受泛县域产城融合循环园区因素的正向影响					
生态	生态因子受泛县域产城融合循环园区因素的正向影响					
循环园区	循环园区因子受泛县域产城融合循环园区因素的正向影响					

续表

请您对下列选项进行影响程度打分		1	2	3	4	5
生态共生	生态共生因子受泛县域产城融合生态共生社区因素的正向影响					
社区	社区因子受泛县域产城融合生态共生社区因素的正向影响					
产业集群	产业集群因子受泛县域产城融合生态共生社区因素的正向影响					
产业	产业因子受泛县域产城融合产城融合辐射区因素的正向影响					
人口	人口因子受泛县域产城融合产城融合辐射区因素的正向影响					
城市	城市因子受泛县域产城融合产城融合辐射区因素的正向影响					
生态	生态因子受泛县域产城融合产城融合辐射区因素的正向影响					
智慧化	智慧化因子受泛县域产城融合产城融合辐射区因素的正向影响					

注：以上表格是根据量表设计的调差问卷，请按照您认为的重要性程度在相应分值空格内打"√"（说明：1=非常同意，2=同意，3=无影响，4=不同意，5=非常不同意）。

参考文献

[1] Allyn Young, "Increasing Returns and Economic Progress" *The Economic Journal*, 1928.

[2] Rannis, G. and Fei, J., "A Theory of Economic Development", *American Economic Review*, Vol.51, No.4, 1961.

[3] Harris, J. and Todaro, M., "Migration, Unemployment and Development: A Two Sector Analysis", *American Economic Review*, Vol.60, No.1, 1970.

[4] Kelly, A. and Williamson, J., *What Drives Third World City Growth? A Dynamic General Equilibrium Approach. Princeton*, NJ:Princeton University Press,1984.

[5] Mohamad M. I., "Exploring the Potentian of Using Industry-alized Building System for Floating Urbanizationby Swot Analysis", *Journal of Applied. Sciences*, 2012,12(5):486-491.

[6] Koroneos, C. J., Nanala, E.A., X. dis, G.A., "Sustainability Indicator for the Use of Resources—the Exergy Approach", *Sustainability*, 2012, 4(8): 1867-1878.

[7] Costanza, R., "What Is Ecological Economics?", *Ecological Economics*, 1989,1(1):1-7.

[8] Curtis J. Simon., "Industry Reallocation Across US Cities,1977-1997", *Journal of Urban Economics*,2004(56):119-143.

[9] Douglas Gollin Affiliated with University of Oxford Department of Economics,Remi Jedwab Affiliated with George Washington University Department of Economics, Dietrich Vollrath Affiliated with University of Houston, "Urbanization with and without Industrializationf", *Journal of Economic Growth*,2013(31):35-70.

[10] Papageorgiou, Y., "Externalities,Indivisibility,Nonreplicability,and

Agglomeration", *Journal of Urban Economics*, 2000(48):509–535.

[11] Thorsnes, P., "Internalizing Neighborhood Extemalities: The Effect of Subdivision Size and Zoning on Residential Lot Prices", *Journal of Urban Economics*, 2000(48):397–418.

[12] Perroux, F., "la notion de Pole de Croissance", *Economie appliquee* 1988,7(1):307–320.

[13] Chenery, H.B., Robinson, S., Syrquin, M. "*Industrialization and Growth: A Comparative Study*", Oxford University Press, 1986:48–52.

[14] Chen Mingxing, Tang Zhipeng & Huan Yongping, "Relational Pattern of Urbanization and Economic Development: Parameter Reevaluation of the Chenery Model", *Journal of Geographical Sciences*, 2015, 25(8): 991–1002.

[15] Li, C., Zhao, J., Xu, Y., "Examining spatiotemporally varying effects of urban expansion and the underlying driving factors", *Sustainable Cities & Society*, 2017(28):307–320.

[16] Zhang Bo., "The Impact of Industrial Structure Adjustment on Economic Growth in Japan", *International Business and Management*, 2015(2): 57–63.

[17] Gordon F. Mulligan, "Revisiting the urbanization curve", *Cities*, 2013(3): 113–122.

[18] Yiannis L. Bakouros, Dimitri C. Mardasb, Nikos C. Varsakelisc, "Science Park, a High Tech Fantasy:An Analysis of the Science Parks of Greece", *Technovation*, 2002, 22(2): 123–128.

[19] Nobuya Fukugawa., "Science Parks in Japan and Their Value-added Contributions to New Technology-based Firms", *International Journal of Industrial Organization*, 2006 ,24(2):381–400.

[20] Richard Shearmur, David Doloreux, "Science Parks:Actors or Reactors? Canadian Science Parks in They Urban Context", *Environment and Planning*, 2000,32(6):1065–1082.

[21] Brueckner, J. K., "Urban Sprawl:Diagnosis and Remedies", *International Regional Science Review*, 2000, 23(2):160–171.

[22] Nobuya Fukugawa, "Science Parks in Japan and Their Value-added Contributions to New Technology-based Firms", *International Journal of*

Industrial Organization,2006, 24(2):381–400.

［23］钟子倩：《生态与经济融合共生的内源动力机制构建研究——基于博弈论的视角》，Singapore Management and Sports Science Institute.Proceedings of 2015 4th International Conference on Physical Education and Society Management(ICPESM 2015 V48), Singapore Management and Sports Science Institute, 智能信息技术应用学会，2015 年。

［24］林寿富、赵定涛：《面向环境友好的县域经济发展模式选择——基于中部县域的实证分析》，《经济管理》2010 年第 6 期。

［25］熊小林、李拓：《基本公共服务、财政分权与县域经济发展》，《统计研究》2018 年第 2 期。

［26］贺传皎：《由"产城互促"到"产城融合"——深圳市产业布局规划的思路与方法》，《城市规划学刊》，2012 年第 5 期。

［27］孙建欣：《空间经济学视角下城郊型开发区产城融合路径》，《城市规划》2015 年第 12 期。

［28］蒋华东：《产城融合发展及其城市建设的互融性探讨——以四川省天府新区为例》，《经济体制改革》2012 年第 6 期。

［29］李光辉：《我国产城融合发展路径研究》，硕士学位论文，安徽大学，2014 年。

［30］欧阳东、李和平：《产业园区产城融合发展路径与规划策略——以中泰（崇左）产业园为例》，《规划师》2014 年第 6 期。

［31］黄桦、张文霞、崔亚妮：《转型升级背景下开发区产城融合的评价及对策——以山西为例》，《经济问题》2018 年第 11 期。

［32］张沛、段瀚等：《县域工业集中区产城融合发展路径及规划策略研究——以陕西蒲城工业集中区为例》，《现代城市研究》2016 年第 8 期。

［33］孙建欣、林永新：《空间经济学视角下城郊型开发区产城融合路径》，《城市规划》2015 年第 12 期。

［34］于小玭：《新型城镇化背景下山东省产城融合发展的财政实现路径》，硕士学位论文，中国海洋大学，2015 年。

［35］谢呈阳、胡汉辉、周海波：《新型城镇化背景下"产城融合"的内在机理与作用路径》，《财经研究》2016 年第 1 期。

［36］楚天骄：《新常态下产城融合的总体思路与实现路径研究》，《中

国浦东干部学院学报》2015 年第 5 期。

［37］刘欣英：《产城融合的影响因素及作用机制》，《经济问题》2016 年第 8 期。

［38］毛静：《我国城镇化进程中"产城融合"互动机制研究》，《当代经济》2016 年第 4 期。

［39］于新东：《产城融合实现机制述要》，《环球市场信息导报》2015 年第 3 期。

［40］殷德生、江海英：《产城融合中的"三区联动"运行机制与中国实践模式》，《北华大学学报》2014 年第 6 期。

［41］陈露、余炜楷：《产业新城"产城融合"发展机制——以广州科学城为例》，《新常态：传承与变革——2015 中国城市规划年会论文集（09 城市总体规划）》2015 年第 9 期。

［42］王鹏鹏、贺清云：《新经济格局背景下的长沙市产城融合实施机制研究》，《经济研究导刊》2016 年第 5 期。

［43］闫二旺：《我国生态工业园区产城融合的研究与实践》，《生态经济》2018 年第 9 期。

［44］姚莲芳：《新城新区产城融合体制机制改革与创新的思考》，《改革与战略》2016 年第 7 期。

［45］杨雪锋、未来：《产城融合：实现路径及政策选择》，《中国名城》2015 年第 9 期。

［46］吴海光：《产城融合发展中的政府作用研究——以上海国际汽车城为例》，硕士学位论文，上海交通大学，2013 年。

［47］李卫平：《政府推动产城融合的政策措施研究》，《常州大学学报》（社会科学版）2015 年第 3 期。

［48］刘亦师：《田园城市学说之形成及其思想来源研究》，《城市规划学刊》2017 年第 4 期。

［49］杨晓妹、何辉：《产城互动融合发展的财税政策取向》，《税务研究》2013 年第 9 期。

［50］左学金：《我国现行土地制度与产城融合：问题与未来政策探讨》，《上海交通大学学报》（哲学社会科学版）2014 年第 4 期。

［51］王霞、苏林等：《基于因子聚类分析的高新区产城融合测度研

究》,《科技进步与对策》2013 年第 16 期。

［52］葛勇、肖正直:《产业新区产城融合发展的实证评价——基于重庆璧山工业园区》,《重庆建筑》2014 年第 9 期。

［53］唐晓宏:《城市更新视角下的开发区产城融合度评价及建议》,《经济问题探索》2014 年第 8 期。

［54］王菲:《基于组合赋权和四格象限法的产业集聚区产城融合发展评价研究》,《生态经济》2014 年第 3 期。

［55］邹德玲、丛海彬:《中国产城融合时空格局及其影响因素》,《经济地理》2019 年第 6 期。

［56］张巍、刘婷、唐茜、王勤:《新城产城融合影响因素分析》,《建筑经济》2018 年第 12 期。

［57］张开华、方娜:《湖北省新型城镇化进程中产城融合协调度评价》,《中南财经政法大学学报》2014 年第 3 期。

［58］田翠杰、林霓裳、刘洪银:《产城融合城镇化发展现状分析——基于全国 7 省（市）的调查》,《江苏农业科学》2016 年第 1 期。

［59］邹小勤、曹国华、许劲:《西部欠发达地区"产城融合"效应实证研究》,《重庆大学学报》(社会科学版) 2015 年第 4 期。

［60］刘晨宇、袁媛:《平舆县产城融合发展理念的规划探索》,《工业建筑》2011 年第 7 期。

［61］向乔玉、吕斌:《产城融合背景下产业园区模块空间建设体系规划引导》,《规划师》2014 年第 6 期。

［62］唐永伟、彭宏业、陈怀录:《"产城融合"理念下西北河谷型城市郊区工业园规划模式研究》,《现代城市研究》2015 年第 7 期。

［63］秦兆祥、张薇:《"产城融合"对少数民族旅游经济发展的影响》,《社会科学家》2018 年第 4 期。

［64］刘荣增、王淑华:《城市新区的产城融合》,《城市问题》2013 年第 6 期。

［65］李文彬、张昀:《人本主义视角下产城融合的内涵与策略》,《规划师》2014 年第 6 期。

［66］何智锋、华晨:《城市旧区产城融合的特征机理及优化策略》,《规划师》2015 年第 1 期。

[67] 刘畅：《产城融合：引领县域经济未来》，《中华工商时报》2014年第2期。

[68] 张沛、段瀚、蔡春杰、杨甜：《县域工业集中区产城融合发展路径及规划策略研究——以陕西蒲城工业集中区为例》，《现代城市研究》2016年第8期。

[69] 杨雪慧、罗海洪：《实施产城融合推动北流市县域经济发展》，《经营管理者》2015年第13期。

[70] 王振宇、运迎霞：《新型城镇化背景下县域产城一体模式——以县级城乡总体规划为例》，《规划师》2015年第S1期。

[71] 姬少宇、曹方：《处于工业化后期百强县如何探索经济转型升级之路》，《科技中国》2019年第10期。

[72] 张雨朦、邓想：《产城融合研究的知识图谱可视化分析》，《四川理工学院学报》（社会科学版）2018年第4期。

[73] 王振宇、运迎霞：《新型城镇化背景下县域产城一体模式——以县级城乡总体规划为例》，《规划师》2015年第7期。

[74] 何磊、陈春良：《苏州工业园区产城融合发展的历程、经验及启示》，《税务与经济》2015年第2期。

[75] 陈运平、黄小勇：《泛县域经济产城融合共生：演化逻辑、理论解构与产业路径》，《宏观经济研究》2016年第4期。

[76] 陈纪：《铸牢中华民族共同体意识：基于京津冀各民族共有资源建设的调查分析》，《西南民族大学学报》（人文社科版）2019年第5期。

[77] 徐龙：《经济学视角下高校公共资源沦为"公地悲剧"治理研究——以高校免费公用小黄车为例》，《商品与质量》2012年第S6期。

[78] 史宇鹏、李新荣：《公共资源与社会信任：以义务教育为例》，《经济研究》2016年第5期。

[79] 李爵：《共生理论下的珠三角山地城市开发研究——以粤桂合作区广东片拓展区为例》，《科技创新与应用》2015年第16期。

[80] 龚勤林：《论产业链构建与城乡统筹发展》，《经济学家》2004年第3期。

[81] 刘贵富：《产业链基本理论研究》，博士学位论文，吉林大学，2006年。

［82］王兴平、赵立元、赵铁政、徐嘉勃、顾惠：《区域产业园区群统筹整合规划方法探索》，《规划师》2017年第8期。

［83］韩梦娟、白翠芳：《跨区域共建唐山曹妃甸园区的实践与建议》，《中国国情国力》2016年第12期。

［84］王金南：《发展循环经济是21世纪环境保护的战略选择》，《环境科学研究》2002年第3期。

［85］李兆前：《发展循环经济是实现区域可持续发展的战略选择》，《中国人口·资源与环境》2002年第4期。

［86］徐凌星、杨德伟、高雪莉：《工业园区循环经济关联与生态效率评价——以福建省蛟洋循环经济示范园区为例》，《生态学报》2019年第12期，http://kns.cnki.net/kcms/detail/11.2031.Q.20190401.0913.028.html。

［87］谢家平、孔令丞：《基于循环经济的工业园区生态化研究》，《中国工业经济》2005年第4期。

［88］李晓峰：《适应与共生——传统聚落之生态发展》，《华中建筑》1998年第2期。

［89］吴志军：《生态工业园区产业共生关系分析——以南昌高新技术产业开发区为例》，《经济地理》2010年第7期。

［90］张琳琳、李守旭、陈阳、郭琪：《"共生社区"：构建生态型园区的规划探索》，《住宅产业》2013年第8期。

［91］李文彬、陈浩：《产城融合内涵解析与规划建议》，《城市规划学刊》2012年第S1期。

［92］赵勇、张浩、吴玉玲、刘洋：《面向智慧城市建设的居民公共服务需求研究——以河北省石家庄市为例》，《地理科学进展》2015年第4期。

［93］艾达、刘延鹏、杨杰：《智慧园区建设方案研究》，《现代电子技术》2016年第2期。

［94］黄顺江：《石化园区产城融合策略探讨——以福建省泉港产城融合示范区为例》，《城市》2017年第11期。

［95］宋明印、雷欧阳：《智慧低碳型发展区规划研究初探——以浏阳河智慧低碳产城融合示范区为例》，《中外建筑》2016年第8期。

［96］韦颜秋、邱立成：《自贸区建设对母城及区域发展的辐射效应——以天津自贸区为例》，《城市发展研究》2015年第9期。

［97］包群、张扬、唐诗：《经济开发区、辐射效应与周边地区的经济发展》，《国际商务研究》2015年第6期。

［98］钟顺昌、李坚、简光华：《产城融合视角下城镇化发展的新思考》，《商业时代》2014年第17期。

［99］金花：《振兴民营实体经济实现产业优化升级》，《青岛日报》2017年9月23日。

［100］王金营、贾娜："雄安新区产业发展与人力资源适应配置研究——对比硅谷启迪雄安发展"，《燕山大学学报》（哲学社会科学版）2019年4期。

［101］丛海彬、段巍、吴福象：《新型城镇化中的产城融合及其福利效应》，《中国工业经济》2017年第11期。

［102］邹德玲、丛海彬：《中国产城融合时空格局及其影响因素》，《经济地理》2019年第6期。

［103］徐建中、吕希琛：《低碳经济下政府、制造企业和消费群体决策行为演化研究》，《运筹与管理》2014年第6期。

［104］罗兴鹏、张向前：《福建省推进绿色转型建设生态文明的演化博弈分析》，《华东经济管理》2016年第9期。

［105］陈佶玲、彭兴莲、毛小明：《进化博弈视角下的产业承接地工业园区产城融合路径选择研究》，《江西师范大学学报》（哲学社会科学版）2017年第3期。

［106］王霞、王岩红、苏林、郭兵、王少伟：《国家高新区产城融合度指标体系的构建及评价——基于因子分析及熵值法》，《科学学与科学技术管理》2014年第7期。

［107］花永剑：《浙江推动新型小城镇产城融合发展》，《宏观经济管理》2015年第6期。

［108］蒋浩：《推进常州产城融合人城和谐发展的思考》，《宏观经济管理》2016年第6期。

［109］宋加山、张鹏飞、邢娇娇、张勇：《产城融合视角下我国新型城镇化与新型工业化互动发展研究》，《科技进步与对策》2016年第17期。

［110］张开华、方娜：《湖北省新型城镇化进程中产城融合协调度评价》，《中南财经政法大学学报》2014年第3期。

［111］黄新建、花晨、马晋文：《江西产城融合发展测评与研究》，《江西社会科学》2016年第2期。

［112］李硕扬、刘群红：《产城融合视角下特色小镇的功能定位研究——以南昌太平镇为例》，《城市发展研究》2018年第12期。

［113］钟诚、尹金、毛小明：《工业园区产城融合中政企演化博弈分析》，《企业经济》2019年第5期。

［114］王腾云：《农业产业化发展中的地方政府职能分析》，《学理论》2019年第6期。

［115］郑军：《重点生态功能区新型城镇化发展战略研究——以金寨县为例》，《池州学院学报》2016年第3期。

［116］姜长云：《日本的"六次产业化"与我国推进农村一二三产业融合发展》，《农业经济与管理》2015年第3期。

［117］孔翔、杨帆：《"产城融合"发展与开发区的转型升级——基于对江苏昆山的实地调研》，《经济问题探索》2013年第5期。

［118］罗守贵：《中国产城融合的现实背景与问题分析》，《上海交通大学学报》（哲学社会科学版）2014年第4期。

［119］陈鸿、刘辉、张俐、王洁新：《开发区产业集聚及产城融合研究——以乐清市为例》，《城市发展研究》2014年第1期。

［120］于涛方、顾朝林、吴泓：《中国城市功能格局与转型——基于五普和第一次经济普查数据的分析》，《城市规划学刊》2006年第5期。

［121］曾振、周剑峰、肖时禹：《产城融合背景下传统工业园区的转型与重构》，《规划师》2013年第12期。

［122］胡滨、邱建、曾九利、汪小琦：《产城一体单元规划方法及其应用——以四川省成都天府新区为例》，《城市规划》2013年第8期。

［123］张道刚：《"产城融合"的新理念》，《决策》2011年第1期。

［124］秦智、李敏：《产城融合推进柳东新区新型城镇化建设步伐》，《企业科技与发展》2013年第16期。

［125］李学杰：《城市化进程中对产城融合发展的探析》，《经济师》2012年第10期。

［126］孙红军、李红、马云鹏：《系统论视角下的"产城融合"理论拓展》，《绿色科技》2014年第2期。

[127] 刘明、朱云鹏:《产城融合建设天府新区的文化视角初探》,《四川省干部函授学院学报》2011年第4期。

[128] 高纲彪:《"产城融合"视角下产业集聚区空间发展研究——以商水县产业集聚区为例》,硕士学位论文,郑州大学,2011年。

[129] 胡俊:《天府新区产城融合协调发展路径研究,硕士学位论文,清华大学,2013年。

[130] 王丽华:《产城融合发展模式及策略思考》,《中国集体经济》2012年第31期。

[131] 卫金兰、邵俊岗:《产城融合研究述评》,《特区经济》2014年第2期。

[132] 甘小文、毛小明:《基于AHP和灰色关联的产业承接地工业园区产城融合度测度研究——以江西14个国家级工业园区为例》,《南昌大学学报》(人文社会科学版)2016年第5期。

[133] 李长才:《产业集群成长中的政府行为分析》,《中共中央党校学报》2009年第3期。

[134] 倪鹏飞:《新型城镇化的基本模式、具体路径与推进对策》,《江海学刊》2013年第1期。

[135] 辜胜阻、易善策、李华:《中国特色城镇化道路研究》,《中国人口·资源与环境》2009年第1期。

[136] 叶振宇:《城镇化与产业发展互动关系的理论探讨》,《区域经济评论》2013年第4期。

[137] 沈和:《产城融合发展的生动示范——江阴市璜土镇新型城镇化的创新实践与启示》,《中国发展观察》2013年第11期。

[138] 张贵先:《重庆市产业集群与城镇化互动发展模式研究》,硕士学位论文,西南大学,2012年。

[139] 胡拥军:《新型城镇化条件下政府与市场关系再解构:观照国际经验》,《改革》2014年第2期。

[140] 王战营:《产业集群发展中的政府行为及其评价研究》,博士学位论文,武汉理工大学,2013年。

[141] 孙红军、李红、赵金虎:《产城融合评价体系初探》,《科技创新导报》2014年第2期。

[142] 黄新建、陈文碘:《"产""城"结合视角下的江西区域城市化发展路径研究》,《企业经济》2012 年第 10 期。

[143] 陈鸿、刘辉、张俐、王洁新:《开发区产业集聚及产城融合研究——以乐清市为例》,《城市发展研究》2014 年第 1 期。

[144] 周征帆、黄小勇:《县域经济产城融合共生演化的路径研究:以南昌县为例》,《金融教育研究》2014 年第 4 期。

[145] 周扬、李宁、吴文祥、吴吉东:《1982—2010 年中国县域经济发展时空格局演变》,《地理科学进展》2014 年第 1 期。

[146] 罗庆、李小建、杨慧敏:《中国县域经济空间分布格局及其演化研究:1990—2010 年》,《经济经纬》2014 年第 1 期。

[147] 冯兴华、钟业喜、陈琳、傅钰:《长江经济带县域经济空间格局演变分析》,《经济地理》2016 年第 6 期。

[148] 叶敏弦:《县域绿色经济差异化发展研究》,博士学位论文,福建师范大学,2014 年。

[149] 唐石:《县域生态经济发展动力研究》,博士学位论文,北京交通大学,2016 年。

[150] 蒋天颖、华明浩、张一青:《县域经济差异总体特征与空间格局演化研究——以浙江为实证》,《经济地理》2014 年第 1 期。

[151] 卢盛峰、陈思霞、张东杰:《政府推动型城市化促进了县域经济发展吗?》,《统计研究》2017 年第 5 期。

[152] 郭克莎、周叔莲:《"工业化与城市化协调发展"课题组.工业化和城市化关系的经济学分析》,中国社会科学出版社 2002 年版。

[153] 陈云:《"产城融合"如何拯救大上海》,《决策》2011 年第 10 期。

[154] 杨芳、王宇:《产城融合的新区空间布局模式研究》,《山西建筑》2014 年第 1 期。

[155] 刘瑾、耿谦、王艳:《产城融合型高新区发展模式及其规划策略——以济南高新区为例》,《规划师》2012 年第 2 期。

[156] 夏骥:《对上海郊区产城融合发展的思考》,《城市》2011 年第 9 期。

[157] 刘力:《产业转移与产业升级的区域联动机制研究——兼论广东区域经济协调发展模式》,《国际经贸探索》2009 年第 12 期。

[158] 程湛恒、陈燕:《工业化与城镇化良性互动的理论研究》,《成都行政学院学报》2013 年第 2 期。

[159] 李雪、苏承益:《重庆市白沙镇产城融合发展的路径分析——新型工业化和新型城镇化互动发展的个案》,《重庆行政(公共论坛)》2013 年第 4 期。

[160] "工业化与城市化协调发展研究"课题组:《工业化与城市化协调发展研究》,《中国社会科学》2002 年第 2 期。

[161] 林华:《关于上海新城"产城融合"的研究——以青浦新城为例》,《上海城镇规划》2011 年第 5 期。

[162] 向鹏成、廖宗义:《工业化与城镇化协调发展测度研究——以重庆为例》,《城市发展研究》2014 年第 7 期。

[163] 武京涛、李敏:《基于系统论的区域经济发展浅析》,《经济研究导刊》2013 年第 19 期。

[164] 霍兵:《滨海新区的城市定位和空间发展战略》,《中国建设报》2010 年 10 月 14 日。

[165] 张智光:《人类文明与生态安全:共生空间的演化理论》,《中国人口·资源与环境》2013 年第 7 期。

[166] 刘满凤、危文朝:《基于扩展 Logistic 模型的产业集群生态共生稳定性分析》,《科技管理研究》2015 年第 8 期。

[167] 周浩:《企业集群的共生模型及稳定性分析》,《系统工程》2003 年第 4 期。

[168] 左志平、张波:《集群式供应链网络共生模式及稳定性分析》,《生态经济》2013 年第 9 期。

[169] 袁纯清:《共生理论及其对小型经济的应用研究》,《改革》1998 年第 9 期。

[170] 伍国勇、段豫川:《论超循环经济——兼论生态经济、循环经济、低碳经济、绿色经济的异同》,《农业现代化研究》2014 年第 1 期。

[171] 杨运星:《生态经济、循环经济、低碳经济、绿色经济之辨析》,《前沿》2011 年第 8 期。

[172] 沈小峰、曾国屏:《超循环理论的哲学问题》,《中国社会科学》1989 年第 4 期。

［173］朱玉林、何冰妮、李佳：《我国产业集群生态化的路径与模式研究》，《经济问题》2007年第4期。

［174］蔡绍洪、俞立平：《循环产业集群的内涵、机理与升级研究——构建西部生态脆弱地区绿色增长极》，《管理世界》2016年第11期。

［175］梁学成：《产城融合视域下文化产业园区与城市建设互动发展影响因素研究》，《中国软科学》2017年第1期。

［176］辜胜阻、杨建武、刘江日：《当前我国智慧城市建设中的问题与对策》，《中国软科学》2013年第1期。

［177］徐伟凝、历华笑、朱婷媛、李晖：《温州智创小镇产业园区转型升级路径》，《规划师》2016年第7期。

［178］杨沛儒、王文礼：《生态城市设计系列之四——从生态系统论到生态工业园区的规划》，《现代城市研究》2005年第11期。

［179］车乐、邓小兵：《知识与生态关联视角下的城市空间演化发展》，《城市规划学刊》2012年第5期。

［180］温锋华、沈体雁：《园区系统规划：转型时期的产业园区智慧发展之道》，《规划师》2011年第9期。

［181］马野驰：《产城融合发展存在的问题与对策研究》，《经济纵横》2015年第5期。

［182］赵清：《生态社区理论研究综述》，《生态经济》2013年第7期。

［183］喻春光、刘友金：《产业集聚、产业集群与工业园区发展战略》，《经济社会体制比较》2008年第6期。

［184］陈希：《产业园区的智慧化转型及评价》，《科技进步与对策》2015年第10期。

［185］李美云：《国外产业融合研究新进展》，《外国经济与管理》2005年第12期。

［186］刘鹰：《以信息化带动创新型园区建设》，《科技情报开发与经济》2006年第19期。

［187］杨立勋、姜增明：《产业结构与城镇化匹配协调及其效率分析》，《经济问题探索》2013年第10期。

［188］姚南、李竹颖：《"产城一体"理念在山地城市新区规划中的实践——以广元市三江新区为例》，《规划师》2016年第6期。

［189］杜宝东:《产城融合的多维解析》,《规划师》2014年第2期。

［190］黄金川、方创琳:《城市化与生态环境交互耦合机制与规律性分析》,《地理研究》2003年第22期。

［191］安虎森:《新产业区理论与区域经济发展》,《北方论丛》1998年第2期。

［192］白礼志、谭江蓉、曲晨:《县域城镇化问题的特异性与发展思路探究》,《城市发展研究》2005年第5期。

［193］刘彦随:《温州沿海地区城镇化带型发展的机制与规律》,《地理研究》1999年第4期。

［194］刘铮:《论中国小城镇发展的路径》,《经济纵横》2006年第4期。

［195］马交国、杨永春:《国外生态城市建设经验及其对中国的启示》,《世界地理研究》2005年第3期。

［196］周莉萍:《城市化与产业关系:理论演进与述评》,《经济学家》2013年第4期。

［197］张同升:《中国城镇化发展的现状、问题与对策》,《城市问题》2009年第8期。

［198］高纲彪:《"产城融合"视角下产业集聚区空间发展研究》,硕士学位论文,郑州大学,2011年。

［199］程必定:《新市镇:城乡发展一体化的空间载体》,《城市发展研究》2013年第5期。

［200］徐代明:《基于产城融合理念的高新区发展思路调整与路径优化》,《改革与战略》2013年第9期。

［201］安虎森、陈明:《工业化、城市化进程与我国城市化推进的路径选择》,《南开经济研究》2005年第1期。

［202］谢迪、徐建中、吕希琛:《低碳经济下政府、制造企业和消费群体决策行为演化研究》,《运筹与管理》2014年第6期。

［203］谢识予:《经济博弈论》,复旦大学出版社2002年版。

［204］潘峰、王琳:《环境规制中地方规制部门与排污企业的演化博弈分析》,《西安交通大学学报》(社会科学版)2018年第1期。

［205］卢为民:《产城融合发展中的治理困境与突破——以上海为例》,《浙江学刊》2015年第2期。

后 记

本书是在国家社科基金一般项目"泛县域视角下产城融合共生路径研究"（16BGL212）、国家自然科学基金面上项目"绿色发展理念指导下区域绿色竞争力的动态监测与政策仿真研究"（71774074）、"绿色科技为工业园区服务的效应与路径研究"（GJJ170202）、"江西省传统优势产业转型升级的技术创新路径研究"（16GL06）、江西省传统优势产业转型升级的技术创新路径研究（20161ACA10018）等课题的阶段性成果研究的基础上完成的，并得到了江西师范大学财政金融学院与钟昌标博士科研启动金出版支持，在此一并表示感谢！

书稿能够顺利完成，凝聚了相关课题组成员的巨大心血，黄小勇负责了本书总体框架的设计与撰写，博士生查育新参与了撰写，硕士生李怡、颜雅桢、贺维、罗铮、吴书财、陈琦、罗李能、徐慧卿、杜婷等参与了修改与校对。同时，他们在资料整理方面也提供了相应的帮助，做出相应的贡献，也得到相应的锻炼。

书稿能够顺利出版，获得了江西师范大学钟昌标教授与陈运平教授、南昌大学刘耀彬教授与黄新建教授、江西财经大学陶长琪教授的大力支持，对研究成果提出了宝贵的意见，在此表示深深的感谢！

当然，研究无止境，许多相关内容需要在后续研究中延伸和拓展，希望在产镇融合共生、产村融合共生等方面获得更多理论与实践研究成果，从而提出更加可靠和可行的政策建议，以服务地方经济。

黄小勇
2020 年 3 月